Roy Gerber

Mein Versprechen

www.fontis-verlag.com

WIDMUNG

Für Faith
und für alle Kinder,
denen in ihrem Leben
Entsetzliches widerfahren ist.

Es gibt Trost, es gibt Hoffnung,
und es gibt wahre Liebe.

Faith, ich habe mein Versprechen nicht vergessen.
Vor vielen Jahren, als Du ein kleines Mädchen warst,
hast Du mir eine rote Feder geschenkt und darum gebeten,
dass ich mich für sexuell missbrauchte Kinder einsetze.
Deine rote Feder erinnert mich täglich daran.

Ich weiß nicht, ob Du dieses Buch
jemals in Händen halten wirst.
Es würde mich glücklich machen.
Aber ich weiß, dass ich Dich in meinem Herzen halte.
Du hast mein Leben für immer verändert.

Danke!

Roy Gerber

Mein VERSPRECHEN

fontis

Bibliografische Information der Deutschen Nationalbibliothek
Die Deutsche Nationalbibliothek verzeichnet diese Publikation
in der Deutschen Nationalbibliografie;
detaillierte bibliografische Daten sind im Internet
über www.dnb.de abrufbar.

Die Bibelstellen wurden folgender Übersetzung entnommen:

MIX
Papier aus verantwortungsvollen Quellen
FSC® C014138

Umschlag: Spoon Design, Olaf Johannson, Langgöns
Foto Umschlag (U1): Michael Dechev/Shutterstock.com
Fotos Umschlag (U4) und Klappen: Copyright by Roy Gerber
Satz: InnoSet AG, Justin Messmer, Basel
Druck: Finidr
Gedruckt in der Tschechischen Republik

ISBN 978-3-03848-162-1

Inhalt

Vorwort von William Paul Young

Ich bin in einer typisch modernen evangelikalen Familie aufgewachsen, in der Sexualität nicht zu den Gesprächsthemen zählte – und wenn, dann nur mit viel Zurückhaltung, die spüren ließ, dass allein schon das Thema anzuschneiden ein Verstoß gegen Verhaltens- und religiöse Anstandsregeln war.

Vielen von uns erschien es, als ob Gott einen Fehlgriff getan hätte. Allein die Vorstellung, dass wir an der Erschaffung eines ewig lebenden Wesens teilhaben und – schlimmer noch – dabei auch noch Vergnügen haben durften, war schlicht undenkbar.

Die menschliche Sexualität ist eines der schönsten Geschenke Gottes an die Menschheit. Sie birgt eine unglaubliche Kraft, die menschliche Kreativität schafft und fördert. Es ist ein gutes Geschenk von einem guten Gott. Aber gerade weil Sexualität so intim, so verbindend, so kraftvoll und so menschlich ist, liegt ihr auch die Gefahr inne, großen Schaden anzurichten.

Was als Kostbarkeit gedacht war, hat über die Zeit einerseits einen beiläufigen, ja gar bedeutungslosen Status erhalten und wurde andererseits – eben weil es so bedeutungsvoll ist – als Waffe missbraucht, um Macht auszuspielen. Was als Ausdruck größten Respekts gedacht war, wurde benutzt, um das Grundgewebe der menschlichen Seele zu zerreißen. Es gibt kaum etwas, das die Identität, den Wert, die Bedeutung und Bedeutsamkeit eines Menschen so sehr zerstückeln und mit einer Schicht aus Scham und einem Geflecht aus Lügen und Angst überdecken kann wie sexueller Missbrauch. Es braucht Jahre, dieses Angst- und Lügengeflecht aufzudecken und zu entwirren.

Wir haben die Seelen unserer Kinder durch den Dreck unserer Lust gezogen und sie daran zerbrechen lassen; wir haben Herzen zertrampelt und Menschen in ihrem Geist zugrunde gehen lassen, um persönliche Befriedigung und Macht zu erlangen. Das muss sich ändern!

Es gibt Hoffnung, nicht zuletzt dank einer wachsenden Bereitschaft zu einem offenen, ehrlichen Dialog darüber, was es heißt, ein sexuelles Wesen zu sein, und über die Würde der menschlichen Sexualität, die wiederhergestellt und bewahrt werden muss.

Als einer, der den langen, beschwerlichen und schmerzhaften Weg hin zur kompletten Wiederherstellung nach der Zerstörung durch sexuellen Missbrauch aus eigener Erfahrung kennt, flehe ich euch an, den Mut aufzubringen und am Dialog teilzunehmen. Bücher wie das von Roy Gerber sind eine liebevolle Einladung dazu und öffnen ungeahnte Türen.

Mögen alle, die in Gott einen sicheren Hafen gefunden haben, selbst zu einem sicheren Ort für andere werden und so an der Heilung der Menschheit teilhaben.

William Paul Young
Autor von «Die Hütte» («The Shack»), «Eva», «Der Weg» und «Lügen, die wir uns über Gott erzählen»

Eine Ermutigung

«Das Leben kann nur vorwärts gelebt werden – aber nur rückwärts verstanden werden», heißt es. Das stimmt tatsächlich. Ich habe das immer wieder konkret erfahren. Wenn ich heute zurückblicke, sehe ich Zusammenhänge, wo ich damals nur ratlos dastand und dachte: «Warum nur?», «Wie kann das sein?»

Ich erinnere mich an Situationen, in denen ich alles verloren hatte, in denen ich vor einem einzigen Trümmerhaufen stand und überzeugt war: «So, das war es jetzt!» Ich erinnere mich an Begegnungen, die mich emotional komplett überfordert haben, in denen ich aber auf dicke Hose gemacht habe, um mir nur ja nicht in die Karten schauen zu lassen. Bis eines Tages mein mühsam errichtetes Kartenhaus einstürzte. Und dann gingen in solchen Momenten – völlig unerwartet – neue Türen auf.

Ich will nichts schönreden. Dazu gibt es keinen Grund. Ich habe Fehler gemacht, schwere Fehler. Ich bin Irrwege gegangen und in Sackgassen gesteckt. Mein Leben ist alles andere als geradlinig verlaufen. Womit soll ich es vergleichen?

Vielleicht am ehesten mit einer Achterbahnfahrt. Beruflich habe ich einen rasanten Aufstieg erlebt, aber auch Schussfahrten nach unten, bei denen es einem nur übel werden kann. Ich bin dankbar, dass es mich bei all den Kurven und Schräglagen nicht komplett aus der Bahn geworfen hat.

In den USA habe ich drei Unternehmen gegründet und den Amerikanischen Traum in vollen Zügen gelebt. Dollar-Millionen, Luxus, Frauen: Ich habe wenig ausgelassen, wovon Mann gemeinhin so träumt. Eigene Yacht, schnelle Autos, Pilotenschein, Pferderennen. Zugegeben, das war schon toll damals.

Heute bin ich Pfarrer. Das ist bei all dem, was ich erlebt habe, vielleicht das Verrückteste überhaupt. Hätte mir das einer vor dreißig Jahren gesagt, hätte ich mich kaputt gelacht und ihn gefragt, was er denn für ein übles Kraut geraucht hat, dass er auf derart absurde Gedanken kommt.

Wer mich aus meiner früheren Schweizer Zeit kennt und dieses Buch liest, wird sagen: «Wie bitte, der Roy? Aber das ist doch völlig unmöglich!» Ich kann das gut verstehen. Wahrscheinlich würde ich genauso reagieren. Die Sache ist nur die: Für Gott ist nichts unmöglich.

Ich habe in meinem Leben mit vielem gerechnet. Wenn man Karriere in den USA machen will, muss man strategisch klug und vorausschauend sein. Das ist mir gelungen. Nur Gott hatte ich nicht auf dem Zettel. Aber dann war er plötzlich da, mitten in meinem Leben. Genau wie Faith, das kleine Mädchen, das mir auf dem Ferienlager für sexuell missbrauchte Kinder ihre rote Feder geschenkt hat. Und plötzlich stand mein Leben kopf. Und nach und nach begann sich alles zu verändern. Heute bin ich unendlich dankbar dafür.

Mein Buch will keine Biografie im eigentlichen Sinn sein. Es geht nicht um mich, sondern um etwas anderes:

Dieses Buch soll eine Ermutigung sein, weil es zeigt, dass es für Gott keinen hoffnungslosen Fall gibt. Wenn Gott einen wie Roy Gerber brauchen kann, dann zeigt das nicht nur seinen Humor. Dann zeigt das vielmehr, dass Gott völlig andere Maßstäbe hat. Er blickt hinter die Fassaden, die wir errichten. Er kennt unser Herz. Er weiß um all den Mist, den wir in unserem Leben bauen. Bei mir war das nicht gerade wenig. Aber das hält ihn nicht davon ab, uns in die Arme zu nehmen, unsere Wunden zu verbinden und uns zu verzeihen.

Gott sieht auf unsere Möglichkeiten, auf das, was er in

jeden von uns gelegt hat, und auf den Plan, den er mit uns hat. Wie kein anderer kennt er die Verletzungen, die Schmerzen und die Wunden, die einem das Leben zufügt. Er weiß um alle die Leiden, die verhindern, dass wir zu uns selbst und zu unserem Lebensglück finden. All das will er verwandeln, damit wir wirklich in Fülle und in unserer wahren Identität leben können.

Ganz gleich, wie schwer die eigene Kindheit war, was auch immer einem an Schlimmem widerfahren ist, egal wo wir herkommen oder wo wir gerade stehen, ob wir gläubig sind oder nicht: Gott will in Beziehung zu uns treten. Nicht abstrakt oder theologisch, sondern ganz persönlich. Nicht in irgendeiner Kirchenbank, sondern mitten im täglichen Leben.

Mit diesem Buch möchte ich dazu ermutigen, Gott herauszufordern und sich auf die Begegnung mit ihm einzulassen. Es ist unfassbar, was sich dadurch verändern kann. Ich habe es selbst erlebt.

Um genau dies zu zeigen, schreibe ich über mein Leben. Je weiter ich zurückblicke, desto mehr erkenne ich heute die Zusammenhänge. Und umso mehr staune ich darüber, wohin Gott mein Leben gelenkt hat. Dass man bei meinem Lebenswandel einen solchen Weg einschlagen würde, das war absolut nicht zu erwarten. Ganz ehrlich: Am wenigsten hätte ich selbst damit gerechnet.

«Mein Versprechen» handelt von den dramatischen Abgründen menschlichen Lebens. Es ist ein Blick hinter die schillernden Fassaden der Großstädte. Dorthin, wo seelische und materielle Not herrschen, die wir aus unserem Alltag nur zu gerne verdrängen, weil sie unsere scheinbar «heile Welt» bedrohen.

Meine Arbeit als Notfallseelsorger mit Obdachlosen, Prostituierten, Drogensüchtigen und Missbrauchsopfern hat mich gelehrt, worauf es im Leben wirklich ankommt. Mein Buch ist aber auch die Geschichte einer wunderbaren Begegnung. Einer Begegnung, die mein Leben für immer verändert hat.

Es geht um den Kampf gegen eines der schlimmsten Verbrechen der Menschheit: den sexuellen Missbrauch von Kindern. Und es geht darum, Wege der Hilfe aufzuzeigen, die zurück ins Leben führen. Nicht nur für Opfer sexuellen Missbrauchs, sondern für alle, die sich danach sehnen, ihre wahre Identität zu entdecken und den Sinn ihres Lebens zu finden.

«Mein Versprechen» will ein Zeugnis der Ermutigung und des Trostes sein. Durch meine jahrelange Arbeit mit Betroffenen weiß ich von den unfassbaren Leiden, die sexueller Missbrauch anrichtet. Im Angesicht der Hölle, die viele erleben, bleibt oft nur Sprachlosigkeit. Worte können da nur schwer trösten. Und doch gibt es auch in der größten Finsternis Grund zur Hoffnung. Diese Erfahrung möchte ich weitergeben.

1. Zwei Helium-Flaschen und Hunde mit Taucherbrillen

Ziba wehte der Wind durchs Fell. Sie saß hinten am offenen Fenster und reckte die Schnauze nach draußen. Der Fahrtwind sorgte für angenehme Erfrischung. Die Sonne meint es gut mit dem Süden Kaliforniens. An diesem Sonntag strahlte sie besonders hell und tauchte die Skyline von Los Angeles in ein glänzendes Licht. Die Glasfassaden der Wolkenkratzer funkelten. Touristen geraten bei dem Anblick ins Schwärmen.

Ich hatte kein Auge dafür. Weder für LA noch für Huntington Beach, wo ich seit Jahren lebte. Und auch nicht für Newport Beach. Da fuhren wir gerade durch. Trübsinnig saß ich am Steuer meines 7er-BMWs und hing meinen Gedanken nach. Ich konnte nicht ahnen, dass dieser Tag mein Leben für immer verändern würde.

Die Trennung von meiner Freundin Jenny hatte tiefe Wunden hinterlassen. Ich war mir nicht sicher, ob ich jemals darüber hinwegkommen würde. Kaum dachte ich, jetzt wird es besser, brauchte es nur eine Kleinigkeit und die Wunde riss erneut auf und schmerzte fast schlimmer als zuvor.

Mit Roger Tirabassi hatte ich einen Mentor und Coach gefunden, der mir half, mein Leben zu ordnen und mich selbst besser kennenzulernen. Ich versuchte, meine Gefühle und meine Verhaltensmuster zu verstehen. Seit einem Jahr arbeitete ich mit ihm. Vieles schien mir noch ganz am Anfang.

Als die Beziehung mit Jenny zerbrach, stand ich vor einem Scherbenhaufen. Gemeinsam mit Roger hob ich die Scherben auf und betrachtete sie. Ich wollte lernen, mit den Brüchen meines Lebens umzugehen …

1994 war ich im Alter von 29 Jahren von der Schweiz nach Amerika gegangen, um reich und berühmt zu werden. Gegen viele Widerstände hatte ich mich behauptet und schließlich durchgesetzt. Ich lebte den Amerikanischen Traum, gründete drei Firmen und genoss lustvoll mein Winner-Leben. In meiner Nachbarschaft wohnten Hollywoodgrößen, Spitzensportler und Selfmade-Millionäre.

Ich war einer von ihnen.

Damals sprach man noch nicht von Start-ups. Es gab auch keine Gründershows im Fernsehen, bei denen Unternehmensbeteiligungen vertickt werden. Ich hatte bei Null angefangen und ohne Fremdkapital drei Firmen aus dem Boden gestampft. Amerika war das Land der unbegrenzten Möglichkeiten. Ich ergriff meine Chance, wann immer sich eine auftat.

Mit «Air Cleaning Solutions» war ich der Branche treu geblieben, in der ich in den Staaten von Anfang an gearbeitet hatte. Luftfiltration war ein Riesengeschäft.

«Private Driver», einen Chauffeur-Dienst, hatte ich ziemlich spontan gegründet. Ich merkte, da gibt es einen Markt, und legte los.

US-Generalimporteur für eine Bettenfirma war ich geworden, weil meine Freundin im Urlaub auf einer Matratze besonders gut geschlafen hatte. In den USA wollte ich so eine kaufen. Es gab sie nicht. Bis ich die Sache in die Hand nahm.

«Erfolg, dein Name ist Roy», das wäre mein Wahlspruch gewesen, hätte ich einen gehabt. Ich hatte keinen. Für solche Kinkerlitzchen hatte ich keine Zeit. Mit Vollgas bretterte ich die Überholspur des Lebens entlang. Das Gaspedal durchgedrückt, das Lederlenkrad fest in der Hand.

Meine Highspeed-Karriere ließ mich Warnsignale im Privatleben übersehen. So fuhr ich unsere Beziehung an die Wand. Nach Jahren sexueller Abenteuerlust hatte ich gedacht, mit

Jenny die Frau fürs Leben gefunden zu haben. Dieser Traum war geplatzt. Damit musste ich jetzt zurechtkommen.

Allmählich begann ich zu begreifen, dass Äußerlichkeiten keine innere Leere füllen. Geld, Karriere, Ansehen, schöne Frauen, dicke Autos und tolle Yachten: All das hatte ich, aber glücklich war ich nicht. Gespürt habe ich das zunächst nicht, weil ich mich mit Sex, Alkohol und Geld betäubt hatte. Beruflich war ich derart hochtourig unterwegs, dass ohnehin keine Zeit zum Nachdenken blieb. Jetzt hatte mich mein Privatleben aus der Bahn geworfen und ich musste an mir arbeiten, um wieder Boden unter die Füße zu bekommen.

Meine Verlobte war weg. Das ließ sich nicht mehr ändern. Immerhin hatte ich Ziba. Mein Golden Retriever war mir eine treue Gefährtin. Ziba war immer dabei – im Büro, im Auto und daheim sowieso. Wer jemals einen Hund hatte, weiß, wie tröstlich seine Anwesenheit sein kann, wenn man sich alleine und elend fühlt.

Ziba saß hinten im Fonds auf ihrem Stammplatz. Wir fuhren gerade durch Newport Beach. Später wollte ich am Strand joggen gehen. Ziba liebte es, neben mir her zu springen und in Wasser und Sand zu toben.

Wir kamen am riesigen Parkplatz der «Mariners Church» vorbei. An Wochenenden war der Parkplatz hier brechend voll, schon wegen der fünf verschiedenen Gottesdienste. Jetzt war gerade keine Gottesdienstzeit, der Parkplatz war wie leergefegt. Da sah ich eine Dame – sie mag zwischen 60 und 70 Jahre alt gewesen sein – hinter ihrem kleinen roten Auto stehen. Sie hantierte am Kofferraum. Neben ihr standen zwei Gasflaschen.

«Was macht die denn da?», dachte ich. Im Vorbeifahren konnte ich nicht erkennen, ob es sich nicht vielleicht um Propan-

Flaschen handelte. Das konnte gefährlich sein. «Steig aus und hilf ihr», durchfuhr es mich. Musste das sein? «Was schleppt die auch für Zeug rum», seufzte ich und hielt an.

«Sorry, aber ich habe einen Termin»

«Kann ich Ihnen helfen?», fragte ich.

«Oh, das wäre sehr nett, junger Mann», antwortete sie freundlich. «Vielleicht können Sie mir die Helium-Flaschen ins Auto laden und sie befestigen?»

Wenigstens kein Propan, dachte ich und packte an. Als die Flaschen verstaut waren, fragte ich sie: «Was haben Sie denn damit vor?»

«Ich fahre zu einer Geburtstagsparty für sexuell missbrauchte Kinder», erwiderte die Dame, als sei das eine Selbstverständlichkeit.

Mir verschlug es die Sprache. Bei jemandem, der als Verkäufer Karriere gemacht hat, kam das ausgesprochen selten vor.

Eine Party für sexuell missbrauchte Kinder?, wiederholte ich in Gedanken. Konnte das sein? Mit sexuellem Missbrauch von Kindern hatte ich mich nie befasst. Das Thema war von meiner Lebenswelt so weit weg wie Zermatt und das Matterhorn von den San Gabriel Mountains bei Los Angeles. Gab es das wirklich? Aber es konnten doch unmöglich so viele Kinder sein, dass man deshalb ein großes Fest organisieren musste. Ehe ich etwas sagen konnte, hörte ich die Dame fragen:

«Möchten Sie mitkommen? Dann können Sie selbst sehen, was das für eine Feier ist.»

Alles, nur das nicht!, dachte ich und zuckte innerlich zusammen. Ich hatte mich so auf einen ruhigen Sonntagnachmittag am Strand gefreut. Also sagte ich, was erfolgreiche Geschäftsleute in solchen Situationen immer sagen: «Ich würde gerne, aber ich habe leider einen Termin.»

In Wirklichkeit hatte ich keinen Termin.

Ungefragt meldete sich mein Gewissen.

«Nun, ich könnte Sie allenfalls begleiten und beim Ausladen helfen. Dann muss ich aber wirklich weiter. Ich habe ja auch meinen Hund dabei», korrigierte ich mich vorsichtig.

Das sei großartig, sie liebe Hunde. Ich könne meine Ziba gerne mitnehmen, freute sich die Frau mit den Helium-Flaschen. Zu der Feier kämen ohnehin noch einige Therapiehunde.

Therapiehunde? Was ist das denn?, dachte ich. Von Therapiehunden hatte ich nie gehört. *Eine Party für sexuell missbrauchte Kinder, und dann kommen auch noch Hunde dazu. Das ist ja ein merkwürdiger Verein,* sinnierte ich.

Die Feier sei in Costa Mesa im Hinterhof eines Motels, erklärte mir die Dame.

Mich beschlich ein Gefühl des Unbehagens. Costa Mesa hatte nicht gerade den besten Ruf. Von Newport Beach nach Costa Mesa fuhr man mit dem Auto etwa fünfzehn Minuten.

«Na gut, das ist keine große Sache. Wir fahren gleich wieder zurück», flüsterte ich Ziba zu. Sie wedelte mit dem Schwanz.

Mit wachsender Skepsis fuhr ich dem kleinen roten Wagen hinterher. Je mehr wir uns dem Motel in Costa Mesa näherten, desto mehr sah ich mich bestätigt: «Durch diese Gegend sollte man nicht fahren, wenn man nicht muss», nörgelte ich vor mich hin. Ich musste nicht, aber ich fuhr dennoch hier herum. Hatte ich den Verstand verloren?

«Hoffentlich klaut keiner meinen BMW», dachte ich, als ich meinen Wagen im Seitenhof eines schäbigen Motels abstellte. Ich half, die Helium-Flaschen auszuladen. Mit einer Hand schob ich einen Wagen mit den Flaschen, in der anderen Hand hielt ich Zibas Leine.

Die Helium-Lady, die Hunde liebte, ging mir eiligen Schrittes voraus. Aus der Ferne hörte ich Stimmen und Kinderlachen. Je näher wir dem Hinterhof kamen, desto lauter wurde es. Als wir um die Ecke bogen, standen wir vor einer großen Grünanlage. Ich sah Kinder und Erwachsene gemeinsam miteinander spielen. Es waren verschiedene Spielstationen aufgebaut. Wurfspiele, Kinderschminken, Mädchen ließen sich als Prinzessin verkleidet fotografieren, Jungs hatten selbst gemachtes Popcorn in der Hand. Da drehte einer Zuckerwatte, dort gab es einen Grillstand. An einem Computer wurden Fotos ausgedruckt, die die Kinder mitnehmen durften …

Ich kann die Stimmung und die Atmosphäre nicht beschreiben. Da war eine Herzlichkeit und Freude, wie ich es so nie zuvor erlebt hatte. Da spielten nicht Opfer und Helfer miteinander. Das war eine große Einheit, eine liebevolle Gemeinschaft von Großen und Kleinen, heiter und fröhlich. Die Kinder hier fühlten sich offensichtlich geliebt und angenommen – unabhängig davon, was noch vor einer Stunde gewesen sein mochte.

«Sind das missbrauchte Kinder? Wie ist dann diese Fröhlichkeit möglich?» Meine Gedanken überschlugen sich.

Ich stand da und staunte. Einerseits fühlte mich völlig fehl am Platz, andererseits auch eigenartig dazugehörig.

Schwer zu sagen, wie lange ich hier herumstand und die Atmosphäre in mich aufsog. Es kam mir vor wie eine Ewigkeit. Schließlich gab ich die Helium-Flaschen ab, mit denen Luftballons aufgeblasen werden sollten, und wollte gehen. Da kamen Kinder herangestürmt und stürzten sich auf Ziba. Sie fielen ihr um den Hals, umarmten sie, streichelten sie und küssten sie.

Auf einmal stand ich im Mittelpunkt – wegen meines Hundes. Zwei Leiterinnen kamen auf mich zu und baten die Kinder, ein wenig Platz zu machen. Es würden jeden Moment noch mehr Hunde kommen.

Das mussten die Therapiehunde sein.

Ich war gespannt.

Die Wut kocht: Hunde-Heini provoziert Gewinner-Typ

In diesem Moment bogen sieben Hunde mit ihren Begleitern um die Ecke. Ich trat einen Schritt zurück und traute meinen Augen nicht. «Was ist das denn?», dachte ich. Da wackelten sieben Hunde an mir vorbei. Große, kleine, dunkle, helle. Alle hatten Westen an, die sie als Therapiehunde auswiesen. Einer trug eine Sonnenbrille, ein anderer hatte eine Schleife im Haar, ein besonders Großer trug ein T-Shirt, ein Kleinerer hatte eine Taucherbrille auf, wieder einer kam mit Hut.

Die Kinder sahen die lustige Hunde-Truppe, und es gab kein Halten mehr. Von einer Sekunde auf die andere waren die Hunde umringt, sie waren das Highlight der Party. Eben noch hatten Spaß und Spiel, Freude und Unterhaltung die Stimmung bestimmt. Das war alles nicht weg, aber mit den Hunden bekam das Ganze eine emotionale Tiefe, die ich so nie für möglich gehalten hätte. Die Tiere ermöglichten Berührungen und Umarmungen in einer Direktheit und Herzlichkeit, dass einem das Herz aufging.

Jeder der Hunde hatte seine eigen «Visitenkarte». Vorne war sein Foto abgebildet, dabei standen einige Charaktereigenschaften des Hundes. Auf der Rückseite konnte man lesen, was der Hund besonders gerne mochte. Diese «Visitenkarten» gehörten zu den Highlights für viele der Kinder. Jedes Kind wollte ein Foto mit Hund haben, am liebsten mit allen Hunden zusammen.

Einer der Hundeführer, die dabei waren, sprach mich auf Ziba an. Ziba war ihm aufgefallen. «Sie haben einen sehr speziellen Hund», sagte er zu mir. «Darf ich ihn mal kurz mitnehmen und ein paar Tests mit ihm machen?»

Ich stimmte zu.

Er ging mit Ziba ein paar Schritte beiseite und gab ihr einige Aufgaben. Es war offensichtlich, dass er wirklich Ahnung im Umgang mit Hunden hatte. Ziba ging sofort auf ihn ein und machte gerne mit.

Als sie zurückkamen, meinte der Hundetrainer zu mir: «Ziba wäre ein sensationeller Therapiehund.» «Was genau ist ein Therapiehund?», wollte ich wissen. Das würde er mir gleich erklären, aber erst würde er mir gerne ein paar Test-Fragen stellen. «Klar», entgegnete ich, «machen Sie ruhig.»

Er befragte mich zu meinem Umgang mit Ziba, schilderte mir verschiedene Situationen und wollte wissen, wie ich mit dem Hund reagieren würde. «Sorry, Ihren Hund könnten wir sofort brauchen, Sie nicht», sagte er mir auf den Kopf zu. «Sie müssen noch viel lernen. Therapiehunde können nur gemeinsam mit ihrem Begleiter zertifiziert werden. Insofern wird das erst mal nichts mit euch beiden.»

Ich kochte vor Wut! «Weißt du eigentlich, mit wem du sprichst?», dachte ich. «Ich bin der Boss von drei Unternehmen, ich habe aus dem Nichts ein Vermögen gemacht, und du Hunde-Wurst meinst, mir erzählen zu können, ich hätte noch viel zu lernen. Mein Hund kommt durch deinen blöden Test und ich falle durch. Was ist das denn für ein Schwachsinn hier!»

Eben noch hatte mich die Atmosphäre tief berührt. Mit einem Mal war alles anders. Ich fühlte mich angegriffen. Nicht gut genug zu sein, war ein Gefühl, das ich von klein auf kannte. Mit Leistung hatte ich dagegen aufbegehrt. Ich wollte allen zeigen, dass ich gut genug war. Bis zum Exzess hatte ich versucht, durch Leistung zu überzeugen, um mir jene Anerkennung zu holen, die mir als Kind verwehrt geblieben war. Mein Bedürfnis nach Zuneigung und Liebe hat das nicht gestillt, aber es hat mich ungemein erfolgreich gemacht.

Jetzt kam der Hunde-Heini daher und bohrte in meiner alten Wunde. «Nicht gut genug»: Das tat brutal weh. Dabei hatte er das mit keinem Wort gesagt. Er hatte lediglich davon gesprochen, dass es für mich noch viel zu lernen gäbe. Damit hatte er im Nachhinein betrachtet zweifellos recht. Aber ich hatte seine Bemerkung als fundamentale Kritik an meiner Person verstanden.

Solche Kritik konnte ich schwer verkraften. Das war, als würde mir die Daseinsberechtigung entzogen. Auf solche «Vernichtungsschläge» reagierte ich extrem allergisch.

Er merkte, wie angefressen ich war, und bemühte sich, die Situation zu entkrampfen. Freundlich lud er mich ein, einen Therapiehunde-Kurs zu besuchen. Damit sei keinerlei Erwartung und Verpflichtung verbunden, aber man könne viel über Hunde lernen. «Du kannst mich mal», dachte ich und zog ab. Ziba trottete hinter mir her.

Nicht mit mir – jetzt erst recht

Eigentlich hätte ich den Helium-Flaschen-Trip und die anschließende Begegnung gerne abgehakt und vergessen, aber das Gespräch mit dem Hundetrainer ließ mir keine Ruhe. Wenn mir einer so kam, weckte das meinen Ehrgeiz. Und wenn der erst zu glühen begann, war es besser, sich mir nicht in den Weg zu stellen. «Dem zeig' ich es»: So reagierte ich immer, wenn ich mich angegriffen fühlte. Und als schlimmsten Angriff empfand ich: «Du bist nicht gut genug!»

«Ich bin gut genug, diese blöde Prüfung zu bestehen», schaltete ich innerlich auf Gegenangriff und machte mich auf zum Training für Therapiehunde.

Ziba war tatsächlich ein ausgesprochen lernbegieriger Hund. Sie kapierte schnell und reagierte perfekt. Viele Dinge musste man ihr nur ein einziges Mal zeigen, dann wusste sie, was sie zu tun hatte. In kürzester Zeit war sie reif für die Prüfung. Zur Prüfung traten dreißig Hunde an. Verschiedenste Rassen gaben sich beim Therapiehunde-Test ein Stelldichein: Pudel, Chihuahuas, Windhunde, Mischlinge, viele Retriever und Labradors.

Ziba meisterte die Prüfung wie ein Champion.

Dann war ich an der Reihe. Genauer gesagt, Herr und Hund wurden als Team getestet. Dazu wurden wir mit bestimmten Situationen konfrontiert. Ein Kind umarmte Ziba viel zu grob, zog sie am Schwanz, an den Ohren – und wollte damit nicht aufhören. Ein älterer Herr spielte einen Alzheimer-Patienten, der den Hund nicht mehr loslassen wollte. Ziba hielt still, aber ich merkte, dass sie sich unwohl fühlte.

In mir stieg Wut auf. Was sollte der Quatsch? Ich wusste nicht, wie man solche Situationen vernünftig auflöst. Am Ende stand ein frustrierendes Ergebnis: Ziba hatte mit Bravour bestanden, ich war durchgefallen.

Man bot mir an, das Geschehen gemeinsam zu reflektieren. Widerwillig nahm ich an. In weiteren Trainingseinheiten lernte ich, in solchen Situationen mich selbst zu reflektieren und auf meine Gefühle zu achten. Bin ich angespannt? Werde ich nervös? Was verunsichert mich? Werde ich wütend? All diese Gefühle galt es wahrzunehmen. Wie fühle ich mich gerade? Woran liegt das? Wie reagiere ich körperlich? Ich begann zu verstehen, wie wichtig im Zusammenspiel mit dem Hund der Prozess der Selbstreflexion ist.

Therapeutische Teamarbeit mit Hund kann nur funktionieren, wenn der Begleiter sich selbst in jeder Situation konsequent reflektiert und dabei auch kleinste Veränderungen und Regungen bewusst wahrnimmt. Je mehr ich das mit meinem Hund übte, umso deutlicher merkte ich, wie wichtig das für mein tägliches Leben wurde.

Sich selbst zu beobachten, Gefühle und Empfindungen zu überdenken und zu hinterfragen, das war Neuland für mich. Aber ich begriff, wie hilfreich es für mich war, dieses Neuland zu betreten. Im zweiten Anlauf bestand ich die Prüfung. Ziba und ich waren nun ein zertifiziertes Team. Sie war der «Therapeut», ich der Begleiter.

Erst viel später wurde mir klar, dass meine Aufgabe im Grunde nur darin bestand, die Leine zu halten und den Hund machen zu lassen. Um das zu verinnerlichen, bedurfte es viel Erfahrung. Die fehlte mir noch, aber sie sollte bald kommen.

2. Ist der Chef jetzt durchgeknallt?

Ich erinnerte mich an die Party mit den Kindern und dachte daran, wie sie auf die Hunde reagiert hatten, welche Liebe und Ermutigung von dieser Begegnung zwischen Mensch und Tier ausgegangen war. Das wollte ich mit Ziba nun auch vermitteln.

Während der Woche hetzte ich beruflich von Termin zu Termin, aber Samstag oder Sonntag ging ich mit Ziba in Altenheime und Krankenhäuser. Was soll ich sagen? Ich habe dort immer viel mehr zurückbekommen, als ich gegeben habe. Die Freude, die der Hund bei den alten und kranken Menschen auslöste, kam zu uns zurück. Doppelt und dreifach. Nach den Besuchen fühlte ich mich jeweils wie der eigentlich Beschenkte.

Die Besuche im Altenheim oder im Spital bei kranken Kindern vermittelten mir eine völlig neue Dimension von Glück. Früher meinte ich, ich sei glücklich, wenn ich guten Sex hatte, eine Menge Geld verdiente oder einem Konkurrenten einen lukrativen Auftrag wegschnappte. Jetzt machte ich eine komplett neue Erfahrung: Je mehr ich gab und Liebe schenkte, desto mehr empfing ich selbst.

Es blieb nicht bei meinen Therapiehund-Einsätzen in Krankenhäusern und Altenheimen. Eines Tages wurde ich gefragt, ob ich Dienstagnachmittag mit Ziba nach Santa Ana kommen könnte. Dort gab es ein Projekt für Kinder mexikanischer Einwanderer. Die Kinder, meist aus sozial schwachen Latino-Familien, sollten die Möglichkeit bekommen, Englisch zu lernen. Dabei kamen Therapiehunde zum Einsatz. Die Kinder lasen den Hunden aus Büchern vor, um so die Sprache zu lernen.

Die Veranstaltung fand immer dienstags von 16.00 bis 18.00 Uhr statt. Das war für mich die denkbar ungünstigste Zeit. Nachmittags kamen in meiner Firma die Service-Crews zurück, und es gab jede Menge zu besprechen und für den folgenden Tag abzustimmen. Als Chef war es völlig unmöglich, ausgerechnet am Nachmittag nicht anwesend zu sein.

Ich entschied mich dennoch, nach Santa Ana zu fahren, sagte im Büro aber niemandem, wo ich war. Mein Handy ließ ich im Auto.

Als ich mit Ziba vom Vorlesen zurückkam, lief meine Mailbox über. Das konnte nicht gut gehen, einfach nachmittags aus der Firma zu verschwinden und nicht erreichbar zu sein. Aber Ziba war den Latino-Kindern ans Herz gewachsen. Und ich fühlte mich beschenkt durch die Arbeit mit ihnen.

Regelmäßig fuhr ich nach Santa Ana. Meine Abwesenheit an den Dienstagnachmittagen sorgte im Büro für massive Irritationen und Unruhe.

Eines Tages klopfte meine Buchhalterin Yetta an meine Tür. Sie machte sich Sorgen um die Firma.

«Roy, ich muss dich mal sprechen. Was machst du immer am Dienstagnachmittag? Da kannst du nicht weg sein. Die Kollegen brauchen dich hier. Ohne dich läuft es nicht. Es entstehen massive Probleme, wenn du einfach weg bist.»

Ich hatte nicht den Mut gehabt, jemandem zu erzählen, dass ich zu Kindern gehe, die meinem Hund vorlesen. *Wenn ich das sage, halten sie mich für verrückt,* dachte ich. In meiner Welt gab es nichts Wichtigeres, als Geschäftsführer zu sein. Das hatte absolute Priorität. Die Vorstellung, dass es Aufgaben geben könnte, die genauso wertvoll sein könnten, aber rein gar nichts mit Unternehmertum, Umsatz und Gewinnmaximierung zu tun hatten, war mir wesensfremd.

Klammheimlich hatte ich gegen meinen eigenen Kodex verstoßen. Meinen Mitarbeitern die Wahrheit zu sagen, wäre mir fürchterlich unangenehm gewesen. Ich wusste ja, dass ich in der Firma dringend gebraucht wurde, aber ich fuhr nach Santa Ana, schaltete mein Handy aus und ließ Latino-Kinder meinem Hund aus Büchern vorlesen.

Das war mehr als peinlich. Das war ein grober Verstoß gegen mein eigenes Weltbild. So etwas konnten Leute tun, die Zeit dafür hatten. Aber ich hatte drei Unternehmen zu managen. Aus meiner eigenen Sicht waren die Touren nach Santa Ana völlig unverantwortlich. Ich hatte wichtigere Dinge zu tun, aber ich fuhr dennoch.

Die pure Angst im Blick

«Roy, du kannst am Dienstagnachmittag machen, was du willst. Das geht mich nichts an. Aber ich spüre in der Firma eine Spannung. Irgendetwas stimmt hier nicht. Irgendetwas wird verschwiegen. Das ist keine Basis, um gut zusammenzuarbeiten», kritisierte Yetta. Sie begann zu weinen.

Jetzt half nichts mehr, ich musste mit der Wahrheit heraus.

«Ziba und ich sind ein Therapiehunde-Team geworden. Am Wochenende besuchen wir Alte und Kranke. Am Dienstag fahre ich mit Ziba nach Santa Ana und lasse ihr von Kindern aus Büchern vorlesen», lüftete ich mein Geheimnis und sah Yetta betreten an.

Jetzt ist es raus, dachte ich, *jetzt gibt es gleich schwere Vorwürfe, dass ich als Chef das auf keinen Fall machen könne.*

Yetta wischte sich die Tränen aus dem Gesicht. «Roy, das ist ja wunderschön. Warum hast du das nie gesagt?»

«Ich habe mich nicht getraut, weil ich dachte, als Geschäftsführer hätte ich wichtigere Aufgaben zu erledigen.»

Yetta fragte, wer im Unternehmen davon wisse.

«Niemand», antwortete ich.

«Komm, wir holen Roberta und David und erzählen es ihnen», meinte sie.

Roberta war meine Assistentin und rechte Hand, David Service- und Installationschef meiner Firma «Air Cleaning Solutions».

«Auch die wissen nicht, was los ist. Sie machen sich ernste Sorgen, dass irgendetwas nicht stimmt. Die Situation ist für sie kaum auszuhalten», erklärte Yetta.

Ich hatte geahnt, dass meine Abwesenheit am Dienstagnachmittag eine Belastungsprobe für das Unternehmen sein würde. Dass meine Mitarbeiter derart darunter leiden würden, hatte ich nicht überlegt.

Roberta und David kamen in mein Büro. In ihren Blicken sah ich pure Angst. Sie hatten Angst um die Firma und rechneten offensichtlich mit dem Schlimmsten. Ausführlich entschuldigte ich mich für mein Verhalten und meine Verschwiegenheit und bat um Verzeihung.

Da fiel mir David ins Wort: «Ja, Chef, wir vergeben dir. Aber sag' uns jetzt endlich, was los ist!»

Ich erzählte ihnen alles.

Als ich fertig war, weinten wir alle vier.

David wohnte in Santa Ana. Er war selbst Latino und kannte das Vorlese-Projekt.

Aber es ging gar nicht nur um die Therapiehund-Geschichte, sondern darum, ehrlich zu sein. Zu sich selbst und anderen. Es ging darum, dass im Leben nicht nur Leistung zählt. Dass man gut genug ist, wenn man einfach man selbst ist – ohne etwas Besonderes zu leisten. Der eigene Wert hängt nicht davon ab, was ich tue. Ich bin nicht besser, wenn ich kranken Kindern in Not helfe, aber auch nicht schlechter, wenn ich nicht der Geschäftsmann bin, der 24 Stunden am Tag für die Firma rotiert.

Wenn man sich selbst immer über Leistung definiert hat, ist das eine bahnbrechende Erkenntnis. Egal ob man CEO einer Großbank ist oder kranken Kindern hilft, das ist keine Frage von besser oder schlechter. Beides kann Berufung sein. Es geht nicht um persönliche Leistungsbilanzen, sondern darum, etwas aus ganzem Herzen zu tun.

Als wir da zu viert im Büro saßen und Tränen vergossen, begann ich das zu begreifen.

Gemeinsam erarbeiteten wir einen Plan, der es mir ermöglichte, weiter nach Santa Ana zu fahren, ohne die Abläufe in der Firma zu gefährden. Es war also möglich. Aber die Voraussetzungen dafür waren Ehrlichkeit und Transparenz. Und eine veränderte Einstellung zu meinem Leistungsdenken.

Mit meiner «Hunde-Vorlese-Beichte» in der Firma veränderte sich etwas. Ich entwickelte ein neues Verhältnis zu meiner Tätigkeit als Unternehmer. Wir fanden neue Lösungen, überdachten Arbeitsabläufe und Strukturen. In einem neuen Bewusstsein besuchte ich mit Ziba immer häufiger Altenheime und Krankenhäuser. Wir fuhren auch weiter zu unseren Latino-Kindern nach Santa Ana. Das Handy ließ ich nach wie vor im Auto. Ich bekam noch immer eine Menge Anrufe während meiner Abwesenheit, aber mein Kopf war jetzt freier – und mein Herz auch.

3. Die rote Feder

Je mehr Ziba und ich in Pflegeheimen und Spitälern unterwegs waren, desto mehr Anfragen bekamen wir. Bei einem Ferienlager für schwer traumatisierte Kinder wurde unbedingt noch ein Therapiehund gebraucht. Die Verantwortlichen der Mariners Church, die das Lager organisierten, klopften bei uns an. Zu diesem Zeitpunkt hatte ich seit drei Jahren keinen Urlaub gemacht. Jetzt ausgerechnet ein Ferienlager?

Ein Fünf-Sterne-Resort auf den Malediven hätte nach Erholung geklungen, aber ein Ferienlager? Eine Woche komplett raus aus der Firma, das war ohnehin kaum vorstellbar. Einen Nachmittag, ja, das funktionierte inzwischen einigermaßen reibungslos, aber eine Woche war etwas völlig anderes.

Jeff Kishi, der Leiter des Camps, hatte mir gesagt, dass es dort weder Telefonnetz noch Internetzugang geben werde. Unerreichbarkeit war für mich ein fürchterlicher Gedanke. Aber Yetta, Roberta und David ermutigten mich, teilzunehmen. «Wir kriegen das hin», versicherten sie mir. Ich vertraute ihnen und fuhr. Allerdings konnte ich mich nur dazu durchringen, vier Tage dort zu verbringen. Also kam ich nach und stieß mit Ziba erst später dazu.

Dieses Ferienlager bedeutete eine unglaubliche Erfahrung. Zu erleben, wie Ärzte, Psychiater, Psychotherapeuten, Pfleger, Betreuer, Frauen und Männer in Teamarbeit liebevoll für die Kinder da waren, beeindruckte mich. Jeff, der Chef dieses Ferienlagers, war früher Undercover-Polizist gewesen, jetzt war er Pfarrer und leitete die Freizeiten der Mariners Church für Kinder, denen in ihren jungen Jahren bereits Schreckliches widerfahren war. Von körperlicher Gewalt über sexuellen Missbrauch bis hin zu Abartigkeiten, die die Fantasie normaler Menschen sprengen, hatten diese Kinder so ziemlich alles erlebt.

Ich sah, wie die Kinder in dieser Ferienwoche aufblühten – trotz ihrer Traumata und ihres Leids, das allenthalben zu spüren war. Ich freute mich über ihr Lachen, ihre Fröhlichkeit, die große Gemeinschaft und darüber, wie sie auf Ziba reagierten. Aber ich spürte auch, es wäre besser gewesen, von Anfang an dabei zu sein und nicht erst später dazuzustoßen. «Beim nächsten Mal mache ich das anders», nahm ich mir vor.

Die nächste Gelegenheit sollte bald kommen. Ziba und ich sammelten weiter Erfahrung bei unseren Einsätzen in Krankenhäusern. Wir nahmen an Wochenenden für Kinder teil und besuchten eine Osterfreizeit. Jedes Mal ging ich beschenkt nach Hause. Und Ziba und die anderen Therapie-Dogs waren die Stars der Veranstaltungen. So manche Hollywood-Schönheit wäre angesichts des Rummels um die Hunde vor Neid erblasst. Das Gute war freilich: Hunden steigt so etwas nicht zu Kopf.

Die Hölle hinter der Sommeridylle

Ein Jahr nach unserem ersten Ferienlager fragte Jeff erneut bei mir an. Er hatte die Leitung bei allen Kinder- und Jugend-Camps der Mariners Church. Wieder ging es um eine Woche. Ich erinnerte mich, dass es gut wäre, von Anfang an dabei zu sein. Also sagte ich Jeff zu, die volle Woche zu bleiben. Zum ersten Mal seit drei Jahren würde ich eine ganze Woche lang nicht in der Firma arbeiten und mobil für niemanden erreichbar sein. Ich konnte es kaum fassen.

Mit Ziba im Wohnmobil machte ich mich auf in die Wälder

des San Bernardino National Forrest. Unser Lagerplatz befand sich in der Nähe des Lake Arrowhead, in 1600 Metern Höhe. Idyllischer konnte ein Platz kaum liegen als dieser hier. Blockhütten standen umgeben von uralten, hochgewachsenen Bäumen. Die Hütten waren einfach eingerichtet, aber schön. Bäche schlängelten sich am Platz entlang und speisten kleine Seen ganz in der Nähe. Es gab einen Swimmingpool, eine große Wiese und einen Spielplatz. Auch ein Basketball-Feld war angelegt. Sogar eine kleine Kapelle war vorhanden.

Die Sonne strahlte, Vögel tanzten am wolkenlosen blauen Himmel. Der Wind strich sacht durch die Wipfel der Bäume und sorgte für ein sanftes Rauschen. Nur ein paar Adler, die über den Baumkronen ihre Kreise zogen, störten für einen Moment die Stille. Man ahnt gar nicht, was man draußen im Wald plötzlich alles wahrnimmt, wenn man jahrelang vor allem sein Büro, seinen Dienstwagen, Flughäfen, Hotels und irgendwelche Meeting-Räume gesehen hat.

Die ungewohnte Ruhe dröhnte mir in den Ohren. Kein Anruf, keine E-Mail, kein Termin, der noch schnell vorzubereiten gewesen wäre. Stattdessen zwitscherten Vögel, und kristallklares Wasser plätscherte munter über dicke Kieselsteine im Bachbett.

Allmählich kam Betriebsamkeit in die Blockhütten-Idylle. Es gab noch viel vorzubereiten, ehe die Kinder kamen. Man musste auf vieles vorbereitet sein. Es war kein gewöhnliches Ferienlager, das hier stattfinden sollte.

Die vierzig Kinder, die wir erwarteten, kamen aus schwierigsten Situationen. Sie hatten Scheußliches erleben müssen. Die meisten von ihnen waren Opfer sexuellen Missbrauchs geworden. Manche waren obdachlos, andere psychiatrisch erkrankt, oder sie kamen aus verwahrlosten Verhältnissen. Körperliche Gewalt und seelischer Missbrauch gehörten zu ihrem Alltag wie bei anderen das Pausenbrot oder die Gute-Nacht-Geschichte.

Ich lebte auf der Sonnenseite Kaliforniens. Hier wurde ich mit der Schattenseite des Lebens konfrontiert – in ihrer düstersten Form.

Jeff hatte das Lager hervorragend organisiert. Wieder stand ein Team von Ärzten, Therapeuten, Pädagogen und Pflegekräften bereit. Die professionellen Kräfte wurden ergänzt durch jede Menge freiwilliger Helfer. Alle, von den Psychiatern bis zur Küchen-Crew, arbeiteten ehrenamtlich.

Der Umgang mit traumatisierten Kindern erfordert besondere Sensibilität. Um möglichst individuell auf die Kinder und ihre Bedürfnisse eingehen zu können, betreute ein Erwachsener maximal zwei Kinder. Mädchen hatten eine Betreuerin, Jungs einen Betreuer. Zusätzlich zu den Betreuerinnen und Betreuern gab es weitere Mitarbeiterinnen und Mitarbeiter. Wir sprachen vom «Staff». Das waren Leute wie ich, aber auch sogenannte Lager-Omas und -Opas, Lager-Tanten und -Onkel; Ehrenamtliche, die für Schwimmen, Musik und Unterhaltung verantwortlich waren und den Betreuern zur Seite standen.

Besonderer Wert wurde darauf gelegt, dass nie ein Betreuer oder eine Betreuerin mit einem Kind alleine war. Nirgends! Es mussten immer zwei Erwachsene präsent sein. Damit schnell reagiert werden konnte, war das gesamte Staff-Team über Funk verbunden. Wir alle trugen einen Knopf im Ohr, um jederzeit dorthin gerufen werden zu können, wo gerade jemand gebraucht wurde.

Ziba und ich waren das einzige Hunde-Team bei diesem Lager.

Verbrannte Briefe, Asche im Wald

Alles war vorbereitet. Die Zimmer in den Blockhütten waren hübsch dekoriert. Jeder Betreuer wusste, um welche Kinder er sich zu kümmern hatte. Vorfreude und gespannte Erwartung lagen in der Luft.

Die Busse mit den Kindern rollten an. Die Türen öffneten sich, und eine bunte, wuselige Schar drängte nach draußen. Ein paar hatten schöne Koffer und neue Rucksäcke dabei, andere trugen ihre wenigen Habseligkeiten in Müllsäcken mit sich. Viele hatten gar nichts dabei. Nur die Kleidungsstücke, die sie am Leib trugen.

Kleider und Schlafsäcke wurden verteilt, jedes Kind mit Namen begrüßt und von seinem Betreuer willkommen geheißen. Ich hielt mich mit Ziba im Hintergrund, um mit dem Hund bei der Willkommens-Zeremonie nicht im Weg zu stehen.

Aus der Entfernung sah ich ein kleines Mädchen aus dem Bus steigen. Sie hatte lange braune Haare und trug eine rote Feder im Haar. Sie mochte neun oder zehn Jahre alt gewesen sein. Mit ihrer roten Feder war sie mir gleich aufgefallen.

Es dauerte nicht lange, da hatten die ersten Kinder Ziba erblickt und stürmten auf sie los. Eines der ersten Kinder, das Ziba streichelte und zur Begrüßung umarmte, war das Mädchen mit der roten Feder. Sie hieß Faith.

Der «Zufall» wollte es, dass ihre Betreuerin ebenfalls Faith hieß. Die kleine und die große Faith gehörten in diesem Lager zusammen. Die kleine Faith benahm sich vom ersten Augenblick an wie eine alte Freundin von Ziba. Wo Ziba war, da war auch Faith. Die beiden waren unzertrennlich.

Die Kinder bezogen ihre Zimmer. Aber wohin ich auch unterwegs war, immer waren fünf oder sechs Kinder um Ziba herum, streichelten sie und stellten Fragen. Nicht nur Faith, auch viele andere Kinder hatten Ziba schnell ins Herz geschlossen.

Mein Funkgerät stand in den nächsten Tagen nicht mehr still. «Roy, kommt doch bitte rüber zum Spielplatz. Da ist ein Junge gestürzt. Der will unbedingt, dass Ziba zu ihm kommt.

Wir brauchen euch beide hier, um ihn zu beruhigen.» Das waren die harmlosen Einsätze. «Hey, Roy, komm bitte schnell zu Blockhaus 4. Wir haben einen ernsten psychiatrischen Notfall. Der Arzt ist schon da, aber wir brauchen Ziba ganz dringend, um die Kinder zu beruhigen.»

Wo immer wir auftauchten: Von Ziba ging eine große Ruhe aus. Das übertrug sich auf die Kinder. Bei allen Unternehmungen hatte Ziba immer eine Schar Kinder um sich herum. Und *ein* Mädchen war immer dabei: Faith. Sie ließ Ziba nicht aus den Augen. Ihre rote Feder trug sie immer im Haar.

Die Kinder durften Ziba Briefe schreiben. «Wenn der Brief in einem zugeklebten Kuvert steckt, liest ihn nur Ziba. Nicht verschlossene Briefe darf Roy Ziba vorlesen», lautete die Abmachung. Ziba bekam jeden Tag sehr viel Post. Ich habe nie einen Brief geöffnet, der zugeklebt war. Von den Briefen, die offen waren, hat mich jeder einzelne zutiefst berührt und traurig gemacht. Was hatte man diesen Kindern nicht alles angetan …

Abends zog ich mich auf eine Lichtung am Waldrand zurück. Im Schutze der Nacht setzte ich mich auf einen Baumstamm und weinte bitterlich. Die zugeklebten Briefe verbrannte ich im Wald. Anschließend verbuddelte ich die Asche.

Ich war dankbar, dass die Briefe alle an Ziba adressiert waren. So musste ich keinen beantworten. Ich wusste nicht, was ich hätte sagen sollen. Ziba antwortete auf ihre Weise, und die Kinder verstanden sie.

Ziba war der Therapiehund. Ich musste nur mit Empathie präsent sein. Doch selbst damit war ich komplett überfordert. Nie zuvor hatte ich in meinem Leben derart viele Medikamente gesehen wie in diesem Lager. Die wenigsten waren gegen Kopfschmerzen oder Mückenstiche. Die meisten waren Psychopharmaka, auf die viele Kinder dringend angewiesen waren. Von Antidepressiva bis hin zu Tabletten zur völligen Ruhigstellung war in der Lagerapotheke so ziemlich alles dabei. «Wie können Erwachsene Kinderseelen so brutal verletzen, dass man solche Medikamente braucht, um weiterleben zu können?»

Diese Frage sollte mich nie wieder loslassen.

Panikattacken, Trigger-Ereignisse, multiple Persönlichkeiten, die von einem Moment auf den anderen ein völlig anderer Mensch waren, Trauma-Reaktionen, Kinder mit Suizidgefährdung: Nie zuvor war ich mit solchen Dingen konfrontiert gewesen. All das war spürbar da. Man konnte nicht darüber hinwegsehen. Und doch wurde gespielt, gelacht, musiziert und viel unternommen während dieser Ferientage.

Immer wieder wurde per Funk nach Ziba gerufen. Und wo Ziba war, tauchte nach kürzester Zeit auch Faith auf. Wann immer sie Ziba sah, lächelte sie. Ziba spazierte schwanzwedelnd bei Wanderungen mit, ließ sich beim Toben auf dem Spielplatz nicht aus der Ruhe bringen und sprang beim Schwimmen im See oder im Pool liebend gerne mit ins Wasser. Im Wasser sind Retriever voll in ihrem Element!

Jeden Tag erreichen Ziba neue Briefe. Jeden Tag heulte ich Rotz und Wasser angesichts dessen, was ich da las. Abends saß ich auf meinem Baumstamm am Waldrand. Die erwachsene Faith saß oft neben mir. Wir tauschen uns aus und weinten gemeinsam. «Why?», «Why?», «Warum?», «Warum nur?», rief ich mit erstickter Stimme in die Dunkelheit. In den vergangenen Jahren hatte ich zum Glauben gefunden. Davon wird noch zu reden sein. Aber mein Glaube oder das, was ich dafür hielt, steckte in vielerlei Hinsicht noch in den Kinderschuhen. Jetzt schrie ich meine Verzweiflung in den Nachthimmel.

Hörte mich Gott? Wo war er bei all dem Leid, das diesen Kindern angetan worden war?

Das Piepsen meines Funkgerätes riss mich aus meinen Gedanken. Für einen kurzen Moment hatte ich den Knopf aus dem Ohr genommen. Ich schaltete wieder auf Empfang. Ziba wurde gerufen. Ich musste los. Täglich waren wir beide bis zu zwanzig Stunden im Einsatz.

Der letzte Tag

Der Abschied nahte. Die Woche war wie im Flug vergangen. Freundschaften entstanden zwischen den Kindern und zwischen Betreuern. Aus Unbekannten war eine verschworene Gemeinschaft geworden, die für einige Tage wie eine große Familie zusammengehalten hatte. Gemeinsam waren wir durch dick und dünn gegangen. Wir hatten Lachen und Weinen geteilt und einander in der Erfahrung bestärkt, dass es Licht in der Finsternis gibt.

Die Vorbereitungen für den letzten Abend gestalteten sich schwierig. Wehmut und Abschied hingen wie dunkle Wolken über unserem Lagerplatz und drückten auf die Stimmung. Dagegen kam selbst die Sonne Kaliforniens nicht an.

Für jedes Kind wurde ein Fotoalbum gestaltet. Hundefotos waren der Renner unter den Urlaubserinnerungen. Solche Alben sind sehr wichtig. Oft habe ich später obdachlose Kinder in Heimen und Kliniken besucht. Das Erste, was ich meist gesehen habe, waren diese Fotoalben, die auf einem Tisch oder Bett lagen. Fast immer war eine Seite aufgeschlagen, die ein Bild des jeweiligen Kindes zeigte. Es lachte stolz in die Kamera, an seiner Seite saß oder stand ein Hund.

Der letzte Tag brach an. Es wurde aufgeräumt und eingepackt. Die Kinder wollten nicht gehen. Ziba war gefragter denn je. Faith wich ihr nicht mehr von der Seite. Wie jeden Tag hatte sie auch heute ihre rote Feder im Haar.

Zum Abschluss bekamen alle ein Lager-T-Shirt geschenkt, die Kinder und die Betreuer. Wasserfeste Stifte wurden verteilt, und man schrieb sich gegenseitig Abschiedsgrüße auf das Shirt.

Auch Ziba hatte ein T-Shirt bekommen. Ich zog es ihr über. In Windeseile hatte sich eine Traube von Kindern um sie gebildet. Alle wollten sich auf Zibas Shirt verewigen. Am Ende war kein Platz mehr auf ihrem Shirt. Ziba war im wahrsten Sinne des Wortes ein bunter Hund, ihr T-Shirt war von oben bis unten vollgeschrieben.

Die Busse fuhren vor. Niemand wollte gehen. Ich setzte mich auf den Boden, Ziba saß neben mir. Jeder wollte sie zum Abschied noch mal streicheln. Kein Kind stieg in die Busse, die sie wieder in ihren Alltag zurückbringen sollten. Noch eine Umarmung, noch ein «High Five», ein letztes Winken, Ziba schnell noch etwas ins Ohr flüstern. Der Abschied nahm kein Ende.

Allmählich wurden die Busfahrer nervös. Sie wussten um die Strecken, die sie noch fahren mussten. Es half nichts, jetzt hieß es unwiderruflich Lebewohl sagen. Faith, die die ganze Zeit neben Ziba gekauert hatte, stand auf. Ich erhob mich ebenfalls. Faith weinte. Mir liefen Tränen über die Wangen. Ziba stand neben uns in ihrem bunten T-Shirt, blickte uns treuherzig an und wedelte vorsichtig mit dem Schwanz.

Da nahm Faith ihre rote Feder aus dem Haar, bückte sich zu Ziba, streichelte ihr über den Kopf und steckte die Feder zwischen Zibas Halsband und ihr T-Shirt. Sie umarmte Ziba von vorne und schaute mir zum ersten Mal in dieser Woche klar in die Augen:

«Roy, versprichst du mir etwas?»

«Was, Faith, was soll ich dir versprechen?», antwortete ich. Fast hätte ich kein Wort herausgebracht. So gut es ging, riss ich mich zusammen.

«Versprich mir, dass du dich zusammen mit Ziba um Kinder wie mich kümmerst. Wir brauchen Leute wie dich, die sich für uns einsetzen», sagte Faith.

Dann stand sie auf.

«Versprichst du mir das?», wiederholte sie noch einmal.

«Faith, das verspreche ich dir», schluchzte ich.

Sie lächelte mich an, drehte sich um und stieg in den Bus.

An ihrem Sitzplatz angekommen, schaut sie aus dem Fenster und drückt ihre Hände an die Fensterscheibe. Ich sehe ihre Tränen.

«Ich verspreche es dir», rufe ich in ihre Richtung.

Plötzlich sehe ich Faith nicht mehr am Fenster. Sie steht in der Bustür, springt heraus, rennt auf uns zu, umarmt Ziba und nimmt mich in den Arm.

«I promise», «Ich verspreche es», ist das Letzte, was ich noch herausbringe.

«Thank you», flüstert Faith und drückt mich fest an sich. Dann lässt sie los, dreht sich um und läuft zurück zum Bus. Sie steigt ein, hinter ihr schließt sich die Tür. Durch die Fensterscheibe sehe ich sie noch einmal winken. Der Fahrer lässt den Motor an. Langsam setzt sich der Bus in Bewegung und verschwindet hinter der nächsten Biegung.

Gott weint

Ich weiß nicht mehr, wie lange ich da stand und dem Bus nachschaute. Er war längst weg, als ich mich zu Ziba beugte und die rote Feder aus ihrem Halsband zog. Seit diesem Tag ist diese Feder immer bei mir.

Ich hoffe, Faith eines Tages wiederzusehen. Wir sind uns nie mehr begegnet. Ich würde ihr gerne die rote Feder zurückgeben und ihr erzählen, was ihre Bitte bei mir ausgelöst hat. Das Versprechen, das ich der kleinen Faith gegeben habe, hat mein Leben verändert. Als ich damals den Bussen hinterhersah, ahnte ich nicht, welche Konsequenzen mein Versprechen haben würde.

Die Busse waren bereits eine Weile weg. Eine eigenartige Stille lag über dem Platz. Tagelang waren wir Betreuer ununterbrochen auf Trab gewesen, plötzlich herrschte eine lähmende Leere. Ich kam mir vor wie im falschen Film.

«Wo gehen die Kinder jetzt hin? Wo schlafen sie heute? Was essen sie? Geht der Missbrauch weiter? Sind sie sicher?» Meine Gedanken drehten sich im Kreis. Mir wurde schwindelig.

Ich winkte Ziba zu mir, und wir gingen zu unserer Lichtung. Am Boden erinnerte eine Brandstelle an die Kinderbriefe für Ziba, die ich verbrannt hatte. Die Asche lag irgendwo im Wald unter Bäumen verbuddelt. Doch was die Kinder erleben mussten, ließ sich nicht einfach so vergraben. Ihr Martyrium, ihr Schmerz, ihre Leiden hatten sich tief in ihre Seelen gegraben. Sie würden bis an ihr Lebensende damit zu tun haben.

Ich setzte mich auf meinen Baumstamm, auf dem ich schon die Tage zuvor gesessen hatte, und betete. «Es kann doch nicht sein, dass diese Kinder jetzt wieder in die Höhle des Löwen müssen, und ich soll nach Hause fahren, als wäre nichts gewesen. Gott, das geht doch nicht! Wenn du das in Ordnung findest, dann kann ich dich nicht ausstehen», zürnte ich.

In diesem Moment überkam mich ein Gefühl der Gegenwart Gottes, das mir bis dahin fremd gewesen war. «Well done, son!», «I'm proud of you!», «Gut gemacht, mein Sohn!», «Ich bin stolz auf dich!», vernahm ich eine innere Stimme. Ich hörte sie nicht mit den Ohren, sie sprach mir mitten ins Herz.

«Nein, Dad», erwiderte ich. «Das war nicht gut genug. Die

Kinder gehen jetzt zurück, und wir wissen nicht, wie es mit ihnen weitergeht. Kannst du mir garantieren, dass sie nicht mehr missbraucht werden?»

«Das kann ich nicht. Aber ich bin dort, wo sie sind. Ich bin auch in ihrer Hölle», spürte ich eine Antwort.

Es war, als würde Jesus neben mir auf dem Baumstamm sitzen und mit mir weinen. Aus seinen verweinten Augen blickte er mich an: «Ich kann nicht garantieren, dass ihnen nichts mehr passiert. Der Mensch ist frei. Er hat die Wahl zwischen Gut und Böse. Aber wir können für diese Kinder kämpfen. Du und ich und viele andere.»

Ich fuhr herum. Was war das für ein Geräusch? – Hinter mir stand die große Faith. Sie legte mir ihre Hand auf die Schulter. «I love your T-Shirt, Roy», strahlte sie mich an.

«Warum? Wie meinst du das? Was ist mit meinem T-Shirt?», stutzte ich.

«Schau mal, was drauf steht», lachte sie.

Ich zog das Shirt aus, das ich mir über mein Hemd gezogen hatte. «Best dad ever», hatte jemand draufgeschrieben und zwei Hundepfoten dazugemalt. Es sah aus, als hätte Ziba das geschrieben.

Ich wusste nach dieser Woche mehr denn je, was Ziba alles konnte. Aber schreiben? Das musste jemand anders für sie übernommen haben. Die große Faith, die die kleine Faith in der vergangenen Woche liebevoll betreut hatte, lachte.

Wir ließen die Ereignisse der vergangenen Woche an uns vorbeiziehen und tauschten Eindrücke und Erfahrungen aus. «Ich glaube, das war das größte Versprechen, das ich in meinem Leben gegeben habe», sagte ich.

«Welches Versprechen?», wollte sie wissen.

Ich zeigte ihr die rote Feder.

«Das ist die Feder von Faith», wusste sie sofort.

Ich nickte und sagte: «Ich habe ihr versprochen, für Kinder wie sie zu kämpfen.»

Wir standen auf und umarmten uns. Keiner von uns schämte sich seiner Tränen.

Ich verabschiedete mich von ihr und den anderen, holte meine Tasche und machte mich auf den Weg. Ich konnte nicht ahnen, wohin mich mein Weg eines Tages führen würde.

Nur die Spitze des Eisbergs

Die Erfahrung des Ferien-Camps löste bei mir verschiedene Prozesse aus. Ich musste mir eingestehen, dass die Woche eine große Belastung bedeutet hatte – für mich und für meinen Hund. Für mich hieß das: Ich musste lernen, die gemachten Erfahrungen zu verarbeiten und Grenzen zu setzen.

Mit Blick auf den Einsatz von Therapiehunden wurde entschieden, dass künftig immer mehrere Hunde-Teams dabei sein sollten.

Ich begann, mich mehr und mehr mit dem Thema «sexueller Missbrauch» zu befassen, und engagierte mich weiter.

Neben der Auseinandersetzung mit dem Thema Missbrauch musste ich lernen, an mir selbst zu arbeiten, mich selbst, meine Verhaltensmuster und meine Gefühle besser zu verstehen.

Gemeinsam mit Jenny war ich zu Roger Tirabassi gekommen. Nach unserer Trennung wurden die wöchentlichen Termine mit Roger noch wichtiger für mich. Roger war mir eine unschätzbare Hilfe. Roger ist Arzt, Therapeut, Pfarrer und Coach. Er wurde einer meiner wichtigsten Mentoren und ein guter Freund.

Heute weiß ich: Wer sich selbst verstehen will, muss sein Leben gründlich reflektieren, Strukturen und Muster analysieren und Zusammenhänge begreifen. Nur so lassen sich Verletzungen aufarbeiten. Das ist die Voraussetzung dafür, dass innere Verwundungen heilen können.

Meine wahre Identität zu entdecken, war ein schmerzhafter und mühsamer Prozess. Bevor aus dem karrieregeilen Leistungsjunkie jemand werden konnte, der sich um Benachteiligte und Missbrauchte kümmert, musste ich mich der Wahrheit meines Lebens stellen, meines ganzen Lebens – von den Anfängen bis hierher. Das war ein langer, steiniger Weg. Roger begleitete mich dabei.

4. «Aus dir wird nie etwas»

Durch die Zusammenarbeit mit Roger begann ich, mich selbst immer besser kennenzulernen. Mir wurden Zusammenhänge klar und einsichtig, die ich bis dahin nicht erkannt hatte. Ich verstand Verhaltensweisen und lernte ihre tieferen Ursachen kennen. All das war mir nicht bewusst gewesen.

Wie war das möglich? Wie konnte ich das alles so lange nicht gesehen haben? Ich war blind für mich selbst gewesen. Nun begann ich zu sehen. Und je weiter ich zurückblickte, desto mehr gingen mir die Augen auf.

Wenn ich jetzt zunächst über Kindheit, Jugend und meinen Weg in den beruflichen «Leistungswahn» schreibe, dann nicht, weil ich mein Leben für so bedeutsam halte, dass dies alles in ein Buch hinein müsste. Aber es braucht diese Anfangsjahre, um Zusammenhänge aufzuzeigen und nachvollziehbar zu machen. Das Leben wird vorwärts gelebt, aber rückwärts verstanden, habe ich eingangs geschrieben. Darum geht es. Um dieses Verstehen zu ermöglichen, muss man bis an die Anfänge gehen.

Meine perfekte Welt stürzt ein

Fränkisch ist an mir nichts, außer vielleicht, dass ich Bratwürste durchaus mag. Dennoch bin ich am 17. Juli 1965 in Nürnberg geboren. Meine Eltern waren beide Schweizer. Meine Mutter stammte aus Horgen am Zürichsee. Sie war Krankenschwester. Mein Vater kam aus Reinach. Er arbeitete für eine chemische Reinigung und war hauptsächlich für die Armee zuständig. Der

Beruf meines Vaters hatte meine Eltern nach Nürnberg verschlagen, sodass ich dort das Licht der Welt erblickte.

Meine Mutter hat nie schlecht über meinen Vater gesprochen. An negative Äußerungen kann ich mich nicht erinnern. Aber irgendetwas muss in ihrer Ehe nicht gestimmt haben. Als ich eineinhalb Jahre alt war, ließen sich meine Eltern scheiden. Meine Mutter zog mit mir zurück nach Horgen und arbeitete als Krankenschwester in Zürich. Morgens fuhren wir gemeinsam nach Zürich, sie lieferte mich in einer Kinderkrippe ab und ging dann ins Hospital zur Arbeit. Ich erinnere mich gerne an diese Zeit. In der Krippe haben wir viel gespielt und gelacht.

Die schönsten Kindheitserinnerungen verbinde ich mit meinem Opa und meiner Oma. Auch sie wohnten in Horgen. Ziemlich bald zog meine Mutter mit mir um, dann wohnten wir vis-à-vis der Großeltern. Oma und Opa waren mein Ein und Alles. Oma schaute ich gerne beim Kochen zu. Gut möglich, dass mein Faible für gute Küche hier seinen Ursprung hat.

Opa hatte eine eigene Firma aufgebaut. Nicht nur einmal, sondern dreimal. Einmal wurde sie durch den Krieg zerstört. Jahre nach dem Wiederaufbau hat ein Brand alles vernichtet. Aber Opa hat sich nie unterkriegen lassen, er hat hart gearbeitet und das Erreichte vervielfacht. Ich erinnere mich an ihn als einen klugen, warmherzigen Mann, der vernünftige und weitsichtige Entscheidungen getroffen hat.

Herzlichkeit bestimmte die Atmosphäre im Haus meiner Großeltern. Kam jemand zu Besuch – ganz gleich ob ein wichtiger Geschäftspartner oder ein Vertreter, der lediglich Seife verkaufte –, Oma legte ein schönes Tischtuch auf und zog sich fein an.

Schon als Kind habe ich gespürt, es ging ihr nicht darum, eine Show abzuziehen und zu zeigen, dass man jemand ist. Ihre Sorgfalt war vielmehr Ausdruck von Herzlichkeit und

Wertschätzung dem Gast gegenüber – jedem Gast gegenüber. In gewisser Weise bedeutete das für Oma und Opa gelebte Nächstenliebe. Das habe ich erst sehr viel später verstanden.

Ich erinnere mich noch an Hans Ueli. Er war ein behinderter älterer Mann, ständig lief ihm die Nase, und der Rotz tropfte auf den Tisch. Als Kind fand ich das merkwürdig, ja geradezu eklig. Aber auch für ihn hat meine Oma jedes Mal ein schönes Tischtuch aufgelegt. Egal wer kam, er war willkommen.

Heute würde ich sagen, Gottes Liebe war in diesem Haus präsent. Ich glaube, genau darum ging es meinen Großeltern. Beide waren Christen und haben ihren Glauben wirklich gelebt.

Damals konnte ich nicht ahnen, welche Bedeutung diese Erfahrung für mich später noch spielen würde. Auch als ich weit weg vom Glauben war und mich Karriere, Geld und Sex mehr interessierten als alles andere, ist diese Erinnerung an meine Großeltern nie ganz verloschen.

Mein Opa war ein großer Mann, eine stattliche Erscheinung. Ein Unternehmer mit Rückgrat. Sein Wort galt, er stand fest zu seiner Familie und zu seiner Firma. Opa war nicht nur erfolgreicher Geschäftsmann, er ging auch auf die Jagd. Immer wieder nahm er mich mit in den Wald. Ein Gewehr hatte er da nicht dabei. Er kletterte mit mir auf Hochsitze und zeigte mir stundenlang Tierspuren.

Am Zürichsee hatte Opa ein Boot liegen. Gemeinsam mit ihm war ich oft auf dem See unterwegs. Für mich war das einfach nur traumhaft schön.

In Opas Büro stand ein Stuhl mit einer hohen Lehne. Dieser Stuhl war *mein* Stuhl. Opa hatte ihn eigens für mich gemacht. Er stand in seinem Büro – nur für mich. Wann immer ich wollte, durfte ich da sitzen. Ich durfte bei jedem Geschäftsgespräch dabei sein. Nur ruhig musste ich sein.

Einmal im Monat suchte mein Opa alle Angestellten seiner

Firma auf und drückte ihnen ein Kuvert in die Hand. Ich nehme an, es war die Lohnabrechnung. Bei diesem Rundgang von Arbeitsplatz zu Arbeitsplatz begleitete ich ihn. Er sprach alle seine Angestellten mit Namen an und kannte auch die Namen der jeweiligen Ehefrau oder des Ehemannes. Er hat sich bei den Leuten für ihre Arbeit bedankt und sich bei jedem nach der Familie erkundigt. Er wusste immer, wenn irgendwo jemand in der Familie krank war, und hat beim nächsten Mal nachgefragt, wie es nun ginge.

Mehrfach habe ich erlebt, wie er morgens vor Arbeitsbeginn von Arbeitsplatz zu Arbeitsplatz ging und für seine Mitarbeiter gebetet hat. An Freitagen ging er einkaufen. Er besorgte Fleischkäse, Bier und frisches Brot, dann wurde mit allen Mitarbeitern nach der Arbeit gemeinsam gegessen.

Heute glaube ich, dass ich mir damals bereits viel abgeschaut habe. Früh bekam ich Einblicke in das Leben als Geschäftsmann. Ich erlebte, wie Opa Verhandlungen führte und wie man sich in solchen Situationen verhält. Mag sein, dass es übertrieben klingt, aber ich würde behaupten: In Opas Büro durchlief ich meine erste kleine Ausbildung. Vielleicht war es sogar die wichtigste überhaupt.

Bei meiner Karriere als Verkäufer, die mich als jungen Mann innerhalb weniger Monate in einen völlig neuen Lebensstil katapultieren sollte, habe ich jedenfalls viel von diesen frühen Erfahrungen profitiert. Nur hatte ich nicht die innere Balance meines Opas, was mich beinahe zum Opfer meines brennenden Ehrgeizes und meines unbändigen Leistungswillens gemacht hätte. Auch konnte ich nicht ahnen, dass beides die Folge tiefer Defiziterfahrungen war, über die noch zu sprechen sein wird.

Mag sein, dass ich nicht ganz objektiv bin. Vielleicht neigt jeder, der gute Erfahrungen gemacht hat, dazu, die Erinnerungen an die eigenen Großeltern zu verklären. Sicher hatten auch sie ihre Auseinandersetzungen. Aber davon habe ich nichts mitbekommen. Es gelang ihnen jedenfalls, bei allen Höhen und Tiefen, die das Leben bereithält, eine Atmosphäre der Herzlichkeit und der Gemeinsamkeit in ihrem Haus zu schaffen.

Oma und Opa gingen zur Baptisten-Gemeinde direkt gegenüber. Auch ich ging dorthin. Später schickte man mich zu den Methodisten. Dort gab es ein spezielles Programm für Kinder und eine Sonntagsschule. Meine Oma besuchte häufig kranke und alte Menschen. Wenn sie Altenheime und Krankenhäuser aufsuchte, durfte ich mitgehen. Ich durfte mehr oder weniger alles. Mein Leben hat Spaß gemacht.

Anstelle meines leiblichen Vaters, den ich nicht kannte, hatte ich Opa, den ich liebte.

Meine Mutter erzählte immer wieder mal von meinem Vater, und am Geburtstag bekam ich eine Karte. Aber Opa und Oma, das war für mich die perfekte Welt. Doch dann kam der Tag, der das alles ändern sollte. Oma und Opa fuhren in den Urlaub. Sie reisten nach Israel. «Schöne Ferien!», hatte ich ihnen nachgerufen, als sie mit dem Auto in Richtung Flughafen davonfuhren. Meinen Opa sah ich nie wieder.

Wie ein Riss durchs Herz

Ich erinnere mich, als wäre es gestern gewesen. Ein Freund und ich spielten draußen im Garten Fußball. Ich sah, wie der Arzt, der ein guter Freund der Familie war, bei meiner Mutter klingelte. Sie öffnete die Tür. Sie sprachen kurz miteinander, Mami begann zu weinen. «Roy, komm rein!», hörte ich. Ich habe diesen Ruf noch heute im Ohr. Es klang wie in einem Albtraum.

Mir war sofort klar, dass etwas Schlimmes geschehen sein musste. Ich warf den Ball beiseite und schlich langsam auf meine Mutter zu. Als hätten meine langsamen Schritte verhindern können, was mich dort erwartete. Sie konnten es nicht.

Drinnen erfuhr ich: «Opa ist tot.» Er war beim Schwimmen in Israel ertrunken. In diesem Moment brach eine Welt für mich zusammen, meine Welt. Opa war ein fantastischer Schwimmer gewesen. Beim Baden in Israel war er in einen Strudel geraten. Er hatte keine Chance. Jede Hilfe kam zu spät.

Als Opa starb, war ich fünf Jahre alt.

Noch heute fällt es mir schwer, die richtigen Worte zu finden. Von einem Moment auf den anderen war alles anders. Wie soll ich das beschreiben? War es ein brutaler Bruch, ein unvorstellbarer Verlust, eine Tragödie, ein Unfall? All das trifft zu, aber es war mehr.

Der Tod meines Opas löste bei allen Familienmitgliedern einen unfassbaren Schmerz aus. Sein Sterben bedeutete für uns alle eine tiefe Zäsur. Es war wie ein Riss durchs Herz. Nichts war mehr so, wie es einmal war. Und es sollte auch nie mehr so werden.

Niemand von uns sprach über diesen Schmerz. Einen Schmerz, den wir alle, jeder auf seine Weise, empfanden. Opa war einfach nicht mehr da. Damit galt es zu leben. Geredet wurde nicht. Jeder trauerte für sich allein. Trauern? Im Grunde schluckten wir unsere Gefühle hinunter. Es war niemand da, der damit hätte umgehen können. Und es musste weitergehen. Vor allem mit der Firma.

Schmerzen werden nicht weniger, wenn man nicht darüber redet. Sie verschwinden auch nicht. Es stimmt nicht, dass die Zeit alle Wunden heilt. Sie legt sich nur darüber. Aus der Distanz scheint es dann irgendwann, als sei es wieder gut. Bis du in einem unerwarteten Moment, in dem du gar nicht daran denkst, an diese Wunde stößt. Dann ist alles wieder da, und es tut genauso weh wie damals.

Mein Onkel Jörg übernahm die Firma. Das war keine leichte Aufgabe. Opas Fußspuren waren riesig. Er war eine Autoritäts- und Führungspersönlichkeit gewesen. Viele Leute haben sich auf ihn verlassen. Das konnten sie auch. Ihre berufliche und damit auch ihre familiäre Existenz hing am unternehmerischen Geschick meines Großvaters. Als er nicht mehr da war, war das für viele ein Schock.

Auch bei meiner Oma habe ich eine tiefe Traurigkeit gespürt. Aber bei ihr war es irgendwie anders. Da war keine Verbitterung, kein Jammern, kein Vorwurf an Gott. Vielleicht war sie die Einzige, die anders mit diesem völlig überraschenden Tod umgehen konnte.

Meine Mutter und meine Oma waren sich immer sehr nahe gewesen. Nach Opas Tod war meine Mutter noch mehr für Oma da. Mami hatte noch eine Schwester. Regina hieß sie. Sie war hübsch, eine Lebenskünstlerin, die als Stewardess bei der «Swissair» flog. Ich mochte sie sehr.

Mein Onkel Jörg, der Opas Unternehmen übernommen hatte, war ausgesprochen lieb und nett zu mir. Die Familienkonstellation hatte sich verändert. Damit galt es jetzt zu leben. Dazu gab es keine Alternative. Opa war ja nicht mehr da. Vielleicht hätte ich mich mit der Zeit irgendwie an diese veränderte Situation gewöhnt. Aber plötzlich und unerwartet war eine völlig neue Person in mein Leben und in das unserer Familie getreten.

Meine Tiere müssen verreisen – wohin, sagt mir keiner

Damals hatte ich einen Zwerghasen und ein Meerschweinchen. Mein Hase hieß Schnufi, Strubeli war mein Meerschweinchen. Ich liebte sie. Schnufi und Strubeli waren mein Ein und Alles.

Eines Morgens sagte mir meine Mutter: «Die beiden müssen jetzt auf eine Reise gehen.» – «Warum? Wohin gehen sie? Warum müssen sie verreisen», fragte ich meine Mutter und flehte sie an, diese Reise doch irgendwie zu verhindern. Ich verstand überhaupt nichts. Warum sollten sie wegwollen? Sie hatten es doch gut bei mir. Wieso verreisen?

Es half alles nichts. Mein Hase Schnufi und mein Meerschweinchen Strubeli wurden weggebracht. Sie kamen nie wieder.

Erwachsene mit viel Hornhaut auf der Seele können vielleicht über die Bedeutung eines Hasen und eines Meerschweinchens lächeln. Kinder verstehen sofort, was dieser Verlust bedeutet. Für mich war ihre Reise ohne Wiederkehr ein unfassbares, einschneidendes Erlebnis.

Ich hatte meine Mutter nie mit einem Freund gesehen. Erst später fand ich heraus, dass sie offenbar schon länger in einer Beziehung gelebt hatte. Den Mann habe ich nie gesehen. Bis die beiden auf einmal geheiratet haben und er bei uns einzog. Bei der Hochzeit durfte ich dabei sein. Hätte ich damals gewusst, dass *er* es war, der veranlasst hatte, dass mein Hase und mein Meerschweinchen auf Reisen gehen – ich weiß nicht, wie ich reagiert hätte. «Bei mir zu Hause gibt es keine Hasen und keine Meerschweinchen», hatte er zu meiner Mutter gesagt. Sie hat seinen Wünschen Folge geleistet.

Das Verschwinden meiner beiden Tiere empfand ich als grausam. Irgendwann begriff ich dann, dass mich nicht nur ihr Verlust fürchterlich schmerzte. Da war noch etwas anderes. Etwas, was genau genommen noch mehr wehtat: Ich fühlte mich abgelehnt. Meine Mutter hatte nicht «Ja» zu mir gesagt. Sie hatte lieber mir wehgetan, als sich auf meine Seite zu stellen. Sie hatte sich für den mir fremden Mann entschieden, meine Gefühle interessierten nicht.

Ihr neuer Mann, Hans-Peter hieß er, zog also bei uns ein. Er war gut zu mir, aber streng. Die Situation hat mich völlig überfordert. Aber über Gefühle wurde bei uns zu Hause nicht gesprochen. Ich erinnere mich noch gut. Es war im Badezimmer. Da fragte mich meine Mutter auf einmal: «Warum sagst du nicht Papi zu ihm?» – Ich meinte es nicht böse, aber «Papi» ging mir einfach nicht über die Lippen. Dafür war mir der neue Mann im Haus einfach zu fremd.

Mein neuer «Vater» war beruflich sehr erfolgreich. Er war in der Papier- und Kartonagen-Industrie tätig, später verkaufte er amerikanische Special Paperboards in der ganzen Welt. Hans-Peter hatte immer in Führungspositionen gearbeitet und strahlte entsprechende Autorität aus. Er war streng und hart – in der Erziehung und im Spiel. Manchmal hat das wehgetan. Seine Härte schmerzte, auch wenn sie gut gemeint war.

Gefühle, Zärtlichkeit, Harmonie, das gab es nicht. Zuwendung, Umarmungen, überhaupt Berührungen, all das war völlige Fehlanzeige. Ein Satz wie «Ich hab dich lieb» oder «Ich bin stolz auf dich» waren von meiner neuen Lebensrealität so weit entfernt wie mein Hase und mein Meerschweinchen.

Sicher, von meiner Mutter habe ich so etwas durchaus gespürt. Aber auch zwischen ihr und meinem neuen Vater konnte ich keinen Gefühlsaustausch wahrnehmen. Sollte es ihn gegeben haben, müssen sie es perfekt verstanden haben, ihn vor mir zu verbergen. Ich glaube, das gab es einfach nicht. Ich habe nie gesehen, dass sich die beiden an der Hand genommen hätten oder gestreichelt haben, auch Küsse oder ein Lächeln zwischen den beiden habe ich nie bemerkt. Es war spürbar kälter geworden in unserer Familie.

Als ich acht Jahre alt war, nahm mich meine Mutter eines Tages im Schlafzimmer beiseite. «Du bekommst ein Geschwisterchen», sagte sie. Wahrscheinlich hatte sie erwartet, dass ich mich freue. Ich hatte keine Ahnung, wo jetzt ein Geschwisterchen herkommen sollte. Von der «Migros» oder vom «Coop» oder von sonst einem Einkaufsladen? Keine Ahnung! Ich hätte lieber mein Meerschweinchen und meinen Hasen zurückgehabt. Gesagt hätte ich das natürlich nicht. Das hätte ich mich niemals getraut.

So wartete ich also auf ein Geschwisterchen, freute mich pflichtschuldig und wünschte mir eine Schwester.

Und tatsächlich, ich bekam eine Schwester! Christina war für mich ein riesiges Geschenk. Ich liebte sie von ganzem Herzen und empfand es als große Freude, mit ihr zusammen zu sein. Wir hatten jede Menge Spaß miteinander und machten gemeinsam viel Blödsinn. Vor allem, wenn es keiner mitbekam. Wetttrinken mit Ovomaltine fanden wir große Klasse. Aber bald hieß es dann: «Das macht man nicht als Knabe. Du bist jetzt acht Jahre alt. Lass das!» Wenn es niemand merkte, hielt ich mich nicht daran.

Mein Stiefvater war oft auf Geschäftsreisen. Wenn auch unsere Mutter unterwegs war, donnerten wir Tennisbälle durch unseren langen Flur. Ging etwas kaputt, stellten wir die Dinge wieder so auf, dass es nicht gleich auffiel. Wenn Mami dann abstaubte, fiel manche Vase wie von selbst auseinander. Was meine Schwester betrifft, verbinde ich mit dieser Zeit schöne Erinnerungen.

Die Atmosphäre zwischen meinen Eltern war dagegen angespannt. Es wurde viel gestritten.

Druck, Angst und Pfützen unter der Schulbank

Je älter ich wurde, desto mehr wurden meine schulischen Leistungen zum Familien-Thema. Ich war kein guter Schüler. Mein neuer Vater meinte, das könne man mit Strenge ändern. Schon damals war mir klar, dass das völlig sinnlos war. Heute weiß ich noch mehr: Das war genau der falsche Weg.

Beim Abtrocknen des Geschirrs bekam ich Kopfrechenaufgaben. In Kopfrechnen war ich gar nicht gut. Für jede Aufgabe, die ich falsch machte, gab es eine zusätzliche. Das war alles nicht böse gemeint, aber ich empfand einen enormen Druck. Dieser Druck lähmte mich zusätzlich. Manche Sätze wurden mir so oft an den Kopf geworfen, dass sie sich tief in mein Unterbewusstsein gegraben haben. «Aus dir wird nie etwas!» ist nur einer von vielen. Als Kind schaltet man irgendwann auf Durchzug. Aber es ist fatal, was trotz Durchzug alles hängenbleibt.

Argumente zählten nicht bei uns daheim. Versuchte man zu diskutieren, wurde es schnell laut. Dann stand jemand auf, Türen knallten, und es war still – totenstill. Zwei Stunden später schien die Welt wieder in Ordnung zu sein. Bald aber rumpelte es wieder, und alles begann von vorne.

Mein Stiefvater arbeitete hart. Er scheute keine Konfrontation und hatte einen ausgeprägten Gerechtigkeitssinn. Immer wieder war er wütend auf meinen Onkel. Offenbar fand er, dass die Geschäfte im Unternehmen meines verstorbenen Opas nicht richtig liefen. Onkel Jörg hatte das Unternehmen übernommen, aber den Kontakt zu Oma abgebrochen und ihr keinen Zugang zur Firma mehr gewährt. Wirtschaftlich war er erfolgreich, menschlich war der Umgang miteinander katastrophal. Ich verstand nicht, worum es bei den ständigen Streitereien konkret ging. Aber ich spürte, wie diese Auseinandersetzungen auf unserem Zusammenleben lasteten.

Mein Stiefvater setzte sich sehr für Oma ein. Von daher waren Konflikte mit meinem Onkel Jörg an der Tagesordnung. Beide waren Geschäftsmänner. Sie schenkten sich nichts. Da prallten zwei Alphatiere aufeinander. Oma sagte immer: «Ich will nicht gegen meinen eigenen Sohn kämpfen. Da halte ich lieber die andere Backe hin.» Mein Stiefvater konnte das so nicht akzeptieren. Der Dauer-Konflikt zwischen meinem Onkel und meinem Vater prägte die familiäre Dynamik über viele Jahre.

Schule blieb eine Qual. Das lag keineswegs nur an mir. Bis ich in die sechste Klasse kam, hatte ich zwölf verschiedene Lehrer. Unser Lehrer in der ersten Klasse hieß Herr Schön. Seine Erziehungsmethoden waren leider weniger schön. In der Schule rauchte er Pfeife und las Zeitung. Das war eher der angenehmere Teil …

Vor Herrn Schön lag ein Bambusstab. Wir hatten einen Setzkasten mit Buchstaben. Eines Tages fiel meinem Banknachbarn der Setzkasten auf den Boden. Wir alle wussten in diesem Moment, was jetzt passieren würde. Hatte jemand etwas falsch gemacht, gab es Schläge. Als sich Herr Schön erhob, machte sich mein Freund vor Angst in die Hose. Um seine Hosenbeine bildeten sich große Pfützen. Erst gab es eine Kopfnuss, dann wurde er über den Tisch gelegt und ihm mit dem Bambusstab der Hintern verschlagen.

So etwas vergisst man sein Leben lang nicht mehr.

Ich weiß nicht mehr genau, wie alt ich war, aber irgendwann habe ich für mich den Sport entdeckt. Das war für mich auch ein Ausweg aus den dauernden häuslichen Querelen. Ich empfand es als willkommene Abwechslung vom permanenten häuslichen und schulischen Druck. Es machte mir einfach Spaß. Genauso wie die Pfadfinder. Im Sport und bei den Pfadfindern gab es Menschen, die sich für mich einsetzten. Heute noch habe ich Freunde aus dieser Zeit. Bei den Pfadfindern war es vor allem ein Leiter, der immer für mich da war. Er hieß Felix Wettstein. Wir nannten ihn «Büsi».

Sport und Pfadfinderei – das waren meine kleinen und größeren Fluchten aus der Welt der Pflichten und des Zwangs.

Ich spielte Squash und Wasserball und machte Leichtathletik. Besonders beim Squash hatte ich Trainer, die sich unwahrscheinlich für mich engagiert haben. Jürg Buchmeier war einer von ihnen. Er coachte mich gut und sorgte sich um mich. Gemeinsam mit seiner Freundin machte er mir Frühstück und fuhr mich zu Turnieren. Dass es da jemanden gab, der sich in dieser Art um mich kümmerte, war eine völlig neue Erfahrung für mich.

Sport entwickelte sich zu meiner großen Leidenschaft. Vor allem in Squash war ich erfolgreich. Im Alter von 12 bis 14 Jahren nahm ich an den Junioren-Meisterschaften der Schweiz teil. Ich war auf dem Sprung nach ganz oben. Vielleicht hätte ich es geschafft, aber es kam anders.

5. Sätze, die sich in die Seele brennen

Mein Stiefvater interessierte sich nicht für meine sportlichen Erfolge. Er fragte nicht groß nach und begleitete mich auch nicht zu den Spielen. Ich erinnere mich genau: Zweimal kam er dann doch, um mir zuzuschauen. In beiden Fällen ging es um sehr wichtige Spiele. Und zweimal habe ich nach langem, hartem Kampf und im Wissen «Mein Vater sitzt irgendwo da oben» verloren. Ich hätte heulen können, so enttäuscht war ich. Da kam er endlich mal, und ich hätte ihm beweisen können, was ich draufhabe, und dann verlor ich jedes Mal knapp und bitter.

Nach dem Spiel kam mein Stiefvater auf mich zu, sah mir in die Augen und sagte kühl: «Hättest du härter trainiert, hättest du das Spiel gewonnen.» Wahrscheinlich wollte er mich auf seine Art motivieren, mehr zu trainieren. Aber Sätze wie diese brennen sich einem in die Seele ein und lassen einen nie mehr los.

«Hättest du härter trainiert, hättest du gewonnen ...»

Ich war brutal verärgert über diese Reaktion, dabei ahnte ich nicht, wie sehr ich mir diesen Satz zu Herzen genommen hatte. Später im Berufsleben sollte sich das zeigen. «Hättest du härter trainiert, hättest du gewonnen.» Das saß, und es saß tief. «Das hast du gut gemacht!» oder «Ich bin stolz auf dich!», solche Sätze gab es in der Welt meines Stiefvaters allerdings nicht.

Heute gehe ich davon aus, dass es diese Sätze in seiner Welt nicht gab, weil er selbst sie als Kind nie gehört hat. Es hilft, wenn sich einem irgendwann solche Zusammenhänge erschließen. Damals hat es den Schmerz kein bisschen kleiner oder erträglicher gemacht. Ich hätte heulen können, aber Gefühle zu zeigen war ja verboten. Und eine Blöße wollte ich mir nun auch nicht geben.

Also schluckte ich meine Tränen hinunter, blieb äußerlich hart und weinte nach innen. So kann man solche Situationen überstehen. Das Problem ist nur: Wer seine Gefühle dauernd unterdrückt, wird, ohne es zu merken, selbst immer mehr zum gefühllosen Stein, der – auf Leistung gepolt – den schrägen inneren Lehrsätzen folgt, die einem andere Leute ins Ohr gesetzt haben.

Für meinen Stiefvater war der Glaube sehr wichtig. Kirchgang galt als Selbstverständlichkeit. Er ging in die reformierte Kirche in Horgen und wetterte immer wieder über die Freikirche, die nebenan war. Dort besuchte meine Oma die Gottesdienste. Meine Mutter ging immer seltener. Die Gemeinde war direkt gegenüber. Sonntags hörte man den Gesang durch die Fenster unseres Hauses.

Kirche war immer ein Thema bei uns daheim, Gott dagegen eher nicht. Eine lebendige Beziehung zu Jesus Christus habe ich bei meiner Oma gespürt. Sonst nicht. Man glaubte irgendwie, ging brav in die Kirche und betete. Alles so, wie es sich gehörte. Auf das eigene Leben hatte das wenig Einfluss. Gott war weit weg, nur die Kirche war nebenan.

Heute würde ich über meine Eltern sagen, sie waren religiöse Routiniers. Sie praktizierten religiöse Übungen, wie es üblich war. Das würde ich als «Religion» bezeichnen, aber nicht als Glauben. Im Grunde war es sogar tote Religion. Ihre Religion gehörte zum Leben, aber sie veränderte ihr Leben nicht. De facto war es sogar Ballast. Aus diesem Grund kann ich Religion und religiöses Getue nicht ausstehen. Und ich verstehe all diejenigen, die diese Form von Ballast so schnell wie möglich loswerden wollen.

Glaube ist für mich etwas anderes. Glaube beutet für mich,

durch Jesus Christus eine persönliche, lebendige Beziehung zu Gott zu haben.

Heute kann ich mit Gewissheit sagen: Wenn dein Glaube dein Leben nicht positiv verändert, wenn er dich nicht erfüllter und glücklicher macht, dann läuft etwas schief, und zwar gewaltig. Dann solltest du prüfen, was du da glaubst – oder ob du überhaupt etwas glaubst und nicht in Wirklichkeit nur einer Institution anhängst, ohne eine lebendige Beziehung zu Gott zu haben.

Ich schreibe das nicht, weil ich heute Pfarrer bin, sondern weil genau dies zu den entscheidenden Erfahrungen meines Lebens zählt. Darum weiß ich auch nur zu gut, dass das leicht gesagt und geschrieben ist, in Wirklichkeit aber sehr schwer umsetzbar sein kann.

Damals waren solche Gedanken Lichtjahre weit weg von mir. Als Jugendlicher konnte ich nicht konfirmiert werden, weil ich noch nicht getauft war. Die Baptisten, bei denen wir in die Kirche gingen, taufen keine Säuglinge oder Kleinkinder. Weil man aber in der reformierten Kirche nicht konfirmiert werden konnte, ohne zuvor getauft worden zu sein, musste vor meiner Konfirmation schnell noch meine Taufe organisiert werden.

Wieder die gleiche Erfahrung: Es ging nicht um Bekenntnis oder persönliche Überzeugung, sondern darum, dass alles seine Ordnung hatte. Und was nicht gleich passte, wurde eben passend gemacht.

In der Schule funktionierte das nicht so einfach wie bei der Konfirmation. Ich war kein guter Schüler und sehr durcheinander. Irgendwie passte ich nicht recht in das bestehende Schulsystem. Der Druck war groß, meine Leistungen waren eher mäßig. Das eine bedingte das andere. So konnte aus der Schulzeit schwerlich eine Erfolgsgeschichte werden.

Tatsächlich war ich als Schüler wahrscheinlich eine ziemliche Herausforderung. Ich war kein Schläger oder Troublemaker, aber ich habe es meinen Lehrern sicher auch nicht leicht gemacht. Rückblickend kann ich sagen, dass mich vor allem der ständige Druck blockiert hat. Für meine Arbeit mit Jugendlichen habe ich daraus viel gelernt: Statt Druck auszuüben, sollte man das Selbstvertrauen stärken, um dann gemeinsam individuelle Begabungen aufzuspüren.

Auf die Schwächen wird man meist schnell und unsanft gestoßen, die eigenen Stärken zu entdecken, ist hingegen oft die wesentlich schwerere Aufgabe. Aber da steckt das eigentliche Potenzial. Später in den USA, als ich drei Firmen hatte, konnte ich sehr gut rechnen. Die Begabung muss also irgendwie stets in mir geschlummert haben. Nur in der Schule ist sie nie zum Vorschein gekommen.

Da steht ein Fremder vor der Tür

An ein Erlebnis aus meiner Schulzeit erinnere ich mich, als wäre es gestern gewesen: Ich war in der sechsten Klasse. Eines Tages klopfte es an unserer Klassenzimmertür. Draußen stand ein fremder Mann und sagte: «Mein Name ist Peter Gerber. Ich bin hier, um meinen Sohn abzuholen.»

«Gerber?», fragte die Lehrerin.

«Ja, den Roy!», hörte ich den Fremden antworten.

Ich gehe davon aus, dass die Lehrerin damals Bescheid wusste, sonst hätte sie mich wohl kaum gehen lassen. Ich jedenfalls wusste von nichts. Aber ich stand auf, ging zur Tür hinaus und folgte dem Fremden. Er stellte sich mir als mein leiblicher Vater vor.

Die Situation überforderte mich völlig. Da stand jemand, den ich nie zuvor gesehen hatte. Er erklärte mir, er sei mein Vater, umarmte mich und fragte: «Na, wie geht es dir?» Ganz so, wie es Väter eben normalerweise tun. Nur, hier war nichts normal. Dieser Peter Gerber war für mich ein wildfremder Mann. Nach ihrer Scheidung hatte meine Mutter wieder geheiratet. Seitdem hieß sie Gattiker. Auch ich war als Roy Gattiker groß geworden. Mein Gattiker-Vater wollte mich adoptieren, aber mein leiblicher Vater, Peter Gerber, hatte dem nie zugestimmt.

Nun stand er vor mir, der Vater, den ich nicht kannte. Meine Mutter hatte nie schlecht über ihn gesprochen. Auch mein «Pflegevater» hatte sich Mühe gegeben, den Kontakt zu meinem leiblichen Vater zu halten. Er schickte ihm Briefe und Fotos, denen zu entnehmen war, was ich so mache. Ich selbst bekam von meinem leiblichen Vater jeweils ein Weihnachtsgeschenk und zum Geburtstag eine Karte. Das war's dann.

Die Karte war jedes Mal mit «Dad» unterschrieben. Für mich war das komisch. «Dad», was sollte das heißen? Es kam mir merkwürdig vor. Ich kannte den Mann ja nicht.

Nun stand «Dad» vor mir, ein fremder Mann, der Gerber hieß. Mein Familienname war Gattiker. Gerber? Gattiker? Wer war ich eigentlich? Wo gehörte ich hin? Diese Fragen schossen mir durch den Kopf, als ich die Schule verließ, um mit meinem leiblichen Vater in einem Restaurant essen zu gehen. Dort saß auch eine Frau, von der ich erst viel später erfuhr, dass sie die Freundin meines leiblichen Vaters war.

Am nächsten Tag fuhren wir auf den Pilatus, südlich von Luzern. Normalerweise können Bergtouren mit dem Vater für Söhne eine großartige Sache sein. Für mich war nichts normal in diesem Moment. Mit jedem Schritt wuchs das Durcheinander in mir. «Wer bin ich?», «Wo gehöre ich dazu?» und «Was soll das alles?» Ich war völlig durcheinander.

Dieses Durcheinander wurde ich nicht mehr los. Es lähmte und blockierte mich schulisch nur noch mehr. Kaum dachte ich, ich hätte es gerade im Griff, kroch dieses Gefühlschaos wieder nach oben. Langsam und lautlos schlich es immer wieder in meinen Kopf. Mitten im Mathe-Unterricht war es da, besetzte meine Gedanken und ließ sie weggleiten von der Tafel, dem Lehrer und den Rechenaufgaben. Bei der nächsten Prüfung gab es die Quittung.

Mit dem Erreichen der Oberstufe wuchs der Druck noch weiter. «Du musst härter arbeiten», «Mach mehr Hausaufgaben!» Die Reihe der Lehrsätze, die ich in meinem Leben bereits installiert hatte, wurde lang und länger. Besser wurde ich dadurch nicht. Ich bekam Nachhilfeunterricht und schaffte schließlich mit Hängen und Würgen meinen Abschluss. In der Schule war es bei mir wie im Sport: Wenn der Druck zu groß wurde, konnte ich keine Bestleistung bringen. Druck war für mich grundsätzlich eine schlechte Motivation.

Ich bin nicht der Meinung, dass Druck prinzipiell schlecht ist. Aber es kommt auf die richtige Mischung an. Ohne Zuneigung, Empathie und Verständnis für sein Gegenüber erreicht man mit Druck meist nur das Gegenteil. Ohne jemanden verstehen zu wollen, wird man ihn nicht zu Bestleistungen motivieren können. Im Laufe meines Lebens habe ich das bei vielen Menschen so erlebt.

Je näher das Ende der Schulzeit kam, desto drängender wurde die Frage, was aus mir denn beruflich werden sollte. Ich hatte keine Ahnung. Und irgendwie stellte sich die Frage auch nicht wirklich. Für mich war bislang immer entschieden worden. Warum sollte das jetzt anders sein? Man würde mir schon sagen, wo es langgehe. Zumindest darauf konnte ich mich verlassen.

Mein Stiefvater war sehr strikt, aber in dieser Zeit hatte sich meine Beziehung zu ihm spürbar verbessert. Ich entwickelte keine eigenen Ambitionen, und ich war auch nicht besonders ehrgeizig, daher folgte ich seiner Wegweisung und besuchte in Zürich eine Handelsschule. Ohne die Hilfe meines Stiefvaters hätte ich die Handelsschule nicht geschafft. Schriftliche Hausarbeiten hat er mehr oder weniger für mich geschrieben. Wenn ich sie schrieb, arbeitete er sie hinterher für mich um. Am Ende war es auch so noch knapp, aber es hat gerade gereicht.

Eine völlig neue Erfahrung: Ich kann es

Ohne Führerschein ist man nicht wirklich erwachsen. Das war damals so und ist heute nicht anders. Entsprechend fieberte ich dem eigenen Führerschein entgegen. Mit dem Auto meiner Oma durfte ich üben. Ich fuhr, meine Mutter saß vorne auf dem Beifahrersitz, und hinten hockte ein Freund, der mir das Autofahren beibrachte. In dieser Besetzung waren wir oft unterwegs. Heute wäre das nicht mehr möglich.

Damals ging ich mit nur sieben offiziellen Fahrstunden in die Führerscheinprüfung. Eigentlich war das verrückt, aber ich traute es mir zu. Zum ersten Mal hatte keiner gesagt: «Das kannst du nicht!» Jedes Mal, wenn ich das gehört hatte, war es, als würde ein Schalter umgelegt. Dann funktionierte nichts mehr. Diesmal war es anders.

Ich weiß noch genau, am Tag der Führerscheinprüfung schneite es ununterbrochen. Die Bedingungen waren alles andere als gut, aber ich bestand. Das war für mich ein unbeschreibliches Erfolgserlebnis. Mein Leben lang hatte ich gehört: «Das kannst du nicht.» Der Satz war das Gesetz, unter dem ich aufwuchs. Jetzt war ich angetreten, hatte nur sieben Fahrstunden genommen und bestand auf Anhieb die Prüfung.

Das hatte man nicht erwarten können. Es war, als würde die Gesetzestafel, auf der wie in Stein gemeißelt stand: «Roy Gerber kann es nicht», auf einmal schwere Risse bekommen. Zum ersten Mal kam in mir ein völlig neues Gefühl auf: «Ich kann es! – Ja, ich kann es!»

Mit meinen sportlichen Erfolgen wuchs auch mein Selbstvertrauen. Ganz allmählich nur, aber immerhin. Beim Militär machte ich eine Ausbildung als Fahrer. Dort wiederholte sich die alte Erfahrung: Je mehr Druck auf mich ausgeübt wurde, umso mehr verweigerte ich mich. Beim Militär wollten sie unbedingt, dass ich nach dem Pflichtdienst weitermache . Doch je lauter diese Forderung erhoben wurde, desto mehr kämpfte ich darum, so rasch wie möglich auszusteigen.

Nach meinem Pflichtdienst begann ich in einem Papiergroßhandel zu arbeiten.

6. Wahnsinn, so riecht also Erfolg

Damals war ich sportlich in hervorragender Verfassung. Ich war gut trainiert und körperlich in Topform. Wahrscheinlich kam ich deswegen auf den Gedanken, beim Zürich Marathon mitzulaufen. Ich habe fast niemandem erzählt, dass ich da teilnehme. Die Angst davor, dass man mir sagt: «Das kannst du nicht, das schaffst du nie», war viel zu groß.

Trainiert habe ich kaum. Ein Kollege gab mir Tipps zum Laufverhalten und erklärte mir, wann ich was trinken sollte. Kurz vor dem Marathon-Termin drehte ich den Spieß um. Jetzt erzählte ich allen, dass ich laufen würde. Damit erhöhte ich für mich ganz bewusst den Druck, um möglichst die volle Distanz zu laufen.

Damals wusste ich nicht, was das bedeuten sollte. Ich will nicht das ganze Drama dieser Marathonstrecke schildern. Nur so viel: Es ging für mich um viel mehr als um einen Marathon. Das wurde mir allerdings erst hinterher klar. Die Strecke verlief am Zürichsee entlang und führte auch durch Horgen. Von Zürich bis Horgen sind es rund 15 Kilometer. Das war noch nicht einmal die Hälfte der Marathondistanz.

Ich erinnere mich noch gut: Ich rannte durch Horgen, den Ort, in dem meine Familie wohnte und in dem ich groß geworden war, und dachte mir nur: «Was mach ich hier eigentlich?» Ich fing an, meine Muskeln zu spüren, aber das galt es zu ignorieren. «Du musst weiterlaufen», schoss es mir durch den Kopf. «Es müssen zumindest alle sehen, dass ich mitgemacht habe», dachte ich.

Nach dem Wendepunkt in Wädenswil ging es erneut durch

Horgen. Ich kämpfte und dachte ans Aufhören, aber das ging nicht. Nicht jetzt, nicht hier. Weiter, zumindest noch durch Horgen. Hier aufzugeben, wäre eine fürchterliche Niederlage gewesen. Das durfte nicht sein.

Ich rannte, als ginge es um mein Leben. Dabei spürte ich mich selbst kaum noch, bis die Krämpfe kamen. Ich war am Ende, wollte aufgeben, aber ein Kollege, der mit dem Rad neben mir herfuhr, machte mir Mut: «Das schaffst du!»

Ich glaubte ihm kein Wort, aber lief weiter. Ein Schluck Cola setzte ungeahnte Kräfte frei. Der Zucker tat seine Wirkung, leider hielt das nicht lang. Ich überholte einen Läufer, dem bereits Blut die Beine runterlief. «Mensch, hör auf! Das ist nicht mehr gesund, was du da machst», wollte ich ihm sagen. Aber ich brachte kein Wort heraus. Ich schnappte nach Luft und lief und lief. Eine halbe Stunde später überholte mich der Mann.

Als noch zehn Kilometer vor mir lagen, hatte ich zum ersten Mal das Gefühl: «Das kann ich schaffen. Ich gebe nicht auf!» Kurz vor dem Stadion, in dem das Ziel auf uns völlig ausgepowerte Läufer wartete, kam eine sanfte Steigung. Das war unmöglich. Ich dachte: «Ich stehe vor dem Matterhorn.» Zumindest fühlte es sich so an.

In diesem Moment, als ich mit den Kräften völlig am Ende war und aufgeben wollte, hörte ich aus dem Stadion die Lautsprecher und das Gebrüll des Publikums. Ich raffte mich ein letztes Mal auf und lief weiter.

Im Stadion angekommen, musste man eine letzte 400-Meter-Runde auf der Tartanbahn drehen. Ich werde das Gefühl nie vergessen. Es ging für mich nicht um einen Marathon. Es ging darum, etwas zu schaffen und zu Ende zu bringen, was nur ich allein wollte, was mir niemand vorgeschrieben oder aufgetragen hatte. Diese Erfahrung hatte ich zuvor noch nie gemacht. Bislang hatten mir immer andere gesagt, was zu tun sei. Und ich hatte mich ihnen gebeugt. Jetzt hatte ich mir selbst ein Ziel gesteckt und es erreicht.

Das war wie ein Vorstoß in eine völlig neue Dimension. Ich hatte am Erfolg gerochen. Was für eine Erfahrung! Die Marathon-Zeit spielte für mich keine Rolle. Es zählte allein, durchgehalten zu haben. Das löste in mir einen unglaublichen Selbstbewusstseins-Schub aus. So etwas hatte ich bis dahin nicht erlebt.

Mein Marathon-Erfolg ließ mich zum ersten Mal Neid erfahren. Es gab Leute, die mir diesen Erfolg neideten. Ich hatte einen Marathon durchgestanden. Das schafft nicht jeder, damit war man plötzlich wer. Das verschaffte Respekt. «Hey, schon gehört, der Roy ist den Zürich Marathon gelaufen.» Da schwangen Respekt, Anerkennung, ja Hochachtung mit. Diesen Sound war ich nicht gewöhnt, aber er war eine Wohltat. Er wirkte wie Balsam auf meine Seele, die sich bis dahin an dem Satz «Das kannst du nicht» wundgerieben hatte.

Damals ahnte ich noch nicht, dass Leistung und Erfolg für mich schon bald zur Droge werden würden. In dem Moment genoss ich die Würdigung und auch den Neid aufgrund meiner sportlichen Leistung. So etwas kannte ich ja früher nicht. Ich war richtig gut in Squash. Aber was ist schon Squash? Mit Fußball oder Tennis, da wäre man jemand gewesen. Aber einen Marathon, das schafft nicht jeder. Dieser Marathon gab mir ein Ansehen. Die Leute dachten auf einmal positiv über mich. Und das genoss ich in vollen Zügen.

Ich hatte keine Ahnung, wie groß meine Minderwertigkeitskomplexe damals tatsächlich waren. Kein Ultra-Marathon der Welt hätte ausgereicht, um das Gefühl tiefer Minderwertigkeit zu heilen. Das war mir damals nicht bewusst. Nicht einmal ansatzweise. Aber ich hatte am Erfolg gerochen und die Erfahrung gemacht, dass Erfolg zu Anerkennung führt. Und ich spürte, wie sehr das dem eigenen kleinen Ich guttat.

Diese Erfahrung sollte mein weiteres Leben prägen. Sie wurde zum Motor für meine berufliche Karriere. Eine Karriere, die ich mir nicht in den kühnsten Träumen ausgemalt hätte.

Der Marathon war erst der Anfang. Jetzt veränderte sich etwas. Aus «Das kannst du sowieso nicht» wurde «Ihr werdet schon sehen, ich zeige es euch allen!» Diese Veränderung lief bei mir nicht über den Kopf, sie bahnte sich in meinem Inneren an – unbewusst. Damit begann ein ganz anderer Marathon: Der lange Lauf zu mir selbst. Am Ende sollte er mir viel mehr abverlangen als jene brutalen 42,195 Kilometer am Zürichsee.

Arroganz-Anfall oder Größenwahn?

Zu dieser Zeit hatte ich meine erste Freundin, sie hieß Daniela (Name geändert). Sie war schön, sexy und arbeitete als Krankenschwester in Zürich. Ich zog daheim aus – und mit ihr zusammen. Gemeinsam konnten wir im Haus eines Arztes wohnen, der mit seiner Frau für mehrere Monate auf einer Weltreise war.

Das Leben fühlte sich auf einmal super an. Zumindest solange man nicht zu tief in sich hineinhörte. Aber das macht man nicht, wenn man frisch verliebt und gerade mit seiner Freundin zusammengezogen ist. Da ist man mit anderen Dingen beschäftigt. Und die fühlten sich nicht nur neu, sondern ausgesprochen gut an. Was heißt da gut, es war großartig! Und wir fühlten uns erwachsen.

Eines Tages entdeckte ich eine interessante Stellenausschreibung. «Harris-3M», eine US-Firma, die weltweit tätig war, suchte einen Verkäufer für Kopierer und Telefax. Ich kannte eine Frau, die dort arbeitete, und sprach sie auf die Stellenausschreibung an. «Keine Chance, Roy. Die Stelle bekommst du nie!», sagte sie mir ins Gesicht. Sie konnte nicht ahnen, was sie mit diesem Satz bei mir auslöste. Jetzt war mein Ehrgeiz geweckt. Ich wollte genau diese Stelle und bewarb mich.

Lange war ich Motorrad gefahren. Inzwischen hatte ich meine Maschine gegen eine Ente eingetauscht. So fuhr ich dann mit meiner Ente zum Vorstellungsgespräch. Ich trug den einzigen Anzug und die einzige Krawatte, die ich besaß, und stellte mich so bei der zuständigen Personalleiterin vor. Es gab ein zweites und ein drittes Vorstellungsgespräch. Diesmal war der regionale Verkaufsleiter dabei.

Vor dem Firmengebäude standen viele teure Autos. Mit meiner Ente konnte ich da nicht mithalten. Ich parkte lieber weit weg und außerhalb der Sichtweite. Nach dem dritten Vorstellungsgespräch durfte ich einen Tag mit einem Verkäufer unterwegs sein. Die Verkäufer waren sehr erfolgreiche Typen. Sie arbeiteten hart, verdienten eine Menge Geld und waren allesamt deutlich älter als ich.

Bei einem weiteren Vorstellungstermin wurde mir beigebracht, wie man einem Kunden ein Kopiergerät vorführt. Im Anschluss daran sollte ich das gerade Gelernte dem Verkaufsleiter für die Schweiz präsentieren. Offenbar habe ich mich nicht schlecht angestellt.

Es gab weitere Gespräche und schließlich eine Einladung zum letzten und entscheidenden Vorstellungsgespräch, an dem auch zwei weitere Führungspersonen teilnahmen. Zwischenzeitlich hatte ich mir von meinem Stiefvater verschiedene Krawatten ausgeliehen. Ich konnte ja nicht jedes Mal mit dem gleichen Schlips erscheinen.

Nun stand ich vor der Tür und wartete darauf, hineingebeten zu werden. Die Anspannung war groß, ich spürte, wie meine Halsschlagader pulsierte, und lockerte vorsichtig meinen Krawattenknoten.

Die Tür ging auf, ich betrat ein riesiges Büro, und vor mir saß die Schweizer Führungsmannschaft der Firma. Alle rauchten, auch mir wurde eine Zigarette angeboten. Dankend nahm ich an. Das ganze Büro war eingenebelt. Dicke Rauchschwaden hingen in der Luft.

Das Gespräch kreiste um verschiedene Fragen. Je länger wir sprachen, desto mehr legte sich meine Nervosität. Ich fand Gefallen an der Situation. Mich so mit den Topmanagern des Unternehmens zu unterhalten, das war ganz nach meinem Geschmack. Mit jeder Minute, die wir sprachen, wuchs mein Selbstbewusstsein. Schließlich triumphierte es über meine Nervosität. Ich war mir nahezu sicher, dass ich den Job bekommen würde.

Ich sog den Tabakduft in mich ein, aber mehr noch inhalierte ich in diesem Moment das Fluidum des beruflichen Erfolgs, das von jenen Karriere-Männern ausging, die mir gegenübersaßen.

Ich kann mich nicht mehr erinnern, wie lange wir sprachen. Aber den Moment, in dem der Chef das Wort ergriff, werde ich nie vergessen. «Herr Gerber, auf der einen Seite würden wir Sie gerne einstellen. Sie haben Potenzial, und Sie haben auch die richtigen Dinge gesagt. Aber Sie sind zu jung. Alle anderen Verkäufer sind wesentlich älter als Sie. Ich bedauere, Sie sind einfach zu jung.»

In diesem Moment brach für mich eine Welt zusammen. Aber ich ließ mir nichts anmerken. Langsam klappte ich meine Mappe mit den Bewerbungsunterlagen zu. Höflich bedankte ich mich für die Möglichkeit, mich hier vorstellen zu dürfen, und für die Zeit, die man in mich investiert hatte. «Ich habe viel gelernt. Dafür möchte ich Ihnen danken. Ich wäre sehr gerne hier als Mitarbeiter dabei gewesen», sagte ich und hoffte, dass man mir meine tiefe Enttäuschung nicht anhörte. Dann stand ich auf und wollte gehen.

In diesem Moment durchfuhr mich ein Gedanke. Bis heute weiß ich nicht, wo er herkam. «Das kann es nicht gewesen sein», dachte ich. Laut sagte ich etwas ganz anderes: «Ich bin sehr stolz, dass ich hier sein durfte. Die Geräte, die Kopierer, die gesamte Technik, all das hat mich fasziniert. Es war für mich eine riesige Freude, an diesem Auswahlverfahren teilzunehmen. Aber mit etwas müssen Sie leben: Sie haben sich eben entschieden, Ihre künftige ‹Nummer 1› nicht einzustellen. Mit diesem Fehler müssen Sie ab heute leben.»

Ich traute meinen eigenen Worten nicht, als ich mich reden hörte. Keine Ahnung, was mich geritten hat, das zu sagen. Mir lief der Schweiß hinunter, meine Hände zitterten, die Knie wurden weich. Ich fühlte mich, als stünde mein Lehrer Schön mit dem Bambusstock vor mir.

Dann hörte ich die sonore Stimme des Chefs. «Herr Gerber, nehmen Sie doch bitte noch mal Platz», sagte er mit der ganzen Souveränität eines erfahrenen Managers. «Herr Gerber», wiederholte er langsam und fuhr fort: «Sie haben soeben zwei Dinge getan: Sie haben sich selbst eingestellt, und Sie haben sich unter einen enormen Druck gesetzt. Ich gebe Ihnen zwölf Monate Zeit, unser bester Verkäufer zu werden. Wenn Sie bis dahin nicht die Nummer 1 sind, ist die Chance groß, dass ich Sie entlasse.»

Ich sah ihm in die Augen. Nie zuvor in meinem Leben hatte ich eine solche Freude gespürt wie in diesem Moment. Dann antwortete ich: «Ich bin Ihnen sehr dankbar! Noch eine Sache: Ich brauche nicht zwölf Monate. Ich bin in zehn Monaten die Nummer 1. Herzlichen Dank für das Vertrauen.»

Ich wusste nicht, was in diesem Moment geschehen war. War es ein ungeheurer Arroganz-Anfall? War ich komplett übergeschnappt? Von allen guten Geistern verlassen? Heute würde ich sagen, ich hatte nichts mehr zu verlieren und habe aus völliger Hilflosigkeit heraus spontan reagiert. Anders kann ich mir mein Verhalten nicht erklären. Es waren Ohnmacht und Hilflosigkeit, die mich etwas sagen ließen, was schließlich positive Folgen hatte. Der Schuss hätte auch komplett nach hinten losgehen können.

Ich hatte keine Ahnung, was damals in mir vorging. Noch weniger ahnte ich, ob es eine halbwegs realistische Vorstellung war, in zehn Monaten die Nummer 1 zu werden. Ich wusste nur eines: Das muss ich jetzt schaffen, koste es, was es wolle.

Der Druck steigt ständig

Der Einstand in meinem neuen Job war großartig. Als Dienstwagen bekam ich einen neuen Opel Omega Kombi. Die rote Metallic-Lackierung unterstrich den sportlich-eleganten Auftritt meines neuen Gefährts. Wer jemals von einer alten Ente in einen neuen Opel Omega umgestiegen ist, weiß, wovon ich spreche. So fahren Sieger vor.

Nicht nur das Auto, auch die Ausbildung, die wir im Unternehmen erhielten, war genial. Vom aktiven Zuhören bis zum perfekten Verkaufsgespräch, das uns dort beigebracht wurde, war alles vom Feinsten.

Ich weiß, Verkäufer haben kein gutes Image. Vor dem Hintergrund meiner Erfahrungen sehe ich das aber anders. Für mich sind Verkäufer eine Zunft, die Respekt verdient. Es ist wie bei allen Berufen: Wenn eine Tätigkeit gut und mit Hingabe ausgeführt wird, ist es wunderschön zuzusehen. Es gibt gute und schlechte Köche. Es gibt gute und schlechte Schreiner. Und es gibt gute und schlechte Verkäufer. Aber einem guten Koch oder einem guten Schreiner bei seiner Arbeit zuzuschauen, ist ein Vergnügen. Nicht anders verhält es sich bei einem guten Verkäufer.

Ich hatte keine Wahl. Ich musste die Nummer 1 werden. Und zwar so schnell wie möglich. Das bedeutete: Schnell lernen und sehr viel arbeiten. Hätte ich gewusst, mit wie viel Arbeit dieser Aufstieg verbunden ist, hätte ich beim Vorstellungsgespräch vielleicht die Klappe gehalten. So aber gab es kein Zurück mehr. Mein Weg führte mit Vollgas nach oben.

Für mich gab es nur noch ein Ziel, genau genommen waren es zwei. Ziel eins hieß: Rekordumsätze. Ziel zwei lautete: Rekordumsätze weiter steigern. Beide Ziele erreichte ich. Innerhalb von zehn Monaten war ich der neue Nummer-1-Verkäufer. Ich verdiente ein Schweinegeld. In meinen besten Monaten waren es monatlich über 35.000 Franken. Davon ließ sich leben.

Der neue Lifestyle hat seinen Preis

Meine Freundin Daniela und ich zogen gemeinsam in eine wunderschöne Fünfeinhalb-Zimmer-Wohnung in Hirzel. Designermöbel, Designerlampen, alles wurde stilvoll und elegant eingerichtet. Die Redaktion der Zeitschrift «Schöner Wohnen» wurde auf unser neues Domizil aufmerksam. Sie schickten Fotografen, die unsere Wohnung für das Magazin aufnahmen.

Geld war da und wurde auch benötigt. Nicht nur für die Wohnung, sondern auch für schicke Kleidung, teure Restaurantbesuche und luxuriöse Urlaube. An nichts gewöhnt man sich leichter als an einen kostspieligen Lebensstil. Meine Erfolge als Verkäufer machten diesen neuen Lifestyle möglich.

Ich schwamm auf einer Welle des Erfolgs. Nach außen war ich der supererfolgreiche Karrieretyp, und dieses Ansehen genoss ich. Aber tief in mir drin war ich nicht glücklich. Ich verspürte einen unwahrscheinlichen Druck. Jeden Monat begannen wir Verkäufer wieder bei Null. Jeden Monat musste man sich aufs Neue beweisen. Wer Ende des Monats oben stehen wollte, der musste das Äußerste aus sich herausholen.

Im Unternehmen gab es den sogenannten «Century Club». Dessen Mitglieder waren nur die zehn Prozent der Verkäufer, die über das ganze Jahr gerechnet am erfolgreichsten waren. Ich wollte nicht einfach zu diesem Club gehören. Ich wollte der Erfolgreichste von allen sein.

Ich weiß noch gut, irgendwann habe ich aufgehört zu rechnen, wie viel Zeit mir noch blieb, um Verkäufer Nummer 1 zu werden. Es gab nur noch: «Go! Go! Go!» Schneller, mehr! Noch schneller, noch mehr! Ich arbeitete wie im Rausch.

Der Erfolg war meine Droge.

Mit dieser Droge betäubte ich mich, um meine Minderwertigkeitsgefühle und mein schwaches Selbstbewusstsein nicht mehr spüren zu müssen. Meine Minderwertigkeitsgefühle schlugen in Verbissenheit um, mein schwaches Selbstbewusstsein tarnte sich in Arroganz.

Die besten Verkäufer des Unternehmens wurden jedes Jahr mit der Einladung zu einer Luxusreise belohnt. Da wartete nur das Feinste vom Feinen. Die besten Hotels, edelste Sterneküche und ein grandioses Rahmenprogramm. Einer der Höhepunkte dieser Luxusreisen war die Vorstellung der Preise für die erfolgreichsten drei Verkäufer des nächsten Jahres. Soeben hatte der Präsident die Preise vorgestellt. Der erste Preis war eine Reise in die Vereinigten Staaten. Da nahm er mich zur Seite und fragte vor allen anwesenden Verkäufern:

«Na, Herr Gerber, was halten Sie von unseren Preisen im nächsten Jahr?»

Ich antwortete ihm: «Den zweiten und den dritten Preis habe ich bereits vergessen. Die interessieren mich nicht, weil ich mir sicher bin, dass ich nächstes Jahr nach Amerika reise.»

Ein Raunen ging durch den Saal. Mit einer derartigen Arroganz habe ich mir natürlich keine Freunde gemacht. Von da an hatten alle anderen Verkäufer nur eines im Sinn: «Der wird es nicht. Der fährt nicht nach Amerika.»

Je größer der Druck wurde, der auf mir lastete, desto größer wurde auch die Verbissenheit, die ich an den Tag legte.

Ein guter Freund von mir und ich waren abends bei Weiterbildungen die Letzten an der Bar, aber wenn es morgens um 7.00 oder 8.00 Uhr losging, war ich spätestens eine halbe Stunde früher da und habe gearbeitet. Mein Ehrgeiz grenzte an Besessenheit. Ich war besessen vom Erfolg. Jeder Misserfolg wäre nicht nur eine Niederlage, sondern eine Katastrophe für mich gewesen.

Es war an einem Freitagabend um 18.30 Uhr. Mein Telefon im Büro klingelte.

«Herr Gerber, noch am Arbeiten?», hörte ich die Stimme des Präsidenten.

«Ja», erwiderte ich kurz.

«Dann kommen Sie doch mal hoch in mein Büro.»

«Was will er denn jetzt?», dachte ich, als ich den Fahrstuhl verließ und auf sein Büro zusteuerte. Herr Dozé öffnete die Tür.

«Wie geht es Ihnen?», fragte er mich.

«Läuft!», antwortete ich denkbar knapp.

Wir plauderten ein wenig. Plötzlich stand er auf, kam auf mich zu, nahm mich in den Arm und sagte:

«Herzlichen Glückwunsch!»

Ich war völlig perplex. Was war das? So etwas gab es nicht in der Geschäftswelt. Schon gar nicht in einem US-amerikanischen Großkonzern. Mitten in all dem Stress, inmitten der Jagd nach Erfolg und immer neuen Umsatzrekorden brachen auf einmal Gefühle über mich herein. Der oberste Boss hatte mich in den Arm genommen und mir seine Zuneigung und Sympathie ausgedrückt. Er hatte mich zu meinen Erfolgen beglückwünscht, und es war ihm anzumerken, dass dies von Herzen kam.

Es war nur ein kurzer Moment, ein Moment der Herzlichkeit, in dem ehrliche Gefühle ihren Ausdruck fanden. Ich hätte heulen können vor Freude, aber Tränen hatten in der Geschäftswelt ebenso wenig Platz wie die unerwartete Umarmung, die ich eben erlebt hatte. So schluckte ich meine Tränen hinunter und wusste nicht so recht, wie ich mit der Situation umgehen sollte.

Später erfuhr ich, dass es zwischen Herrn Dozé und mir einige Gemeinsamkeiten gab. Das wusste ich damals nicht. Auch er war einmal Nummer-1-Verkäufer gewesen und Jahre später Präsident geworden. Er war ein herzensguter Mensch, aber hat nie Gefühle gezeigt. Außer dieses eine Mal. Das werde ich nie vergessen!

Wenn ich heute über mein Leben nachdenke und mich an die Zeit damals erinnere, an diesen ganzen Wahnsinn, an das Getrieben-Sein von Leistungs- und Erfolgsdruck, an die brutale Verbissenheit im Job und an die völlige Unfähigkeit, sich selbst zu reflektieren, dann kann ich nur den Kopf schütteln. Diese unglaublichen Kämpfe für ein wenig Ansehen und Respekt … Wie ein Hamster im Rad, das sich nur noch schneller dreht, je schneller der Hamster läuft … Was für ein Irrsinn!

Was da gerackert, gekämpft, gerungen wird – und tief drinnen ist dennoch eine unglaubliche Leere und Verletztheit. Man kann versuchen, diese Leere mit beruflichem Erfolg zu füllen. Das wird am Ende nicht gelingen. Keine Karriere der Welt heilt innere Verletzungen. Kein Top-Job, kein Millionengehalt, kein Privatjet, kein Porsche Cayenne stillt die Sehnsucht danach, angenommen und geliebt zu sein – ganz egal, wer man ist und was man leistet.

Man kann Leistung zum Lebensprinzip machen. Meist geschieht das unbewusst, weil man hofft, sich so jene Anerkennung und jenen Respekt zu verdienen, der einem versagt geblieben ist. Manche ackern und rackern und schuften und leisten, nur um überhaupt wahrgenommen und gesehen zu werden oder wenigstens keine Ablehnung erfahren zu müssen.

Hätte mir das damals jemand so erklärt, hätte ich ihn für verrückt gehalten und gesagt: «Du bist einfach neidisch, weil du nicht so viel verdienst wie ich. Das ist alles.»

Ich war unfähig, mein eigenes Handeln zu reflektieren. Mein Herz war damals nicht berührbar. Ich war abhängig von der Droge Erfolg. Damit habe ich mich zugedröhnt, um die Leere in mir auszuhalten und keine Schmerzen mehr zu spüren.

Als Pfarrer frage ich mich heute manchmal: Wo war Jesus eigentlich in diesem ganzen Irrsinn? Dann fällt mir die Szene im Büro meines Chefs ein. Ich erinnere mich daran, wie er mich umarmt hat. Und ich stelle mir vor, wie Jesus mit uns im Büro steht und sagt: «Warum kämpft ihr so verbissen? Die Hälfte würde reichen. Und auch wenn ihr gar nichts zu leisten imstande wäret, ich würde euch dennoch lieben.» Damals hätte ich das als fürchterliches Pfaffengeschwätz abgetan.

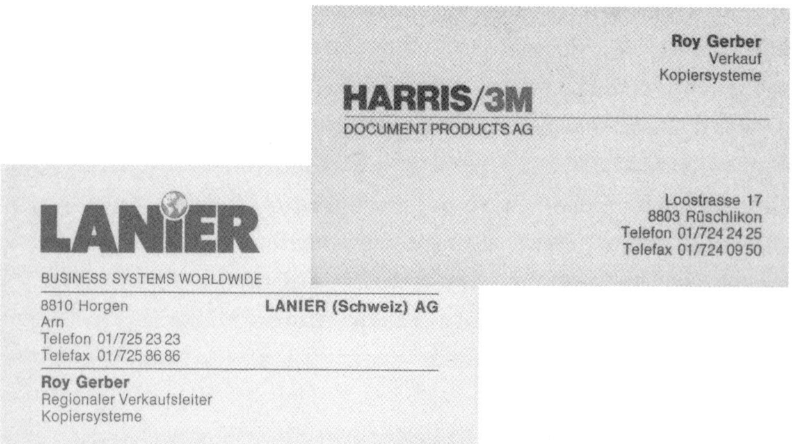

7. Meine Schmerzmittel: Erfolg, Alkohol und Sex

Damit kein Missverständnis entsteht: Karriere, Geld und Erfolg sind in keiner Weise schlecht. Das können erstrebenswerte Ziele sein. Die Frage ist nur. Was ist der Motor, der mich dabei antreibt? Mein Antrieb war es, meinem Vater, meiner Freundin, mir selbst, ja der ganzen Welt zu zeigen: «Ich bin jemand!», mehr noch: «Ich bin der Beste!»

Aufgrund meiner Minderwertigkeitskomplexe und meines schwachen Selbstwertgefühls konnte ich mir das nicht selber sagen. Das wäre wirkungslos geblieben. Ich musste mir das von anderen Leuten zusagen lassen: «Du bist der Beste!» Erst wenn ich das von jemand anderem gehört hatte, fühlte ich mich gesehen, wahrgenommen, anerkannt und respektiert. Im Grunde begann ich erst dann zu glauben, dass ich eine Daseinsberechtigung habe.

Erfolg, Leistung, Karriere, all das sind großartige Dinge. Sie können ein Leben erfüllen und zum eigenen Lebensglück beitragen. Voraussetzung dafür ist, dass all das aus gesunden Motiven geschieht. Wenn davon aber das eigene Selbstwertgefühl abhängt, werden Leistungsstreben und die Gier nach immer neuen Erfolgen niemals glücklich machen. Dann ist das früher oder später der sichere Weg in den Burn-out, und all das, was am Anfang so verlockend und erstrebenswert aussieht, verkehrt sich irgendwann in das Gegenteil. Erfolgsdruck kann die Hölle sein.

Ich weiß, wovon ich rede.

Mit meiner Freundin Daniela lebte ich in unserer wunderschönen Wohnung in einer festen Beziehung. Aber das genügte mir nicht. Ich suchte zusätzlich nach Bestätigung. Ich suchte nach Bestätigung durch Frauen, durch Sex und durch Geld. All das habe ich auch bekommen, aber es hat mich nicht wirklich glücklich gemacht. Anders ausgedrückt, ich wurde nicht satt. Mein Hunger wurde nur noch größer.

Mein Hunger zwang mich, den Motor am Laufen zu halten. Mein Lifestyle hatte seinen Preis. Wohnung, Essen, Affären, all das musste bezahlt werden. So rannte ich atemlos weiter in meinem Hamsterrad und redete mir ein, ich sei unterwegs nach ganz oben. Ich war 23, als ich als Verkäufer einstieg. Drei Jahre lang war ich aufs Ganze gesehen immer der Beste von allen.

So gewann ich auch die ausgelobte Reise nach Amerika. Es ging zum Hauptsitz der Firma nach Atlanta. Mein heimliches Ziel: Während des USA-Besuches wollte ich meinen Wechsel von der Schweiz nach Amerika einfädeln. Es war immer mein Traum gewesen, ins Ausland zu gehen. Die Aussichten dafür schienen günstig. Ich kam als Top-Verkäufer über den Großen Teich geflogen, mein Preis versprach mir neben den Annehmlichkeiten, die ich von früheren Luxusreisen meiner Firma kannte, auch ein Essen mit dem internationalen Präsidenten des Unternehmens.

Ich vertraute auf mein inzwischen bewährtes Verhandlungsgeschick. Meinen Wechsel in die USA hielt ich für eine ausgemachte Sache. Was sollte schon schiefgehen?

Doch alles kam anders.

In Atlanta wurde ich in einem unsäglichen Hotel untergebracht. Ich hatte mich an Fünf-Sterne-Niveau gewöhnt. Nun fand ich mich in einer heruntergekommenen Klitsche wieder. Der Boden war so schmutzig, dass ich nicht barfuß darauf laufen wollte. Mich, den Schweizer Nummer-1-Verkäufer, so unterzubringen, das empfand ich als persönliche Kränkung und absolute Katastrophe. Ich kochte vor Wut.

Dann kam das Mittagessen mit dem Präsidenten Wes Cantrell. Schon das Vorzimmer seines Büros war so groß wie ein Schweizer Bauernhof. «Think big!», hier konnte man besichtigen, was das heißt. Das Gespräch war okay, aber die ganze Veranstaltung war eine Vorführung, billiges Theater. Das habe ich sofort realisiert.

Ich sagte ihm, dass ich hier in den USA anfangen wolle und die Nummer 1 in Amerika werden würde. Das beeindruckte ihn nicht. Der von mir erhoffte Erfolg blieb aus. Drei Tage lang ließ man mich in einem kleinen Büro Fragebögen ausfüllen. Die gleichen Fragebögen, die auch Junior-Verkäufer ausfüllen mussten. Ich empfand das als Demütigung.

Anschließend sollte ich auf einen Probetag mitgehen. Das Einzige, was mir dieser Tag klarmachte, war: Alles, was ich konnte und mir bis dahin erarbeitet hatte, war denen drüben in den Staaten völlig egal. Diese Erfahrung war für mich wie ein Stich ins Herz. Schlagartig war mir klar: Für euch spiele ich nicht mehr!

Schon damals, als ich noch in der Papierfirma arbeitete, hatte mich das ewige Hin und Her meines Chefs wegen eines Urlaubsantrags, den er erst bewilligt hatte, dann wieder strich, so zornig gemacht, dass ich kündigte. Sobald ich nicht mehr hinter meinem Chef stehen konnte, war es für mich vorbei.

Diesmal war es wieder so.

Ich kam zurück in die Schweiz, wurde zum regionalen Verkaufsleiter befördert, nahm diese Beförderung noch an und kündige kurz darauf. Die Erfahrung, dass es bei dem ganzen Unternehmens-Trallala und Karriere-Bling-Bling in Wirklichkeit um eine sehr oberflächliche Show mit dem alleinigen Ziel Gewinnmaximierung ging, tat weh. Noch mehr schmerzte später nur die Erkenntnis, wie sehr ich mir durch meine ganzen Erfolge und den damit erkauften Lebensstil selbst etwas vorgemacht hatte.

Sich auf Dauer selbst belügen: Das funktioniert nicht

Wo lagen die tieferen Ursachen für meine Minderwertigkeits- und meine mangelnden Selbstwertgefühle? Die Frage stellte sich mir damals nicht. Genauer, ich stellte sie mir nicht. Wann immer diese Frage leise anklopfte, drehte ich den Lautstärkeregler meines Lebens hoch und beschallte mich mit anderen Dingen: mit meinen Erfolgen, mit Sex und mit Geld.

Doch der Wahrheit des eigenen Lebens kann man auf die Dauer nicht ausweichen. Man kann sie ignorieren oder verdrängen, man kann darüber hinwegsehen, vor ihr davonlaufen oder sich selbst so zuballern, dass man kaum noch etwas spürt – mit Arbeit, mit Sex, mit Drogen aller Art.

Aber irgendwann holt einen die Wahrheit über sich selbst ein. Denn: Wirklich glücklich wird man mit all diesen Ablenkungsversuchen und Schmerztötern nicht. Kein Geld der Welt füllt die innere Leere deines Herzens; es hilft höchstens, sich abzulenken und vor sich selbst davonzurennen. Aber das funktioniert eben nur eine gewisse Zeit.

Seit dem Tod meines Opas hatte ich von niemandem mehr gehört, dass ich wertvoll und einzigartig bin. Ich habe es nicht nur nicht gehört, sondern auch nicht gespürt. Disziplin hatte ich gelernt, ja, durchaus. Ich wusste zu funktionieren. Disziplin ist zweifellos wichtig. Aber Disziplin ist eben nicht alles. Wenn Anerkennung, Wertschätzung, Lob und spürbare Zuneigung fehlen, wenn Gefühle keinen Platz haben, wird Disziplin schnell zum kalten Prinzip, das einem das Herz gefrieren lässt und gefühlstaub macht.

Die Arbeit mit meinen Therapiehunden hat mir diesbezüglich später viel begreifbar gemacht. Wie erzieht man Hunde, wenn man Ahnung von Hunde-Erziehung hat? Mit Disziplin? Nein, mit Lob und Belohnung!

Es liegt mir absolut fern, Menschen mit Hunden zu vergleichen. Ich will auch nicht der Disziplinlosigkeit das Wort reden. Aber entscheidend sind die Zuwendung, die Wertschätzung, die wir einander entgegenbringen. Wenn Kinder ohne die Erfahrungen von verlässlicher Liebe, von Angenommen-Sein, von Geborgenheit und emotionaler Zuwendung aufwachsen müssen, wenn sie spüren, dass sie so, wie sie sind, nicht willkommen, nicht gemocht und nicht wertgeschätzt sind, dann werden sie sich sehr schwertun, ein gesundes Selbstwertgefühl zu entwickeln.

Dieses Selbstwertgefühl, das Gefühl, mich angenommen und geliebt zu wissen, hat mir komplett gefehlt. Daher habe ich versucht, durch Leistung zu überzeugen. Erfolg war mein Schmerzmittel, aber der Schmerz wurde trotzdem immer größer. Schmerzen kann man als Mann auf verschiedene Weise betäuben. Mit Alkohol oder mit Frauen, aber das sind nur zwei Beispiele für unzählige verschiedene Methoden. Alle diese Schmerzmittel haben eines gemeinsam: Sie machen süchtig. Und sie verlieren ihre Wirkung. Dann braucht man noch stärkere Schmerzmittel und erhöht die Dosis. Bis die Wirkung wieder abnimmt. Es ist ein Teufelskreis, aus dem man nur schwer entrinnen kann.

Neben Sex zählte der Alkohol damals zu meinen regelmäßigen Schmerzmitteln. Hätte mich jemand gefragt, ob ich ein Alkoholproblem habe, ich hätte dagegen argumentiert, bis die Kühe nach Hause gehen. Aber natürlich habe ich in dieser Zeit zu viel getrunken. Ein paar Gin Tonic nach der Arbeit waren unter Kollegen üblich, abends dann ein, zwei Flaschen Wein, um runterzukommen, zur Entspannung sozusagen.

Aber es geht beim Thema Alkohol nicht nur um die Menge, sondern um die ganz grundsätzliche Frage: Warum trinke ich jetzt gerade überhaupt? Geht es darum, die Ecken des Tages abzurunden? Ist das der Fall, dann benutzt man Alkohol als Schmerzmittel. Denn dann trinkt man, um seinen Alltag und sich selbst auszuhalten. Das ist ein ernstes Alarmzeichen.

Etwas völlig anderes ist es, einen schönen Wein und ein gutes Bier ganz bewusst zu genießen, bei einer Feier, mit Freunden oder bei einer anderen passenden Gelegenheit. Wie gesagt, es geht nicht allein um die Menge. Es geht immer auch um die Frage: Warum konsumiere ich Alkohol? Könnte ich es in dem Moment, in dem ich mich auf den Weg zum Kühlschrank mache, auch lassen? Möchte ich jetzt ein Glas Wein, um gegenüber den Problemen meines Tages unempfindlich zu werden – oder weil ich glücklich bin und etwas feiern möchte? Sich diese Frage ehrlich zu beantworten, ist ziemlich aufschlussreich.

Ich will bestimmt keine Spaßbremse sein. Ich liebe es zu feiern – ja, gerne auch mit feinem Aperitif und mit Wein. Aus Erfahrung kann ich aber sagen: Entscheidend sind das Wissen um das rechte Maß sowie die Frage, ob ich mich mit meinem Alkoholkonsum selbst betrüge, weil ich in Wirklichkeit überhaupt nicht genieße, sondern gegen meine unangenehmen Gefühle, gegen meine inneren Verletzungen und gegen die Leere in mir antrinke. In diesem Fall trinkt man nicht nur zu viel, da wird es ernsthaft gefährlich.

Auch Sex, Sport, Shopping, Schokolade und andere Dinge können zur Droge werden.

Die Zärtlichkeit, die ich als Kind nicht erlebt habe, habe ich später bei Frauen gesucht. Ich suchte Bestätigung auch außerhalb der Beziehung mit meiner Freundin. Ich hatte Affären und war bei Prostituierten. Ich hatte guten Sex, ich hatte schlechten Sex, und ich habe Geld für Sex bezahlt. Aber alle meine sexuellen Erlebnisse und Eskapaden konnten mir nicht jene Befriedigung verschaffen, nach der ich eigentlich gesucht habe und nach der ich mich im Tiefsten gesehnt habe.

Rückblickend weiß ich: Jedes Mal, wenn ich mit einer anderen Frau geschlafen habe – mit einer meiner Affären oder mit einer Prostituierten –, ist eine gewisse Intimität verloren gegangen. Es ist etwas verloren gegangen, was mir nachher gefehlt hat. Entweder mir selbst oder der Frau, mit der ich wirklich eine liebevolle und intime Beziehung haben wollte. Statt mich zu erfüllen, hat mich Sex mit vielen verschiedenen Partnerinnen immer leerer gemacht. Heute weiß ich, dass ich Nähe gesucht habe, ohne Nähe zu geben.

Es ist wunderbar, guten Sex zu haben, aber zu glauben, man könne durch Sex die eigene innere Leere füllen, ist ein verhängnisvoller Irrtum. Ich weiß, wovon ich spreche, weil ich diesen Irrweg selbst gegangen bin. Man verletzt damit nicht nur seine Partnerin, sondern auch sich selbst. Man verliert etwas davon, was man für eine dauerhaft glückliche Partnerschaft unbedingt braucht, und ruiniert die eigene Beziehungsfähigkeit.

Ohne Verlässlichkeit, ohne Ehrlichkeit – sich selbst und der Partnerin gegenüber –, ohne ein Beziehungsleben, bei dem man sich über die eigenen Gefühle, Gedanken, Wünsche, Hoffnungen, Sorgen und Pläne austauscht, kann eine Verbindung zwischen zwei Menschen nicht dauerhaft funktionieren. Auch der Sex verliert dann bald seinen Reiz. Ich schreibe das nicht, weil ich heute Pfarrer bin, sondern aus Erfahrung.

Meine Schmerzmittel damals hießen: Erfolg, Alkohol und Sex. Mein Motto hieß: «Ich leiste, also darf ich existieren. Ich trinke, damit ich mein Leben ertrage. Ich habe Sex, um mich selbst zu bestätigen und überhaupt noch etwas zu spüren.» Wie giftig diese Schmerzmittel für mich waren und welch toxische Wirkung sie in meinem Leben entfalten sollten, wurde mir erst viel später klar.

8. Mit Highspeed im Hamsterrad

Der Aufenthalt in Amerika hatte mir die Augen geöffnet. Mir wurde zunehmend klar, wie oberflächlich es in meinem Job und in dem Unternehmen, für das ich schuftete, in Wirklichkeit zuging. Es war fast ein bisschen wie ein Wirklichkeitsschock.

All die Anerkennung und Wertschätzung, die ich mir durch Leistung und Erfolge mühsam erarbeitet hatte, galten im Grunde gar nicht meiner Person, sondern meiner Arbeitskraft. Ich war wichtig für das Unternehmen, weil ich enorme Umsätze machte, nicht weil man mich als Person wertgeschätzt hätte.

Vielleicht hat mir der liebe Gott damals bestimmte Gedanken eingegeben. «Ist das wirklich das Leben, das du für immer führen willst?» Der Gedanke tauchte immer wieder auf. An Gott habe ich allerdings nicht gedacht.

Heute weiß ich, wenn sich Leib, Seele und Geist nicht im Einklang miteinander befinden, dann werden wir unzufrieden. Ob wir uns der tieferen Ursachen dafür bewusst sind oder nicht. Anfangs äußert sich diese Unzufriedenheit meist als spürbares Unbehagen mit unserer beruflichen Tätigkeit. Wenn sich die Situation aber nicht auflösen oder wenigstens verbessern lässt, dann beginnt oft ein mühsam-quälender Weg, der bis in den Burn-out führen kann.

Von Burn-out konnte aber bei mir keine Rede sein. Ich stand voll im Saft und hatte mich gerade angeschickt, meine Karriere in den USA fortzusetzen. Doch nach den Eindrücken dort hatte ich einfach keine Lust mehr, so weiterzumachen. Manchmal braucht es einen Anstoß von außen, um Denkprozesse in Gang zu bringen.

Mein USA-Aufenthalt war ein solcher Denkanstoß. Während ich mit Highspeed im Hamsterrad meines beruflichen Alltags unterwegs war, hatte ich keine Gelegenheit, darüber nachzudenken, was ich da eigentlich gerade tue und ob mir das tatsächlich entspricht. Die wenigen Augenblicke, die es vielleicht gegeben hätte, brauchte man, um sich irgendwie Entspannung zu verschaffen. Da kamen dann meine Schmerzmittel ins Spiel. Das sorgte nicht gerade für einen klaren Kopf, und zu meinen Gefühlen hatte ich ohnehin kaum Zugang. Aber jetzt wusste ich zumindest eines: So will ich nicht mehr weitermachen.

Ich hängte meinen Job als Starverkäufer an den Nagel.

Nach meiner Kündigung ging ich für drei Monate nach Südfrankreich in eine Sprachschule und arbeitete von dort aus als Pressefotograf. Fotografieren war eine meiner großen Leidenschaften gewesen. Und ich fand mich als Fotograf mindestens so gut wie als Verkäufer. Bis ich eines Tages mit einem wirklichen Starfotograf, der unter anderem für die «Neue Zürcher Zeitung» arbeitete, bei einem Fußballspiel war und für ihn Aufnahmen machen sollte. Das Ergebnis war derart katastrophal, dass er mir im Fotolabor fast den Kopf abgerissen hätte. Ich bin in meinem ganzen Leben nie mehr so angeschrien worden. Weil er aber meinen Onkel gut kannte, fühlte er sich verpflichtet, mich weiterhin mitzunehmen.

Mit der Zeit funktionierte die Zusammenarbeit immer besser, und meine Fotos konnten sich sehen lassen. Ich bekam einen Presseausweis und konnte damit in Südfrankreich grandiose Aufträge übernehmen. Ich lebte in Hyères und fotografierte die Olympia-Qualifikation der Segler. Auch im französischen Fußball war ich unterwegs. Hauptsächlich in Marseille. Jean-Pierre Papin war damals einer der Superstars des internationalen Fußballs, von dem ich unter anderem einige Fotos machte, welche in Zeitungen erschienen.

Beim Fotografieren machte ich die gleiche Erfahrung wie als Verkäufer: Ich musste hart arbeiten, aber ich war erfolgreich.

Eines Tages fragte mich mein Onkel, ob ich nicht für ihn arbeiten wollte – in der früheren Firma meines Opas. Ich sagte zu. Damals konnte ich nicht ahnen, dass mein neuer Job das Beziehungsgefüge in der Familie zusätzlich belasten würde.

Mein Stiefvater und mein Onkel, der die Firma meines Opas übernommen hatte, waren sich von Anfang an nicht grün gewesen. Wahrscheinlich waren sie sich beide zu ähnlich. Beide waren beruflich sehr erfolgreich, aber sehr wütend aufeinander. Ich konnte mit beiden, vertrug mich gut mit ihnen und mochte jeden auf seine Art. Die Beziehung zu meinem Stiefvater war inzwischen auch wirklich gut. Er hatte meine Karriere als Verkäufer verfolgt und begonnen, mich zu respektieren. Das konnte ich spüren.

Als ich dann bei meinem Onkel zu arbeiten begann, war dies eine große Enttäuschung für meinen Stiefvater. Vielleicht hatte er gehofft, dass ich bei ihm einsteigen würde. Ich weiß es nicht. Angesprochen hat er das nie. Als ich dann für meinen Onkel tätig wurde, hat mein Stiefvater dies als eine Art Vertrauensbruch empfunden.

Am Ende vertraute mir auch mein Onkel nicht mehr. Beide glaubten wohl, ich würde dem jeweils anderen Dinge über sie selbst ausplaudern. Das stimmte nicht, aber das nützte wenig. Wenn sich Betonköpfe etwas einbilden, hat man keine Chance.

Die Firma meines Opas war hauptsächlich auf Metall-Herstellung und -Verarbeitung spezialisiert. Auch das Schweißen von Schienen gehörte zu ihren Tätigkeitsfeldern. Sie hatte Verträge mit den Schweizerischen Bundesbahnen SBB und war schon zu Lebzeiten meines Opas sehr erfolgreich. Auch nach seinem Tod blieb sie – unter Führung meines Onkels – wirtschaftlich weiter auf Erfolgskurs.

Als ich dort einstieg, war gerade ein neuer Geschäftsbereich dazugekommen: Luftfiltration. Um es vereinfacht auszudrücken: Wenn etwas hergestellt wird, entsteht als Nebenprodukt auch immer Dreck – von grobem Schmutz und Gestank bis zum kleinsten Staubpartikel. Das galt auch für die Firma meines Onkels. Mit Luftfiltration kam nun ein Geschäftsbereich hinzu, bei dem es darum ging, solche Verunreinigungen wieder zu entfernen, das heißt abzusaugen.

Das erwies sich als vielversprechendes Geschäftsmodell. Schmutz entsteht überall, wo produziert wird. Und wenn Schmutz entsteht, muss der auch irgendwie wieder weg. Hier kam die Luftfiltration ins Spiel. Mein Onkel wusste, dass ich ein Starverkäufer war und in meinem früheren Beruf viel gelernt hatte. Er setzte darauf, dass ich meine Talente und Erfahrungen nun in seiner Firma einbringen würde.

Die Produkte zur Luftfiltration bezogen wir von einer schwedischen Firma. Wir waren Generalimporteur für die Schweiz. Meine Hauptaufgabe bestand darin, den Verkauf zu strukturieren. Mir gefiel dieser neue Job. Ich hatte weitgehend freie Hand. Zwar verdiente ich bei Weitem nicht mehr so gut wie früher, aber ich hatte auch weniger Druck.

Der berufliche Erfolg und der damit verbundene Lebensstil meines Onkels beeindruckten mich, und ich fühlte mich über die Firma auch mit meinem Opa verbunden.

Schweden, Australien, Asien: Zurück im Big Business

Beruflich war ich nun oft unterwegs, vor allem in Schweden, aber auch in Asien und Australien. Die internationale Zusammenarbeit weitete meinen Horizont. In kurzer Zeit lernte ich viel dazu.

Mein verkäuferisches Talent blieb nicht lange unbemerkt. Bald bildete ich selbst Verkäufer aus oder organisierte deren Ausbildung mit. Bei geschäftlichen Meetings in Schweden, Asien oder Australien knüpfte und vertiefte ich meine Kontakte. Plötzlich war ich ein gefragter Mann. Die Schweden wollten mich haben. Die Australier baten, dass ich zu ihnen komme. Auch aus Asien hatte ich Angebote.

Auswandern, im Ausland arbeiten, das war immer ein Traum gewesen. Gedanklich war ich ja schon längst beim Sprung über den Großen Teich gewesen, ehe mich der Frust gepackt und ich meinen alten Job hingeschmissen hatte. Nun war die Chance, ins Ausland zu gehen, wieder da. Auch meine Freundin wollte gerne ins Ausland. Damals waren wir ungefähr acht Jahre zusammen.

Während meiner Zeit bei «Harris-3M» und der Zeit, als ich für meinen Onkel tätig und häufig im Ausland unterwegs war, hatte ich vier verschiedene Affären. Das ging nie lange, aber ich leistete mir immer wieder Seitensprünge. Meine Freundin wusste nichts davon.

Nach circa zwei Jahren im Unternehmen meines Onkels begann ein Konflikt zwischen seiner Stieftochter und mir zu eskalieren. Mein Onkel hatte ein zweites Mal geheiratet. Seine Stieftochter war in sein Unternehmen eingestiegen. Sie leistete sensationelle Arbeit und steuerte im Wesentlichen das Unternehmen. Mit mir war ein weiteres Familienmitglied an Bord gekommen. Da witterte sie Konkurrenz.

Irgendwann begann sie, mich bei meinem Onkel schlechtzumachen. Ihre Unterstellungen trafen nicht zu, aber sie wirkten bei meinem Onkel. Er stellte sich auf ihre Seite, was nicht sonderlich verwundern konnte. Sie leitete ja im Grunde die Firma.

Ich empfand es dennoch als Kränkung. Er hatte zu ihr «Ja»

gesagt, nicht zu mir. Für mich bedeutete das erneut eine Ablehnung. Und Ablehnung war für mich kaum zu ertragen. Ich konnte und wollte das so nicht auf mir sitzen lassen und kündigte. Auch diesmal, ohne einen anderen Job zu haben.

Das war nicht ganz so tragisch, weil die Australier und die Schweden ja inzwischen um mich buhlten. Die Australier unternahmen alles, um mich zu holen. Als schließlich ein konkretes Angebot auf dem Tisch lag und meine Freundin und ich entscheiden mussten, gemeinsam nach «Down Under» zu gehen, bat Daniela um kurze Bedenkzeit.

«Ich fahre zwei Wochen in Urlaub und überlege mir das», sagte sie.

Als sie zurückkam, fragte ich sie instinktiv: «Warum hast du mir nicht gesagt, dass du nicht alleine gefahren bist?»

«Wie bitte?», entgegnete sie erschrocken. «Wer hat dir das gesagt?»

«Du jetzt gerade eben», fuhr ich sie an.

Es stellte sich heraus, dass sie tatsächlich eine Affäre hatte. Das zog mir den Boden unter den Füßen weg. Ich fühlte mich komplett vernichtet, und zwar auf eine grundlegende Weise.

Gemeinsame Zukunftspläne in Amerika

Im Grunde war es absurd: Ich hatte Affären und Sex mit Prostituierten. Jetzt kam ich dahinter, dass Daniela eine Affäre hatte, und war völlig außer mir. Das Gefühl, abgelehnt, ja verneint zu werden, war absolut unerträglich. Das war kein schwerer Nackenschlag, das war ein totaler Knock-out.

Ich fühlte mich wie tot.

Ich weiß nicht, ob sie eine oder mehrere Affären hatte. Das spielt auch keine Rolle. Die Wahrscheinlichkeit, dass sie mehr

Affären als ich gehabt haben könnte, ist eher gering. Aber die Verletzungen, die ich nun spürte, waren gigantisch.

Was für ein unfassbarer Schmerz! Erst jetzt begriff ich, was ich selbst die ganze Zeit getan hatte. «War ich denn komplett bescheuert?», «Wie konnte ich nur?», «Was hast du getan?» Solche Fragen hatte ich mir bis dahin nicht gestellt. Ich dachte nicht weiter darüber nach oder verdrängte sie schnell. Stattdessen befriedigte ich mein Ego und machte mir selbst etwas vor.

Aber jetzt, wo Daniela fremdgegangen war, begann ich aufzuwachen. Die Wirklichkeit, die über mich hereinbrach, fühlte sich an wie ein brutaler Albtraum.

Ich wollte nicht, dass unsere Beziehung scheiterte. Also rappelte ich mich wieder auf und schwieg weiter über meine eigenen sexuellen Eskapaden. Wir rauften uns zusammen. Daniela machte einen Sprachkurs, um sich auf Australien vorzubereiten. Ich flog runter, um eine Woche den neuen Arbeitsplatz zu beschnuppern. Als es dann darum ging, dass wir beide endgültig die Koffer packen sollten, sagte meine Freundin:

«Ich kann nicht!»

Beruflich war das für mich ein schwerer Schlag. Aber ich hatte ja eben erst zu spüren bekommen, wie wichtig mir die Beziehung mit ihr war. Also sagte ich den Australiern ab.

«Wohin würdest du denn mit mir gehen?», wollte ich von Daniela wissen.

«Amerika», antwortete sie.

«Na gut», dachte ich, «dann also nach Amerika.»

Bei einer großen internationalen Industrie-Messe traf ich mich mit einem meiner früheren schwedischen Geschäftspartner. Aus den USA war der dortige Vizepräsident der schwedischen Firma dabei. Wir verbrachten einen schönen Tag und einen wirklich lustigen Abend miteinander. Am Ende fragte er mich: «Warum kommst du nicht mit nach Amerika?»

Ich zögerte nicht lange. Innerhalb von 48 Stunden war ich eingestellt. Ich sollte nach New Jersey. Das traf sich gut. In New Jersey lebten mein leiblicher Vater und der Bruder meines leiblichen Vaters. Zum Bruder meines Vaters hatte ich in der Zwischenzeit ein sehr gutes Verhältnis aufgebaut. Mehrmals hatte er seinen Urlaub in der Schweiz verbracht. So lernten wir uns kennen.

Beschwingt von der neuen Perspektive USA flog ich in die Schweiz zurück.

«Hey, es kann losgehen! Ich habe einen Job in den USA», begrüßte ich Daniela.

Wir hatten uns fest vorgenommen, alles zu verkaufen und gemeinsam diesen Schritt zu wagen. Später erfuhr ich, dass sie nicht gehen konnte, weil ihr Herz bereits einem anderen gehörte. Damals fuhr mir ihr erneutes «Ich kann nicht» in die Glieder und machte mich ratlos.

Schließlich verständigten wir uns darauf, dass ich allein nach Amerika gehen würde, aber regelmäßig heimkommen würde. Sie hätte mich ihrerseits jederzeit besuchen können. Nach einem Jahr wollten wir uns dann zusammensetzen, um zu entscheiden. «Entweder gemeinsam in die USA, oder ich komme zurück», so lautete mein Plan.

Aber dieser Plan sollte nicht aufgehen.

Am 12. September 1994 flog ich mit zwei Koffern und einer Tasche allein in die Vereinigten Staaten. Dass Amerika meine zweite Heimat werden sollte und sich der Amerikanische Traum für mich tatsächlich erfüllen würde, konnte ich da nicht ahnen. Als ich auf dem John-F.-Kennedy-Flughafen in New York landete, war diese Vorstellung für mich so weit weg wie meine Heimat, die Schweizer Berge und Daniela. Ich fühlte mich einsam und verlassen in einer völlig fremden Welt.

9. Endlich in den USA: Erst der Schock, dann eine neue Welt

Ich stand am Gepäckband, hing meinen trüben Gedanken nach und wartete auf meine Koffer. Mit jeder Minute, die ich wartete, kroch die Müdigkeit in mir weiter hoch.

Endlich sah ich mein Gepäck. Aber was war das? Ich traute meinen Augen nicht. Beide Koffer mussten beim Transport kaputtgegangen sein. Sie waren offen, und meine Kleidungsstücke hingen ringsum heraus. Wie drohendes Unheil rollte mir mein Gepäck auf dem Band entgegen. Als die Koffer näher kamen, sah ich, wie verschmutzt meine Kleidung bereits war. «Scheiß Amerika», dachte ich. «Ich will zurück in die Schweiz!»

Wenige Tage zuvor hatte ich in Zürich im Freundeskreis noch laut getönt: «Ich gehe nach Amerika, um reich und berühmt zu werden!» Alle sollten das wissen. Reich und berühmt: Das war mein Ziel. Und ich brannte vor Ehrgeiz, allen zu zeigen, dass ich das schaffe. Nun stand ich völlig allein da mit meinem kaputten Koffer und fragte mich: «Was machst du hier nur? Was willst du hier eigentlich?»

Die Angst packte mich im Nacken, nur mit Mühe unterdrückte ich meine Tränen. Ich wollte nur noch eines: ganz schnell wieder heim. Das ging aber nicht. Weil meine Koffer kaputt waren, ließ man mich nicht mehr einchecken. Es führte kein Weg mehr zurück. Ich musste bleiben, ob ich wollte oder nicht.

Der Bruder meines leiblichen Vaters holte mich am Flughafen ab. Wir fuhren zu ihm nach Hause. Robby wohnte in Mendham, New Jersey. Dort konnte ich bei ihm in einem kleinen dunklen Zimmer wohnen – gegen Bezahlung. Amerikanische Gastfreundschaft hatte ich mir anders vorgestellt.

Zwei Tage nach meiner ernüchternden Ankunft im Land der unbegrenzten Möglichkeiten machte ich mich auf zu meinem neuen Arbeitsplatz. Vielleicht würde ja jetzt alles besser werden. «PlymoVent» hieß das Unternehmen, von dem ich hoffte, dass es die Startrampe für meine US-Karriere werden würde. «National Sales Manager», so lautete mein offizieller Titel. Das klang schon mal nicht schlecht in einem Land wie Amerika. Ich sei verantwortlich dafür, den Verkauf in den Staaten aufzubauen, hatte man mir gesagt. Ich dürfe viel reisen, würde alles Nötige bekommen und solle mir keine großen Sorgen machen. Vor Ort sei alles vorbereitet für mich.

Der amerikanische Hauptsitz des Unternehmens war in Edison, Middlesex County, New Jersey. Entsprechend gespannt war ich. Doch als ich am 14. September die Büroräume von «PlymoVent» betrat, platzte mein Amerikanischer Traum zum zweiten Mal. Der Knall war noch lauter als am Flughafen.

Ich war von einem repräsentativen Büro ausgegangen. Nun fand ich mich in einem Großraumbüro wieder. Mein Arbeitsplatz war ein *«Cubical»,* ein kleiner würfelförmiger Kasten, etwa so breit wie die Tastatur eines Computers. Links und rechts neben der Tastatur hatte nichts mehr Platz. Als Nummer-1-Verkäufer bei «Lanier» hatte ich ein tolles Büro gehabt. Auch bei meinem Onkel hatte ich einen schönen Büroraum. So ließ es sich arbeiten. Hier aber hockte ich in einem winzigen Cubical – mitten in einem Großraumbüro ...

Meine Beine passten kaum unter die Tischplatte. Konnte man überhaupt von Tischplatte sprechen? Nein, das war bestenfalls eine Abstellfläche, mehr nicht. Bei Harris-3M hatte der Ascher in den Chefbüros mehr Platz als ich hier. Rechts von mir saßen sechs Leute, links vier weitere. Und ich sollte der «National Sales Manager» sein? Das hatte ich mir vollkommen anders vorgestellt.

Ich kochte vor Wut und Enttäuschung.

Wo sollte ich nun anfangen? Ich nahm die amerikanische Karte zur Hand und erschrak. Puh, die Schweiz war übersichtlicher. «Geh nach Nashville», wurde mir schließlich geraten. Ich wusste weder, ob das sinnvoll war, noch hatte ich eine Ahnung, wo genau Nashville lag. Aber ich buchte mir einen Flug und flog nach Nashville. Eine bessere Idee hatte ich nicht.

Eine Hotelübernachtung durfte nur 65 Dollar kosten. Entsprechend dürftig war das Quartier. Zu Fuß ging ich ins «Holiday Inn». So hatte ich früher gewohnt. Jetzt nahm ich mir dort verstohlen die «Gelben Seiten» und telefonierte die Firmen ab, die ich für potenzielle Geschäftspartner hielt. Internet gab es damals nicht. Telefonieren war schwierig.

Der Akzent war brutal. Ich verstand fast nichts. Mit einer riesigen Karte fuhr ich durch die Gegend. Keiner wollte mich sehen, geschweige denn mit mir über Luftfiltration sprechen. Ein Tag zum Vergessen. Der Abend kam, der Frust saß tief.

Missmutig fragte ich den Concierge, wo ich noch etwas essen und trinken gehen konnte. Ohne groß zu zögern, empfahl er mir den «Wildhorse Saloon». Ich trug noch meinen Geschäftsanzug. Umziehen? Nein, keine Lust. Wozu auch?

Die Krawatte hatte ich – passend zu meiner Stimmung – bereits auf Halbmast gesetzt. So machte ich mich auf den Weg zum «Wildhorse Saloon». Keine Ahnung, was mich dort erwarten würde. Das war mir auch egal. Hauptsache, es gab etwas zu essen und was zu trinken, um diesen Tag runterzuspülen.

Es kam anders. Als ich die Tür des «Wildhorse Saloon» öffnete, blickte ich in eine neue Welt.

Der «Wildhorse Saloon» tanzt

Country-Musik erfüllte den Raum. Ich sah Männer und Frauen in Country-Hemden, Jeans und Cowboystiefeln. Sie lachten, sie hatten Spaß, sie tanzten miteinander. Ich sah Pärchen, die genau die gleichen Klamotten trugen. Wie verrückt war das denn? Aber sie strahlten einander an, klatschten im Rhythmus der Musik. Die Stimmung steckte an. Freude und Begeisterung flogen wie Funken durch den Salon. Sie sprangen auf mich über. «America, we gonna love each other», durchfuhr es mich. So etwas hatte ich noch nicht erlebt.

«Ich würde mich doch nie mit der gleichen Hose und den gleichen Schuhen, die auch meine Freundin trägt, gemeinsam mit ihr an einem Tisch setzen. Das ist ja wohl das Allerletzte», hatte ich mir vor ein paar Minuten noch gedacht. Aber ich sah: «Hose hin, Stiefel her, das ist nicht künstlich hier. Das ist keine Show. Die spielen nichts vor. Das ist ehrlich. Die sind wirklich glücklich.»

Durch das Gedränge schob ich mich zur Bar. Da standen zwei Frauen, eher Business-Look als Country-Style. Beide fand ich sehr attraktiv. «Halleluja, schöne Frauen gibt's hier auch», dachte ich. Nein, das stimmt nicht! «Halleluja» habe ich damals weder gedacht noch gesagt, aber aufgefallen sind mir die beiden sofort. Ich überlegte, wie ich mit ihnen ins Gespräch kommen könnte.

In dem Moment sprach mich die Schönere der beiden an: «Willkommen in Nashville! Aus welcher Gegend Europas kommst du?»

«Ich komme nicht aus Europa», antwortete ich, «ich bin von New Jersey.»

Sie lachte.

«Was für ein bezauberndes Lachen», dachte ich mir und verliebte mich auf der Stelle in sie. Wir begannen zu reden, zu lachen, zu scherzen. Das Gespräch schien schwerelos. Was war das denn?

Für mich war diese Begegnung eine unglaubliche Erfahrung. Ich fühlte mich akzeptiert, so wie ich bin. Ich musste dafür nichts leisten. Ich musste nichts Richtiges oder Wichtiges sagen. Ich musste nichts bezahlen. Wir konnten zwanglos miteinander reden und lachen. Es war einfach herzlich, ohne dass ich mir das erarbeiten musste – nicht durch Leistung, nicht mit Geld, nicht mit Klugscheißerei. Es war ein Geschenk, einfach so, ganz umsonst. Nicht zu fassen, dass es so etwas gab! Dass ich das erleben durfte.

In dieser ersten Begegnung an der Bar im «Wildhorse Saloon» erfuhr ich eine Akzeptanz und eine spontane Herzlichkeit, die ich so nicht kannte. All das, ohne eine Gegenleistung dafür zu erbringen. Für mich war das Wahnsinn. Ein Bruch mit allem, was ich bis dato kannte.

Die Frau mit dem bezaubernden Lachen hieß Wendy Woodard. Später waren wir eine Weile zusammen. Es war eine wunderschöne, intensive Zeit – ohne Sex. Dann habe ich die Beziehung abrupt beendet. Ich hatte Angst, sie könnte mich eines Tages verlassen. Den Schmerz hätte ich nicht ertragen. Daher machte ich Schluss. «Wenn ich das tue», dachte ich, «kann sie mich nicht eines Tages verlassen. Dann tut es nicht so weh und verletzt mich nicht so sehr.»

Es hat dennoch wehgetan.

Wir sind gute Freunde geblieben. Ich habe heute noch Kontakt zu ihr. Als ich später in Kalifornien lebte, hat sie mich besucht. Keiner von uns hat jemals die Grenze zwischen Freundschaft und Beziehung überschritten. Ich hatte einfach viel zu viel Angst, verletzt zu werden.

«Lieber auf die Arbeit fokussieren, als diese unerträglichen

Schmerzen erfahren zu müssen», lautete meine Überlebensstrategie. So kann man sich vorwärts bewegen als emotionaler Krüppel. Nicht besonders gut, aber es geht. Damit es nicht so auffällt, wie sehr man in Wirklichkeit hinkt, fährt man am besten ein teures Auto. Eine bessere Tarnung gibt es nicht.

Da kommt ein Strumpfband geflogen

Wendy hatte lange ein Foto von mir auf ihrem Nachttisch stehen. Irgendwann beschwerte sich ihr Freund: «Höchste Zeit, dass dieses Bild verschwindet! Es ist schwierig für mich, mit dir im Bett zu liegen, und dann starrt mich dieser Typ an.» – «Das Bild verschwindet erst, wenn wir heiraten», hat sie ihm geantwortet. Die beiden haben geheiratet und mein Foto verschwand, aber ich war bei der Hochzeit eingeladen.

Wendys Mann war nicht besonders begeistert von mir. Das kann ich verstehen. Ich weiß noch, wie er mir bei der Hochzeit fest die Hand drückte, mir dabei tief in die Augen sah und sagte: «Ich bin froh, dass du heute von meinem Nachttisch verschwindest.» Später hatte ich noch ein richtig gutes Gespräch mit ihm.

Die Hochzeit war ein großartiges Fest. Wendys Familie war unglaublich herzlich. Das hatte ich früher schon erfahren dürfen. Das spürte man auch jetzt wieder. Ihre Familie war nicht perfekt, auch bei ihnen wurde gestritten. Aber es herrschte eine andere Dynamik in dieser Familie. Selbst wenn die Fetzen flogen, Liebe und Herzlichkeit waren in diesem Haus immer zu spüren.

Zugegeben, bei der Hochzeitsfeier habe ich mir mehr als einmal gedacht: «Was bist du für ein Volltrottel, Roy! Es hätte deine Frau sein können, eine wunderschöne Frau, eine tolle Familie.» Doch dafür war es jetzt endgültig zu spät.

Bei Hochzeiten in Amerika ist es Brauch, dass die Frau den Brautstrauß wirft und der Bräutigam das Strumpfband. Wer es auffängt, heiratet als Nächstes, heißt es. In den Staaten ist das ein Riesenspaß, manchmal fast der Höhepunkt der Party.

Als es so weit war, machte ich mich aus dem Staub. «Ich fange alles, nur nicht das Strumpfband», dachte ich und wollte mich gerade davonstehlen, um nur nicht dort zu stehen, wo eine grölende Schar junger Männer auf ein heranfliegendes Strumpfband wartete. In dem Moment spüre ich etwas in der Nähe meines Kopfes, reflexartig fährt meine Hand nach oben und – fängt das Strumpfband. Geheiratet habe ich allerdings noch nicht, aber das kann ja noch kommen.

Die Herzlichkeit der Menschen in Amerika werde ich nie vergessen. Manche Europäer sagen: «Die Amerikaner sind oberflächlich.» Wenn das in meiner Gegenwart angesprochen wird, gehe ich dazwischen. Was ist das für eine Arroganz, so über ein ganzes Volk zu reden? Gibt es arrogante Amerikaner? Ja, absolut! Gibt es kindische Amerikaner? Absolut! Gibt es naive Amerikaner? Ja, sicher. All das gibt es ganz zweifellos. Aber es gibt auch arrogante, kindische und naive Schweizer, Deutsche und Österreicher. Wir sollten aufhören, so pauschal übereinander zu urteilen. Damit wird man keinem Land gerecht, den dort lebenden Menschen in all ihrer Unterschiedlichkeit und Liebenswürdigkeit am allerwenigsten.

Probefahrt? – Nicht nötig!

Als «National Sales Manager» saß ich in dem Großraumbüro an meinem Cubical und kam mir vor wie ein viel zu großes Huhn in einer viel zu engen Legebatterie, aber es gab immerhin einen Dienstwagen. Mein Chef sagte mir, dafür stehe ein fester Betrag zur Verfügung. «Such dir ein Auto für die Summe aus, aber unterschreibe nichts, sondern sprich es vorher noch mal mit mir ab», gab er mir mit auf den Weg.

Ich hätte gerne einen «Saturn» gehabt. Der wäre sogar günstiger gewesen als die Summe, die mir genannt worden war. Aber mein Chef blockte ab: «Du kannst doch nicht als National Sales Manager mit einem Saturn durch die Gegend fahren. Was sollen denn die Leute denken? Dieses Geld darf nur für den Autokauf verwendet werden, Sparen bringt hier also nichts.»

Beim nächsten Autohändler stellten sie mir einen «Pontiac Grand Am» vor die Tür. Die braunen Sitze rochen nach neuem Leder. Der Motor hatte einen fantastischen Sound. An der dunkelgrünen Metallic-Lackierung perlten Regentropfen ab, als würden sie das Auto streicheln wollen.

Dieser Sportschlitten entsprach meinem Budget. Ich fackelte nicht lange. «Passt», sagte ich, «den nehme ich.»

«Probefahrt?»

«Nein, nicht nötig!», antwortete ich. «Kann ich den gleich so mitnehmen?»

Nach einer kurzen Einweisung stieg ich ein und setzte mich ans Steuer. Es regnete, die Straße war nass. Sämtliche Verkäufer des Autohauses waren nach draußen gekommen, um zu sehen, wie der junge Kerl vom Hof fuhr, der eben ein solches Protzauto gekauft hatte, als wären es hundert Gramm Fleischwurst.

Ich hatte keine Ahnung, wie sich ein solcher Sportwagen fährt. Ich legte den Gang ein und trat aufs Gaspedal. Der Motor heulte auf, die Reifen drehten durch, Gummi qualmte. Ich machte in meinem Gefährt einen gewaltigen Satz auf die Straße und würgte den Motor ab. Es war großes Glück, dass nichts passierte. Im Rückspiegel sah ich die Autoverkäufer lachen.

Inzwischen hatte ich mir eine Wohnung in Belmar Beach gemietet. Ich genoss die Fahrten in meinen dunkelgrünen «Pontiac Grand Am» ebenso wie die anerkennenden Blicke, die mein Auto auf sich zog.

Mein Pontiac war noch keine Woche alt, als mich meine Freundin aus der Schweiz erstmals besuchen kam. Stolz holte ich sie mit meinem neuen Auto am Flughafen ab. Wir waren nur ein paar Kurven gefahren, da musste sich Daniela übergeben. Mein Auto roch nie mehr neu – und schon gar nicht nach frischem Leder. So begann ihr letzter Besuch bei mir.

10. Todesnachricht am Messestand

Im amerikanischen Geschäftsleben fand ich mich immer besser zurecht. Ich lernte Land und Leute kennen und konnte meine Fähigkeiten im neuen Job unter Beweis stellen. Als National Sales Manager kam ich viel herum, flog kreuz und quer durch die Staaten, genoss die neuen Eindrücke und knüpfte erfolgreich Kundenkontakte. Die Karrieremaschine Gerber nahm Fahrt auf.

In meinem dicken, ledergebundenen Kalender – damals verwaltete man seine Termine noch nicht mit Smartphone und Tablet – stand ein Termin mit rotem Ausrufezeichen: die große ASHRAE. Das war eine Industrie-Messe in Cleveland (Ohio). «PlymoVent» hatte eine Menge Geld in die Hand genommen, um in Cleveland mit einem riesigen Messestand vertreten zu sein. Eine ganze Woche hatten wir benötigt, um diesen Stand aufzubauen.

Die Messe in Cleveland war «mein Baby». Ich hatte alles organisiert und sollte diesen Messeauftritt managen. Ich war der Chef dort. Die gewaltigen Dimensionen der Ausstellungshallen hatten mich staunen lassen, aber zugleich meinen Ehrgeiz befeuert.

Punktgenau waren wir fertig geworden. Die Investition der Firma in diesen Messeauftritt sollte sich auszahlen. Dafür würde ich schon sorgen. Gleich würden die Messe-Tore geöffnet und die Besuchermassen hereinströmen. Als Verkäufer war ich ganz in meinem Element. Die Stimmung knisterte. Ich war angespannt, aber auf alles vorbereitet. Nur nicht auf das, was dann passierte.

Zehn Minuten bevor es losging, bekam ich eine Nachricht auf meinen Pager: «Ruf schnell zu Hause an!» Mir war sofort klar, da ist jemand gestorben. «Oma», dachte ich und rannte zur nächsten Telefonzelle. Mit zitternder Hand wählte ich die Schweizer Nummer. Am anderen Ende der Leitung hörte ich die Stimme meiner Freundin.

«Was ist los?», rief ich in die Sprechmuschel.

«Hans-Peter ist tot», sagte sie.

Mein Stiefvater war gestorben.

Von einem Moment auf den anderen war die Welt für mich nicht mehr die gleiche.

Hans-Peter tot, das war völlig unfassbar.

Während der Suche nach einem Telefon hatte ich schon um Oma zu trauern begonnen. Jetzt das. Mein Stiefvater war an einem Herzinfarkt gestorben.

Ich sehe mich noch da stehen, am Eingang der Messe, den Telefonhörer in der Hand. Genau in diesem Moment öffnete man die Tore und Menschenmassen fluteten die Ausstellungshallen. Eine riesige Menschenmenge schob sich an mir vorbei.

Mein Kreislauf sackte weg, ich wankte, mir wurde schwarz vor Augen. Ich drohte in Ohnmacht zu fallen, rang um das Gleichgewicht, konnte mich aber festhalten. «Du musst zurück zum Stand», war mein erster Gedanke, als ich wieder zu denken begann. Um mich herum Menschen über Menschen, aber ich kam mir völlig alleine und hilflos vor. Inmitten der riesigen Hallen und dem ganzen Getümmel fühlte ich mich wie der einsamste Mensch der Welt.

Ich habe keine Ahnung mehr, wie ich zu unserem Stand zurückgekommen bin. Ich war wie in Trance. Ich weiß nur, dass unterwegs ein innerer Film ablief.

Bilder, Erinnerungen, Gespräche zogen an meinem inneren Auge vorbei. Der Gedanke an unsere letzte Begegnung trieb mir die Tränen in die Augen. Ich schluchzte. Mein Stiefvater war oft in Amerika gewesen. Bei seinem letzten Besuch wollte er mich in New Jersey besuchen. Er hatte in Philadelphia zu tun und wollte von dort weiter zu mir nach New Jersey fliegen.

Ein Schneesturm machte seine Reisepläne zunichte. Mein Stiefvater saß in Philadelphia fest. Es herrschte Schneechaos. Die Autobahnen waren unpassierbar, selbst die Büros waren geschlossen. Auf den Straßen gab es kein Durchkommen. Aber das konnte mich nicht davon abhalten, zu meinem Vater nach Philadelphia zu fahren. Wenigstens versuchen wollte ich es.

Ein «Pontiac Grand Am» ist kein Auto für Schnee, schon gar nicht für Blizzards, aber das kümmerte mich nicht. Fünf Stunden war ich unterwegs, pflügte mich durch die geschlossene Schneedecke, schlitterte über Eisplatten, aber kam endlich wohlbehalten bei meinem Stiefvater an. Wir gingen in ein Restaurant und aßen gemeinsam Red Snapper. Ich weiß es, als wäre es gestern gewesen.

Anschließend übernachteten wir in Philadelphia im «Marriott». Wir schliefen im gleichen Zimmer. Er schnarchte wie verrückt. Morgens frühstückten wir gemeinsam und fuhren dann mit dem Aufzug in die Tiefgarage. Auf dem Weg zum Wagen hatte er auf einmal Tränen in den Augen. Ich hatte meinen Stiefvater nie zuvor weinen gesehen. An diesem Tag weinte er.

Plötzlich blieb er stehen, sah mir in die Augen und sagte: «Roy, ich bin sehr stolz auf dich! Ich bin stolz darauf, dein Vater zu sein. Ich weiß, dass du immer in der Lage sein wirst, für dich und deine künftige Familie finanziell zu sorgen. Pass gut auf deine Mutter und deine Schwester auf.» Mein Stiefvater war damals bereits von meiner Mutter geschieden, mit meiner Schwester lag er im Clinch. Er war Geschäftsmann, sie ein totaler Rebell. Das hatte für Konflikte gesorgt.

Während er so mit mir sprach, liefen ihm Tränen über die Wangen. Ich dachte nur: «Warum weint er denn jetzt? Wir sehen uns doch bald wieder.» Wir verabschiedeten uns, ich stieg in mein Auto und fuhr davon. Als ich noch mal zurückblickte, sah ich, wie er mir zum Abschied winkte.

Bei dieser Begegnung in Philadelphia habe ich zum ersten Mal in meinem Leben bei meinem Stiefvater Gefühle gesehen. Das berührte mich sehr und tat unfassbar gut, aber ich konnte es nicht einordnen.

Jetzt, nur wenige Wochen später, stand ich wie vom Blitz getroffen in einer riesigen Messehalle in Cleveland und wusste, dass unser Treffen in Philadelphia ein Abschied für immer gewesen war. Beim Gedanken an seine letzten Worte konnte ich meine Tränen nicht zurückhalten.

Tragen Engel Cowboystiefel?

Als ich an unseren Stand zurückkam, stand da ein fremder Mann. Er trug Cowboystiefel, beige Jeans, dazu ein weißes Hemd mit Country-Verzierungen. Seinen großen Cowboyhut hatte er tief in die Stirn gezogen. Ich kenne den Mann nicht. Er steht einfach da. Ich komme auf ihn zu und weine. Tränen laufen auf meinen Anzug. Da geht mir der Fremde entgegen, schaut mich an, nimmt mich in den Arm und fragt mit seiner tiefen Stimme: «What's wrong, son?», «Was läuft verkehrt, mein Sohn?»

In dem Moment brach ich innerlich zusammen. Mein ganzer Körper zitterte. Ich heulte Rotz und Wasser. Keine Ahnung, wie lange wir so standen. «Mein Vater ist gerade gestorben», schluchzte ich, als ich wieder ein Wort herausbrachte. Inzwischen waren mein Stellvertreter und meine Assistentin hinzugekommen. Sie hatten mich heulend bei diesem Cowboy stehen sehen und wussten nicht, was los war.

«Wir müssen uns jetzt um die Ausstellung kümmern», durchfuhr es mich. Der Fremde lächelte mild. «Oh no, son! You gonna go home now», «Oh nein, mein Sohn! Du gehst jetzt nach Hause», sagte er leise, aber bestimmt.

Seine tiefe Stimme klang warmherzig und liebevoll. Er drückte mich noch mal an sich, dann setzten wir uns. Er übernahm das Telefonieren und veranlasste, dass mir sofort ein Flug nach Zürich gebucht wurde. Der Cowboy organisierte mir ein Taxi und gab dem Taxifahrer den Befehl, mich bis zum Flugplatz nirgends aussteigen zu lassen. Vor meinem Hotel sollte er warten, bis ich meine Sachen gepackt hatte und wieder einstieg. «Du gehst mit ihm in den Flughafen hinein und begleitest ihn bis zum Check-in», wies er den Taxifahrer an. «Danach fährst du zu mir zurück und berichtest mir, ob alles geklappt hat.»

Der Cowboy tippte an seinen Hut und nickte, als wolle er damit den Taxidriver fragen, ob dieser alles verstanden habe. Der Taxifahrer kramte den Zündschlüssel seines Autos aus seiner Hosentasche und nickte kurz zurück. Gemeinsam verließen wir die Messehallen in Cleveland.

Bis heute weiß ich nicht, wer der alte Cowboy an unserem Messestand war. Ich weiß auch nicht, ob es Engel gibt, die Cowboystiefel tragen. Aber vorstellen könnte ich es mir. Dafür weiß ich seit Cleveland, wie wichtig es ist, dass im richtigen Moment jemand da ist, der einen in die Arme nimmt, der bittere Tränen aushält und sich liebevoll um einen kümmert.

Nicht jeder begegnet in solchen Situationen einem Cowboy,

wie ich es erlebt habe. Aber jeder kann in solchen Momenten für einen anderen zum Engel werden – dafür braucht es weder Cowboystiefel noch Flügel!

Ohne Pass von den Staaten in die Schweiz: Völlig unmöglich

Beim «Check-in» im Airport fehlte mein Pass. Der lag in meiner Wohnung in New Jersey. «Sie können nicht ohne Pass in die Schweiz reisen», sagte man mir. Schon der Tonfall verriet, dass es darüber nichts zu diskutieren gab. Ich durfte einchecken, um von Cleveland nach Cincinnati zu fliegen. Von dort ging es weiter nach Washington D.C. Inlandflüge ohne Pass wurden akzeptiert, aber von Washington D.C. nach Zürich gab es kein Weiterkommen.

Ich stand da wie betäubt. Dann raffte ich mich auf, ging zur Polizei und schilderte die Situation.

Zurück am Schalter versuchte ich erneut, meine Lage zu erklären. Der Mann blickte mich über den Rand seiner Brille an und tippte etwas in seinen Computer. «Tut mir leid wegen Ihrem Vater», sagte er. «Hier ist ihr Boarding Pass. Schade, dass Sie Ihren Pass im Flugzeug von Washington nach Zürich verloren haben. Beim Boarding haben Sie ihn noch gehabt. Save landing!» Ich traute meinen Ohren nicht. Am liebsten wäre ich ihm um den Hals gefallen, aber ich hielt es für besser, kein Aufsehen zu erregen.

Mit den anderen Fluggästen wartete ich darauf, dass das Boarding des Fluges nach Zürich begann. Da kam eine Frau in der Stewardessen-Uniform von «United Airlines» auf mich zu und sprach mich an:

«Mister Gerber?»

«Das darf doch nicht wahr sein. Im letzten Moment doch

noch aufgeflogen», schoss es mir durch den Kopf. Was würde jetzt passieren?

«Folgen Sie mir bitte, Mister Gerber», sagte sie zu meiner Überraschung ausnehmend höflich. «Herzliches Beileid zum Tod Ihres Vaters. Kommen Sie bitte mit.»

Gemeinsam betraten wir das Flugzeug. Sie führte mich in die 1. Klasse und wies mir den Fensterplatz in der ersten Reihe zu. «Was darf ich Ihnen zu trinken bringen?», fragte sie und lächelte.

«Gin Tonic», antwortete ich. Das war das Letzte, woran ich mich erinnere. Eine halbe Stunde bevor wir in Zürich landeten, weckte sie mich:

«Mister Gerber, ich bedaure sehr, aber wir können Ihren Pass im Flugzeug leider nirgends finden. Keine Ahnung, wo Sie ihn verloren haben. Kommen Sie bitte mit mir zur Passkontrolle. Dort klären wir das.»

Ohne Pass von den Staaten in die Schweiz zu kommen, das war für mich ein Wunder. Mitarbeiter amerikanischer Airlines haben seitdem bei mir einen Stein im Brett, auch wenn ich natürlich weiß, dass so etwas nach 9/11 heute völlig undenkbar wäre.

Neue Gewissheiten im Gepäck

Mein Stiefvater war ein reicher Mann. Die letzten Jahre seines Lebens hatte er allein gelebt. Bei der Testamentseröffnung war ich nicht dabei. Geerbt habe ich nichts. Das Geld hat mich nicht eine Sekunde lang beschäftigt. Wirklich schmerzhaft war, dass er mich in seinem Testament nicht einmal erwähnt hatte. So gut wie alle wurden erwähnt, ich nicht. Hätte in seinem Testament gestanden: «Ich habe meinem Sohn gesagt, dass ich stolz auf ihn bin, und ich weiß, dass er sich immer durchbringen wird», und hätte er vielleicht noch hundert Franken dazugegeben, ich wäre der glücklichste Mensch der Welt gewesen. Aber überhaupt nicht erwähnt zu werden, das war schlimm.

Heute bin ich für die letzte Begegnung mit meinem Stiefvater in Philadelphia unendlich dankbar. Dieses Treffen ermöglichte mir, meinen Frieden mit ihm zu machen. Ohne unser «Red Snapper»-Essen, die gemeinsame Übernachtung im Marriott und seine Tränen in der Tiefgarage des Hotels hätte ich es nicht verkraftet, dass er im Testament nicht einmal meinen Namen genannt hat. So kam ich damit einigermaßen zurecht und kümmerte mich im Wesentlichen um die Organisation seiner Beerdigung.

Während meines Trauer-Aufenthaltes in Zürich musste ich endgültig zur Kenntnis nehmen, dass meine Freundin einen neuen Freund hatte. Noch zu ihrem 30. Geburtstag war ich über Nacht in die Schweiz geflogen, hatte abends auf ihrer Party «New York, New York» spielen lassen und sie vor allen Gästen gefragt, ob sie mich heiraten wolle. Da hatte sie «Ja» gesagt.

Kurz darauf hatte sie es sich offensichtlich anders überlegt.

11. Meine Kulissen stürzen ein

Die Tage in Zürich waren traurig und schmerzhaft, aber für mich klärte sich dabei einiges. Ich wusste nun endgültig, meine Zukunft liegt in Amerika. Meine Ex-Verlobte liebte einen anderen. Auf sie brauchte ich nicht weiter zu warten. Meine Schwester war verheiratet und hatte ein enges Verhältnis zu meiner Mutter. Mein Stiefvater war tot, sein großes Vermögen hatten andere geerbt. Für mich war nicht nur im Testament kein Platz. In der Familie vermisste mich offenbar niemand.

Mit diesen Gewissheiten im Gepäck flog ich zurück nach New Jersey.

Als ich endlich in meiner Wohnung in Belmar ankam, war der Strom abgeschaltet. Im Postkasten steckten Rechnungen, Mahnungen und böse Briefe. Was war da los? Ich legte mich erst einmal hin, um meinen Jetlag in den Griff zu bekommen. Am nächsten Tag im Büro würde mir schon jemand erklären können, was hier passiert war. Zumindest hoffte ich das. Doch am Morgen im Büro wartete bereits eine andere Überraschung auf mich.

Mein Chef bat mich zu sich. Er drückte mir ziemlich steif und unpersönlich sein Beileid aus, aber das war nicht der Grund, warum er mich zu sich geholt hatte.

«Roy», sagte er, und seine Stimme klang ernst, «wir arbeiten für eine schwedische Firma, aber hier gelten die amerikanischen Gesetze.»

«Ja und? Was soll das heißen?», fragte ich irritiert.

«In den USA haben wir die ersten beiden Jahre keine Ferien. Stirbt ein nahes Familienmitglied, gibt es einen Tag frei. Du hast zwei Wochen Urlaub genommen. Eine Woche Urlaub steht einem in unserer Firma üblicherweise erst nach zwei Jahren zu. Du hast jetzt bereits zwei Wochen Urlaub genommen. Das heißt, dass du die nächsten vier Jahre keinen Anspruch auf Urlaub hast.»

Das konnte doch nicht wahr sein! Ich musste schlucken, aber ich fügte mich. Andere Länder, andere Sitten. Die Regelung traf im Unternehmen alle gleich. Das akzeptierte ich, auch wenn es mir überhaupt nicht schmeckte.

Die Ankündigung «Urlaubssperre» saß mir noch schwer in den Knochen, als ich mich auf den Weg zur Bank machte. Warum war mein Strom abgeschaltet worden?, wollte ich wissen. Andere Länder, andere Sitten. Das betraf auch Bankangelegenheiten. Auch diese Lektion musste ich lernen. Ich hatte meine Rechnungen gebündelt bei der Bank abgegeben und war davon ausgegangen, dass diese für mich beglichen würden.

In der Schweiz war das damals so üblich. Für das Checkbüchlein, das ich in Amerika bei der Kontoeröffnung erhalten hatte, wusste ich keine Verwendung. So etwas hatte ich vorher auch noch nie gesehen. Ich hatte keine Ahnung, dass man in Amerika damit Rechnungen bezahlt.

Die freundliche Filialleiterin, in deren Büro ich nun saß, musste lachen, als ich ihr das erklärte. «Wir sind die USA, nicht die Schweiz», gab sie mir zu verstehen. Offenbar fand Mrs. Peppe den Schweizer mit den merkwürdigen Vorstellungen vom amerikanischen Bankgeschäft ganz sympathisch. Jedenfalls griff sie zum Telefon und half mir, meine Stromversorgung wieder in Gang zu bringen und die offenen Rechnungen schnellstmöglich zu begleichen.

Während sie telefonierte und Anträge unterschrieb, fiel mir ein Familienfoto auf ihrem Schreibtisch auf. «Wer ist die rechts auf dem Bild?», fragte ich kess. – «That's Jennifer, Roy», antwortete sie und zog dabei die Augenbraue hoch. Ich ließ mich davon nicht beeindrucken. «Ist sie verheiratet?», wollte ich von Mrs. Peppe wissen. «Nein, ist sie nicht», erwiderte sie.

Vielleicht lag es daran, dass es nach den Ereignissen der letzten Woche für mich ohnehin nicht mehr viel zu verlieren gab. Jedenfalls fragte ich sie, ob sie Jennifer wohl meine Nummer geben würde. «I like you, Roy», entgegnete Mrs. Peppe, und nach einem kurzen Zögern fuhr sie fort: «Okay. Ich frage sie, ob sie dich anruft. Aber rechne besser nicht damit. Wahrscheinlich wird sie nur sehr wütend auf mich sein.»

Über Gefühle reden? Das verschlägt mir die Sprache

Sie irrte sich. Jennifer rief an. Wir trafen uns zum Lunch. Die Tochter von Mrs. Peppe war eine wunderschöne junge Frau. Ich weiß gar nicht, wie man sie am treffendsten beschreiben könnte. «Lässig» trifft es vielleicht am besten. Jennifer war echt lässig, aber nicht auf die plumpe Art, sondern dabei ausgesprochen stilvoll und durch und durch charmant.

«Erzähl mir von dir», bat sie mich.

«Ich bin National Sales Manager», legte ich los und wollte gleich das volle Programm abspulen. Von wegen meine Karriere bis jetzt und meine Karriere demnächst und überhaupt, was bin ich für ein toller Hecht.

Aber Jennifer unterbrach mich: «Erzähl mir von dir, Roy. Nicht davon, was du machst. Erzähl von deinem Herzen.»

Ich war perplex. «Erzähl von deinem Herzen»: Was sollte das denn heißen?

Jennifer schien meine Ratlosigkeit zu bemerken. «Was macht dich glücklich? Was macht dich traurig?», half sie mir auf die Sprünge.

«Wie bitte? Sie will über Gefühle reden?», dachte ich nur. Vor Fassungslosigkeit verschlug es mir die Sprache. Das kam bei einem Star-Verkäufer wie mir eigentlich nie vor. Aber jetzt fiel mir tatsächlich nichts ein, was ich hätte sagen können. Ich war völlig überfordert.

Über Gefühle reden? Mein Gott, was war das denn?

Ich hätte ihr erklären können, warum ihrem Leben etwas fehlt, solange sie sich nicht mit dem Thema Luftfiltration beschäftigt hat. Auch einen Kopierer oder ein Fax-Gerät hätte ich ihr problemlos innerhalb einer halben Stunde verkauft, möglicherweise sogar je zwei. Aber von meinem Herzen erzählen, darin hatte ich keine Übung. Was heißt keine Übung? Davon hatte ich absolut keine Ahnung.

Ich kam mir vor wie ein Analphabet, der aus einem Buch vorlesen sollte, das er zwar besaß, aber nie angeschaut hatte, weil er kein Wort darin verstand. Sicher, ich hätte Jennifer etwas vormachen können. Aber ich wusste genau: «Dieser Frau machst du nichts vor. Das merkt sie sofort. Lass es besser sein.» Also versuchte ich mich anders aus der Situation zu retten. «Warum fängst du nicht an?», lächelte ich sie an und hoffte, meine Verlegenheit würde nicht allzu sehr auffallen.

Sollte sie ihr aufgefallen sein, ließ sich Jennifer das zumindest nicht anmerken. Sie erzählte mir von ihrem Leben. Davon, was sie innerlich beschäftigte, worüber sie glücklich war und was ihr Kummer machte.

Ich hatte das so noch bei niemandem gehört. Kann sein, dass mir der Mund offen stand vor Staunen. Jedenfalls empfand ich einen tiefen inneren Frieden. Jemanden so offen, ehrlich und direkt über sich reden zu hören, das war einfach wunderbar.

Was hatte ich mich ein Leben lang bemüht, dass die Fassaden richtig stehen, damit nur ja niemand mitbekommt, wie es tief in mir drinnen aussah. Jetzt saß mir Jennifer gegenüber, der die Fassaden so was von egal waren. Sie wollte hinter meine Fassade schauen, um den Menschen dahinter kennenzulernen. Sie wollte mich kennenlernen, wirklich mich. Mich, den Roy Gerber, so wie ich wirklich war. Nicht den Star-Verkäufer von «Harris-3M», nicht den Verkaufsleiter von «PlymoVent».

Wusste ich selbst, wer ich bin? Zumindest hatte ich unglaublich viel Zeit und Energie investiert, um mich dieser Frage *nicht* stellen zu müssen. Ich war nicht nur ein brillanter Verkäufer, sondern auch ein begabter Kulissenschieber, der unter maximalem Krafteinsatz Kulissen um sich herum gebaut und verschoben hatte. Meine Karriere-Kulissen standen so stabil, dass ich selbst sie für die Realität hielt.

Sie meint ja wirklich mich

Jennifer hatte diese Kulissen mit einer einzigen Frage eingerissen. Trotz Business-Anzug kam ich mir auf einmal merkwürdig nackt vor. Da hatte jemand meine Seele berührt. Darauf war ich nicht vorbereitet.

In meinem Kopf drehte sich alles. Aber ich spürte, dieser Lunch mit Jennifer würde den Beginn einer Veränderung bedeuten, deren Ausmaß ich damals nicht im Geringsten erahnen konnte. Trotz meiner emotionalen Nacktheit fühlte ich mich einfach nur wohl an der Seite dieser Frau, die so selbstverständlich über Gefühle reden konnte wie ich über Luftfiltration.

Wir verließen das Lokal, die Sonne schien.

«Bist du schon mal in New York gewesen?», fragte Jennifer unvermittelt und warf die Haare in den Nacken.

«Ja», antwortete ich unsicher. «Aber New York ist gefährlich.»

Sie lachte: «Wollen wir mit dem Auto oder mit dem Zug fahren?»

Wahrscheinlich wäre ich mit ihr in diesem Moment auch zum Nordpol gefahren. Warum also nicht nach New York?

«Lass uns mein Auto nehmen», sagte ich und warf meine Sicherheitsbedenken rasch über Bord. Als wir vor meinem Pontiac standen, fuhr sie mich an:

«Das ist jetzt aber nicht dein Ernst?»

Ich zuckte zusammen.

«Warum?», fragte ich ahnungslos.

«Willst du mit dem Auto Eindruck auf mich machen? Nur damit du es weißt: Ich will *dich* kennenlernen! Nicht dein Auto und nicht deinen Beruf.»

Spätestens jetzt begriff ich, sie meinte das wirklich ernst.

Ich musste dreißig Jahre alt werden, um zum ersten Mal einem Menschen zu begegnen, der von mir nichts anderes wollte, als dass ich ganz ich selbst bin. Ich war fassungslos vor Staunen. Je besser wir uns kennenlernten, umso bewusster wurde mir, was mir mit und durch Jennifer geschenkt worden war. Ganz man selbst sein zu dürfen – völlig unverstellt, ohne jede Maske, mit allen Schwächen und Defiziten – und dennoch geliebt zu werden, das ist pures Glück. Damals begann ich, das zu begreifen.

Bis ich es endgültig verstanden hatte – nicht nur mit dem Kopf, sondern auch mit dem Herzen –, war es noch ein längerer Weg. Und es brauchte noch viele Gespräche mit Jennifer. Sie forderte mich immer wieder heraus, über meine Gefühle zu reden. Wir sprachen gemeinsam über alles, über unsere Träume, unsere Verletzungen, über unseren Glauben und auch über unsere Sexualität. Wir wurden ein Paar, und ihre Familie nahm mich herzlich auf. Ihre Mutter war Filialleiterin einer Bank, ihr Vater ein Mechaniker, der aus Italien eingewandert und zuvor bereits verheiratet gewesen war.

Sie lebten in einer Patchwork-Familie. Das war keine heile

Welt. Ein Kind war damals suchtkrank, ein Sohn ein schriller Homosexueller. Aber sie waren echt, sie waren herzlich, und sie brachten mir ehrliche Zuneigung und Wertschätzung entgegen. Das war eine wunderbare Erfahrung.

Expedition in eine unbekannte Welt

Vom jüdischen Philosophen Martin Buber stammt der Satz: «Der Mensch wird am Du zum Ich.» Hätte mir das damals jemand gesagt, hätte ich keine Ahnung gehabt, was damit gemeint ist. Philosophie war ohnehin nicht so mein Ding. Ich war in der Welt des Umsatzes und des Verkaufens zu Hause.

Philosophie, das war was für Leute mit zu viel Zeit. Für nicht bilanzierbare Gedankenspielereien hatte ich keine Zeit. Und Lust darauf hatte ich auch keine. Doch durch die Begegnung mit Jennifer Peppe war bei mir etwas in Bewegung geraten. Durch unsere gemeinsame Zeit begann ich, mich selbst kennenzulernen. Es war wie eine Expedition in eine mir unbekannte Welt. Als Neil Armstrong seinen Fuß auf den Mond setzte, wusste er mehr über den Mond als ich damals über mich, über die Welt meiner Gefühle, über das, was mein Herz im Innersten bewegte.

Es war, als hätte Jennifer mich zärtlich an der Hand genommen und mich auf meiner Entdeckungsreise zu mir selbst begleitet. Schritt für Schritt führte sie mich vorwärts, und ganz allmählich schärften sich meine Sinne für die Schönheit der inneren Welt, die sich mir da eröffnete.

Manchmal ist die längste Reise, die man unternehmen kann, die Reise zu sich selbst. Bei mir war das so. Ich war viel in der Welt herumgekommen, aber nie bei mir selbst angekommen.

Die Reise zu mir selbst begann erst mit Jennifer. Mit ihr

lernte ich mich selbst kennen. Um es mit Martin Buber zu sagen: Jennifer war mein Du, an dem ich zu mir selbst fand, an dem ich zum Ich wurde. Durch sie lernte ich mich selbst zunehmend kennen. Ich durfte ganz ich selbst sein und machte die Erfahrung, dass das gut genug war.

Das ging alles nicht von heute auf morgen. Aber durch Jennifer war ein Prozess angestoßen worden, der im Grund bis heute in Gang ist. Die eigene Identität zu entdecken, zu lernen, ganz man selbst zu sein – vielleicht ist dies das größte und spannendste Abenteuer im Leben überhaupt. Heute kann ich sagen, es ist auch die größte Herausforderung, die es gibt. Aber auch wenn es mitunter schwer ist, es gibt nichts Schöneres, als seine wahre Identität zu entdecken und sie zur Entfaltung zu bringen.

Eines Tages besuchte mich meine Mutter in New Jersey. Ihr Aufenthalt stand von Anfang an unter keinem sonderlich guten Stern. Ich wohnte in Belmar, New Jersey, in einer kleinen Zwei-Zimmer-Wohnung direkt am Meer. Als meine Mutter ankam, tobte ein heftiger Schneesturm. Wegen der Nähe zum Meer und des heranrollenden Sturmes riet die Polizei dazu, die Wohnung zu verlassen. Ich weigerte mich.

Wir verlebten eine stürmische Nacht. Als sich der Sturm gelegt hatte und ich meiner Mutter am nächsten Tag die Schönheiten meiner neuen Heimat zeigen wollte, war mein Pontiac gestohlen. Statt mit Sightseeing verbrachten wir viel Zeit bei der Polizei. Bis ich endlich einen Mietwagen organisieren konnte.

Jennifers Eltern hatten meine Mutter und mich zum Essen eingeladen. Ich freute mich darauf, Mami meine Freundin und deren Familie vorstellen zu können. Aber es kam anders als gedacht.

Meine Mutter reagierte eigenartig auf den gemeinsamen Abend mit Jennifers Familie. Sie streute Zweifel, ob Jennifer denn wirklich gut genug für mich sei. Auch die bunt-chaotische

Patchwork-Familie, deren Herzlichkeit ich so genoss, fand sie eher problematisch.

Die Haltung meiner Mutter machte mich sehr traurig. Ich konnte und wollte ihr Urteil nicht teilen. Aber so sehr ich mich auch dagegen sträubte, ihre Kritik verunsicherte mich. Der Stachel des Zweifels setzte sich in mir fest, und sein Gift begann zu wirken.

Jennifer und ich hatten so viel gelacht. Sie liebte mich dafür, wie ich wirklich war. In meinem Leben war ich nie so glücklich gewesen wie mit ihr. «Habe ich mir etwas vorgemacht? Habe ich etwas übersehen? Ja, sicher, die Familie ist schon nicht einfach. Vielleicht macht Liebe ja tatsächlich blind?» Meine Gedanken kreisten. Die Kritik meiner Mutter verwirrte mich. Ich war verunsichert. Ich war dabei, mich gerade selbst zu finden, aber besonders stabil stand ich noch nicht. Ohne dass ich es wollte, veränderte sich etwas in der Beziehung zu Jennifer. Erst unmerklich, aber mit der Zeit wurde es spürbar.

Beruflich war ich viel unterwegs. Oft war ich sieben oder acht Wochen am Stück verreist und dabei sieben Tage die Woche im Einsatz. Bis auf Hawaii und Alaska führte mich mein Job in sämtliche US-Bundesstaaten. Kontakte pflegen, Kunden besuchen, neue Kunden gewinnen: Die Geschäfte liefen gut.

Mit manchen Kunden verband mich inzwischen weit mehr als eine Geschäftsbeziehung. Immer wieder beeindruckte mich die Selbstverständlichkeit, mit der ich als Ausländer in die Familien aufgenommen wurde. Für sie war ich nie der Fremde aus der fernen Schweiz, sondern ein gern gesehener Gast, den man wie selbstverständlich in die Familie einlud.

12. Folgenschwerer Rechenfehler

Für Kunstinteressenten in aller Welt ist der Name Getty ein Begriff. Jean Paul Getty hatte als Ölmagnat Milliarden von Dollar verdient. Er war leidenschaftlicher Kunstmäzen. Seine Sammlungen haben Weltruf. Bilder vervielfachten ihren Wert nur schon dadurch, dass sie eine Weile in Besitz der Familie Getty waren.

Um die Sammlungen von unschätzbarem Wert angemessen präsentieren zu können, sollte in Los Angeles ein gewaltiges Getty-Museum gebaut werden. Unsere Firma bewarb sich um den Auftrag. In diesem Neubau sollten auch Kunstgegenstände von den besten Fachleuten restauriert werden. Wir wollten die Luftfiltration übernehmen. Mein Chef beauftragte mich mit der Angelegenheit und schickte mich nach Los Angeles.

Ich fraß mich regelrecht durch die Pläne der Architekten, um ein Angebot berechnen zu können. Aber je mehr ich auch rechnete, ich kam zu anderen Ergebnissen, als sie die Aufzeichnungen der Ingenieure und Stararchitekten, die für Getty am Werk waren, auswiesen.

«Da stimmt etwas nicht», war ich überzeugt und sprach mit meinem Chef. Der erklärte mir, wie man zu rechnen habe, und schickte mich nach Hause. Am Wochenende sollte ich mir die Pläne erneut vornehmen und alles komplett neu durchrechnen. Wieder wichen meine Rechenergebnisse von denen des Architekturbüros ab. Mein Chef zog einen Ingenieur unserer Firma hinzu. Wieder wurde nachgerechnet. Ich bekam recht. In die Getty-Pläne hatten sich Rechenfehler eingeschlichen.

Ehe das ruchbar wurde, war unser erhoffter Auftrag an eine

andere Firma vergeben worden. Das wollte ich nicht auf mir sitzen lassen.

«Hör auf», sagte mein Chef. «Der Auftrag ist weg. Sollen sich andere mit den Folgen der Rechenfehler rumschlagen. Uns braucht das nicht mehr zu kümmern.» Das sah ich anders, ich ließ nicht locker. Immer wieder rief ich im Architekturbüro an. Anfangs blieb ich in den Vorzimmern hängen. Irgendwann drang meine Information nach oben durch. Ich wurde zur Audienz in das renommierte Architekturbüro geladen. Da saßen dann die Jungs, die beruflich in einer völlig anderen Liga spielten. Ihnen gegenüber stand ein 30-jähriger Schweizer, der nicht vom Fach war, aber ihnen im Brustton der Überzeugung etwas von Rechenfehlern in ihren Plänen erzählte.

Am Ende mussten sie mir recht geben. Meine Hartnäckigkeit und meine Intervention sparte ihnen einen riesigen Betrag, und wir bekamen den Auftrag dann doch noch.

Das Projekt Getty-Museum in Los Angeles war seitdem mein «Baby». Ich war häufig in LA und lernte die Gegend, das Wetter und die Leute zu schätzen. Als Verkaufsleiter war ich dafür zuständig, im ganzen Land Wiederverkäufer für unsere Luftfiltrations-Anlagen zu finden.

Mit dem für Los Angeles zuständigen Wiederverkäufer verband mich bald ein freundschaftliches Verhältnis. Aufgrund der Getty-Geschichte galt ich in der Branche als Star und wurde entsprechend herumgereicht. Geld habe ich aber mit dem Getty-Projekt nicht verdient. Die Gewinne haben die Firmen vor Ort eingestrichen. Schließlich erhielt ich das Angebot, zu meinem Wiederverkäufer nach Los Angeles zu kommen und in seine Firma einzusteigen, um sie später zu übernehmen. Wir einigten uns vertraglich, aber ich versäumte, die mir zugesicherte Firmenübernahme vertraglich festschreiben zu lassen.

Als ich Jennifer von dem Angebot erzählte, von New Jersey

nach Kalifornien zu ziehen, reagierte sie sagenhaft spontan: «Okay, ich komme mit», sagte sie kurzentschlossen. «Wo du bist, da möchte auch ich sein. Bei dir will ich bleiben!»

Diese hundertprozentige Bereitschaft, mit mir zu gehen, ihr uneingeschränktes Ja zu einem Leben mit mir, hätten mich jubeln lassen müssen. Stattdessen fühlte ich mich – tja, ich weiß nicht wie. Ablehnung hätte ich managen können, damit hatte ich Erfahrung. Aber ihre bedingungslose Annahme meiner Person irritierte mich. Damit konnte ich nicht umgehen.

Zu den Zweifeln, die meine Mutter gesät hatte, kamen eigene Bedenken: «Bin ich gut genug für Jennifer? Kann ich ein guter Ehemann und Vater sein?» Niemals hatte ich daran gezweifelt, ein erfolgreicher Geschäftsmann zu werden. Was das heißt, wusste ich von meinem Opa und meinem Stiefvater. Aber Ehemann und Vater? Tauge ich dazu? Angst und Zweifel fraßen sich immer tiefer in mein Herz.

Obwohl ich wusste, dass mir nichts Besseres als Jennifer passieren konnte, beendete ich unsere Beziehung. Das klingt verrückt – und genau das war es auch.

Heute weiß ich, damals bin ich nicht meinem Herzen gefolgt, sondern den vielen anderen Stimmen, die mich innerlich beeinflussten und an mir zerrten. Damit kein Missverständnis entsteht, ich schiebe meine Entscheidung niemand anderem in die Schuhe. Ich gebe auch niemandem die Schuld. Sicher, mein emotionaler Radius war durch Erfahrungen in meiner Kindheit eingeengt. Die Zweifel meiner Mutter an Jennifer und an ihrer Familie taten ihr Übriges. Aber Schluss gemacht habe ich, niemand sonst.

Jennifer hatte mich auf dem Weg zu mir selbst begleitet, aber ich selbst war auf diesem Weg noch nicht weit genug vorangekommen. Ich hatte noch nicht verstanden, dass Verletzungen von früher nicht heilen können, wenn man sich ihnen nicht stellt, wenn man sie nicht aufarbeitet. Mit so etwas wollte ich mich nicht befassen. Dafür nahm ich mir keine Zeit.

Wahrscheinlich wusste ich insgeheim ziemlich genau, dass dieses Aufarbeiten wehtun würde. Ganz ohne Schmerzen gibt es keine Aufarbeitung und auch keine Heilung. Dessen bin ich mir heute mehr denn je bewusst. Damals wollte ich diesen Schmerz vermeiden. Also stürzte ich mich weiter in die Arbeit und konzentrierte mich auf meine Karriere. Das lenkte nicht nur wunderbar ab, es brachte auch zusätzliche Anerkennung.

Als ich schließlich nach LA gezogen war, fand ich mich rasch in einer neuen Beziehung. «Nur nicht allein sein, nur keine unangenehmen Gefühle hochkommen lassen. Immer schön an der Oberfläche bleiben und arbeiten bis zur Erschöpfung», so sah die Wirklichkeit aus. Meine Selbstwahrnehmung war eine andere. Ich sah mich vor dem nächsten großen Karriereschritt.

Los Angeles: Großes Kino, große Träume

Nun lebte ich südlich von LA in Orange County, arbeitete in der Firma meines früheren Geschäftspartners, die ich übernehmen sollte, und genoss den Lifestyle in Kalifornien. Sommer, Sonne, Superstars. Los Angeles war großes Kino. Und ich war mittendrin.

Meine Vier-Zimmer-Wohnung in Anaheim Hills war schön, aber es zog mich immer wieder ans Wasser. Das Meer hatte es mir angetan und einem alten Traum von mir neue Nahrung gegeben: Ich wollte ein Schiff haben. Nicht irgendeines. Kein kleines Motorboot, um damit ein bisschen durch die Gegend zu schippern. Nein, ein richtiges Schiff. Ich lebte ja nicht mehr am Zürichsee, sondern am Pazifik in Orange County. Da war alles größer – die Träume und die Yachten.

Ich fragte meine Schwester, an die das Erbe meines Stiefvaters im Wesentlichen gegangen war, ob sie mir einen Kredit geben würde, damit ich mir ein Schiff kaufen konnte. Wir machten einen Vertrag, ich sicherte ihr zu, den Betrag zurückzuzahlen, und konnte so das Schiff meiner Träume kaufen.

Ein mittleres und ein großes Schlafzimmer, eine Küche, zwei Bäder und zwei Steuermöglichkeiten. Ein Cockpit befand sich im Salon, ein zweites draußen auf der Flybridge: «Grüezi», so nannte ich mein Boot, war eine 35′ Cooper Prowler Sun Deck Yacht mit zwei Twin 5.7-liter-Dieselmotoren. Mit dieser Yacht konnte man sich sehen lassen. Auf dem Wasser und im Hafen.

Die Yacht wurde mein neues Zuhause. Acht Jahre lang lebte ich auf meinem Schiff. Es war eine sagenhaft schöne Zeit. An den Wochenenden fuhr ich raus auf den Pazifik nach Newport Beach und Long Beach oder verbrachte das Wochenende auf Catalina Island. Während der Woche hatte ich einen wunderschönen Bootsplatz im Hafen von Huntington Beach.

Durch das Schiff und das Leben am Yachthafen lernte ich viele nette Leute kennen. Freundschaften entstanden, Bekanntschaften wurden geknüpft, Feste gefeiert. Wenn ich morgens von meinem Boot aus auf das Wasser blickte und die Sonnenstrahlen sich wie tausend kleine Kristalle in den Wellen spiegelten, dann ging es mir prächtig. Ich wusste mich auf der Sonnenseite des Lebens angekommen.

Es war eigenartig: Ausgerechnet, als ich auf dem Wasser wohnte, begann ich in Amerika Wurzeln zu schlagen. Ich hatte aufgehört, mein Leben zu träumen. Ich begann meinen Traum zu leben.

Sich am Samstagabend mit Freunden zum Essen zu verabreden, gehörte für mich zu einem Wochenende wie meine Bootstouren. Diesmal fragte mich eine Bekannte, ob wir vor dem

Abendessen in die Kirche gehen wollten. Um 17.00 Uhr sei Gottesdienst, danach könnten wir schön essen gehen.

Etwas überrascht, willigte ich ein. An Gott hatte ich mein Leben lang geglaubt. Gott war für mich kein Problem. Er war einfach da, seit meiner Kindheit war er Teil meines Lebens gewesen. Aber er hatte für mich ungefähr die gleiche Bedeutung wie die Seeschlacht von Salamis oder die Gründung der Stadt Rom. Er war ein Faktum. Es gab ihn. Aber das war es auch.

Wahrscheinlich hatte die Weltgeschichte mit meinem Leben sogar noch mehr zu tun als mein Glaube. Der jedenfalls hatte keinerlei Einfluss darauf, wie ich lebte. Er war da wie ein Relikt aus der Kindheit. Wie ein altes Fossil, eine Versteinerung, die man als Kind irgendwann geschenkt bekommen hat und die heute als Briefbeschwerer auf dem Schreibtisch liegt, weil man sie nie weggeworfen hat – aus Sentimentalität, der Erinnerung wegen, warum auch immer.

Ich besaß eine Bibel, die mich bis nach Amerika begleitet hatte. Sie stammte von meiner Oma. Allein deshalb war sie mir «heilig», nicht wegen des Inhalts. Gelesen habe ich eigentlich nie darin. Wie gesagt, an Gott zu glauben machte mir kein Problem. Es störte mich nicht, zu beten oder dann und wann in die Kirche zu gehen. Das war wie ein Besuch im Museum. Ganz nett, aber ohne besondere Folgen.

Warum also nicht mit meiner Bekannten vor dem Dinner einen Gottesdienst besuchen? Das konnte ganz spannend sein. Zumal mich meine Eltern immer gewarnt hatten: «In Amerika gibt es viele Sekten. Nimm dich in Acht! Die wollen alle nur dein Geld. Und eine falsche Doktrin haben sie ohnehin.»

Mit diesem «Credo» im Ohr machte ich mich auf den Weg. Um 17.00 Uhr sollte die Veranstaltung beginnen. Ich wollte eine Stunde eher da sein, um mich umzusehen. Mein Ziel war klar: «Die entlarve ich als Sekte.» Sicherheitshalber nahm ich mein Portemonnaie aus der Gesäßtasche und steckte es in meine vordere Hosentasche. So fühlte ich mich ruhiger.

Dann setzte ich mich in eine der noch leeren Sitzreihen, sah mich um und hörte dem Chor zu, der sich gerade einsang. «Rund 150 Sängerinnen und Sänger dürften das sein», schätzte ich.

Weiter kam ich nicht. Mir schossen Tränen in die Augen. Die Schönheit dessen, was ich da hörte, traf mich mitten ins Herz. Ich kannte keines der Lieder, die den riesigen Kirchenraum erfüllten, aber die Stimmen schufen eine Atmosphäre von unglaublicher Intensität. Der Gesang berührte eine Seite in mir, die offenbar nur darauf wartete, angerührt zu werden.

Für mich gab es kein Halten mehr. Die Tränen flossen, ich weinte und war dabei zutiefst glücklich. Ich verstand mich selbst nicht mehr und wusste doch, dass dies ein wunderbarer Moment war, den ich nie wieder vergessen würde. Es war, als löste sich etwas. Noch heute habe ich keine Worte für diesen Augenblick, in dem der Gesang des Chores mich im Innersten traf.

Kein menschliches Wort hat die Kraft, die in der Musik liegt. «Die Sprache ist die Quelle aller Missverständnisse», hat Antoine de Saint-Exupéry formuliert. In der Tat, Worte können missverstanden oder falsch interpretiert werden. Die Musik, wie ich sie hier hörte, war völlig unmissverständlich. Sie war ehrlich, direkt, klar, rein und von faszinierender Schönheit. Sie brachte meine Seele in Schwingung, wie ich das nie zuvor erlebt hatte. Das war keine Überwältigung und kein Überrumpeln, wie man es von machtvollen Symphonien kennt, die einen wie ein Sturm überrollen können. Hier ließ der Gesang eines Chores eine geistliche Atmosphäre entstehen, die mich mitten ins Herz traf und die Sehnsucht nach Gott weckte.

Um 17.00 Uhr begann der eigentliche Gottesdienst. Meine Verabredung war pünktlich erschienen und einigermaßen überrascht, mich derart berührt und aufgewühlt in der Kirche sitzen zu sehen.

Als der Pfarrer zu predigen begann, hatte ich mich wieder halbwegs gefangen. Ich rechnete mit dem üblichen Sermon, der bei mir gewöhnlich ins linke Ohr hinein und durch das rechte Ohr wieder hinaus ging. Aber wie redete dieser Mann da vorne? Da stand einer vor gut 1.500 Gottesdienstbesuchern und sprach über seinen Ehekrach, den er seit zwei Tagen mit seiner Frau hatte. «Ich weiß, ich müsste mich entschuldigen, aber ich habe überhaupt keinen Bock dazu», sagte der Pfarrer am Mic.

«Wie redet der denn?», schoss es mir durch den Kopf. «Als es die letzten beiden Male zwischen uns gescheppert hat, habe jedes Mal *ich* mich entschuldigt», hörte ich den Prediger sagen. «Jetzt ist meine Frau dran.» Aber er sei traurig, dass er so denke, und überhaupt sei dieser Ehekrach nicht der einzige Mist in dieser Woche gewesen. Es sei noch einiges mehr schiefgelaufen. «Habt ihr eine problemlose Woche hinter euch?», fragte er in die Kirche hinein.

Dann erzählte er von seiner Woche, seinen Problemen und seinem Ringen. Allein könne er es nicht schaffen, aber er sei dankbar, dass Gott ihn liebe und er durch Jesus immer wieder Vergebung erfahre. «Ich behaupte nicht, dass es einfach ist», betonte er mit Nachdruck und fuhr fort: «Aber ich bin dankbar, dass ich durch Jesus Christus eine persönliche Beziehung zu Gott haben darf und alle meine Sorgen, Nöte und Schmerzen vor Gott bringen darf. Weil ich weiß: Für dich, Vater im Himmel, gibt es keine hoffnungslosen Fälle.»

Es fühlte sich an, als hätte er nur für mich gepredigt. Erst die Musik, dann die Predigt. Ich wusste nicht, was mit mir geschehen war. Ich saß da und konnte nicht aufstehen. Was war denn hier los? Ich hatte keine Ahnung.

Der Gottesdienst war zu Ende. «Jetzt kommt bestimmt das große Kasse-Machen», holte mich ein Gedanke zurück auf den Boden der materiellen Tatsachen. Ich rechnete mit einer Kollekte und wartete auf die große Kreditkarten-Maschine. Nichts dergleichen. Am Ausgang stand ein Körbchen. Wer wollte, warf etwas hinein.

An der Tür stand der Pfarrer und drückte mir die Hand. Er stellte sich vor: «Hey, ich bin Kenton Beshore.» Ich dankte ihm für die Predigt und sagte: «Ich glaube, Sie waren heute nur wegen mir da.» Er lächelte und meinte: «Es würde mich freuen, wenn du wiederkommst.» – Ich kam wieder. 14 Jahre lang wurde mir die Mariners Church in Irvine zur geistlichen Heimat. Sie wurde zu meiner Familie und zu meiner inneren Tankstelle.

Hier tankte ich auf für meine Touren auf den Straßen des Lebens.

Damals wusste ich nicht, wohin mich die *Roadmap* meines Lebens führen sollte. Wahrscheinlich war das besser so. Gut möglich, dass ich sonst kapituliert hätte und niemals losgefahren wäre. «Leicht ist es nicht», hatte der Pfarrer gesagt. Wie recht er damit hatte. Aber jetzt hatte ich zumindest eine Ahnung, wo man auftanken konnte.

13. Der Sound des Himmels

Der Gesang des Chores beeindruckte mich tief. Nach einigen Monaten wollte ich selbst dort mitsingen. Unter den Sängern waren begnadete Stimmen. Manchmal saß ich nur da, schloss die Augen und hörte ihnen zu. «So muss der Himmel sein», dachte ich dann und verdrückte Tränen der Rührung.

Ich war kein besonders guter Sänger, aber ich wurde willkommen geheißen und durfte mitsingen. Allerdings besuchte ich nur die Proben unter der Woche. Zu den Auftritten des Chores während der fünf verschiedenen Gottesdienste am Wochenende wagte ich mich nicht. Ich kam mir nicht gut genug vor, da vorne zu stehen und Gott zu loben. Und das bezog sich noch nicht mal auf meine eher bescheidenen Sangeskünste. *Als Mensch* kam ich mir nicht gut genug vor, mich da vorne hinzustellen. «Wenn die wüssten, wer ich wirklich bin ...», dachte ich.

Mein Lebensstil mit Frauen und Sex passte irgendwie nicht dazu, um vorne im Gottesdienst Loblieder zu singen, fand ich. Wenn Leute vom Chor nach den Proben noch etwas essen oder trinken gingen, seilte ich mich vorher ab. Ich liebte den Gesang und ließ mich davon berühren, aber wirklich dazugehörig fühlte ich mich nicht.

Irgendwann fragte mich Melanie Bernard, die Chorleiterin: «Hey Roy, warum kommst du nie an den Wochenenden?» Ich fühlte mich ertappt, aber ich war gut darin, Ausreden zu erfinden, sehr gut sogar. Zu meiner großen Überraschung brauchte ich keine. «Roy, ich möchte mich ja nicht aufdrängen, aber es würde mich freuen, dein Lächeln auch mal an einem Samstag oder Sonntag zu sehen. Und wenn mir das so geht, könnte ich mir vorstellen, dass das auch für andere gilt», fuhr Melanie fort.

Wie bitte? Was hatte sie eben gesagt? «Mein Lächeln zu sehen, würde ihr Freude machen», wiederholte ich still. Sie hatte nicht gesagt: «Du musst kommen. Wir brauchen eine Stimme mehr.» Sie hatte nicht gefragt: «Was ist mit dir nicht in Ordnung, dass du nicht kommst?» Kein Vorwurf, kein Auftrag, kein Druck. Einfach Freude.

Am nächsten Sonntag ging ich hin. Da stand ich nun unter 150 Sängerinnen und Sängern, und die freuten sich tatsächlich, dass ich gekommen war. Ich habe nichts geleistet. Ich war nicht der Star. Ich habe nichts gespendet. Ich war nur da, und sie freuten sich wirklich darüber. Unfassbar.

Die Erfahrung, angenommen zu sein, die Zuneigung, der gemeinsame Lobpreis und ich – mit all meinen Fehlern und Schwächen – mittendrin: Das war für mich ein übernatürlicher Moment. Egal ob schwarz oder weiß, klein oder groß, jung oder alt, krank oder gesund, reich oder arm: Alle waren geeint im Lob Gottes. In solchen Augenblicken konnte ich die Gegenwart Gottes förmlich spüren.

Was ich mir früher nie hätte vorstellen können, entwickelte sich wie von selbst: Der Besuch der Gottesdienste wurde mir zu einem Bedürfnis. Ich ging nicht hin, weil ich musste. Diese Pflicht-Religion kannte ich aus meiner Kindheit. Das war absolut nicht mein Ding. Ich ging hin, weil ich wollte. Weil ich spürte, dass es mir guttat. Weil ich dort auftanken konnte für den Alltag – mit all seinen Schwierigkeiten und Herausforderungen.

Ich genoss nicht nur die Musik und die intensive Atmosphäre. Immer wieder fand ich mich in besonderer Weise durch die Predigten angesprochen. Ein zentrales Motiv vieler Ansprachen beschäftige mich besonders: Christen hätten die Aufgabe, Hände und Füße Jesu zu sein, betonte Kenton immer wieder. «Seid nicht der Mund. Geredet wird unter Christen schon genug», war einer seiner Sätze, die bei mir besonders hängenblieben. «Seid Hände und Füße Jesu! Die werden gebaucht!» Der Pfarrer ermutigte uns, hinauszugehen und das wirklich zu leben.

Es gab unzählige Möglichkeiten, sich außerhalb der Kirche zu engagieren. Essen an Bedürftige verteilen, schwer erziehbare Kinder bei den Hausaufgaben unterstützen, Alleinerziehenden helfen oder einsamen alten Menschen zur Hand gehen: Kenton motivierte dazu, den Glauben nach draußen zu tragen. «Nicht weil wir müssen, sondern weil wir wollen.»

Von seinen Ansprachen ging große Ermutigung für das Leben außerhalb der Kirchenmauern aus. Sie drehten sich nicht um die mir altbekannten Pflichten, die Christen erfüllen sollten. Er sprach mit einer ganz anderen Dynamik und Leidenschaft. Die Mitte des Glaubens sei die persönliche Beziehung zu Jesus. Wer die Zuwendung Gottes und seine Liebe an sich selbst erfahre, den dränge es dazu, diese Liebe weiterzugeben, betonte Kenton. Das sprach mich an und befeuerte meine Neugier.

Die Mariners Church hatte vielfältige Hilfs-Angebote. Solche konkreten Lebens-Hilfen gaben Antworten auf die unterschiedlichen Nöte von Menschen. Diese Netzwerke praktizierter Nächstenliebe trugen dazu bei, nicht Kirche zu *machen*, sondern wirklich Kirche zu *sein*.

Familien helfen, sich um Obdachlose kümmern, Kranke besuchen: In der Tat, es gab unendlich viele Situationen, in denen Hände und Füße Jesu gebraucht wurden. Ja, es gab viel zu tun. Je häufiger ich darüber nachdachte, desto mehr fielen mir selbst ein. Aber es gab auch immer mindestens einen Grund, warum ich gerade jetzt nicht konnte. Und wenn ich in etwas wirklich gut war, dann darin, viele solcher Gründe zu finden.

Eines Tages stand ein großes Konzert unseres Chores an, genau genommen waren es zwei. Wir traten mit Darlene Zschech auf. Darlene stammt aus Sydney in Australien. Sie war und ist heute noch eine bekannte Sängerin und Lobpreisleiterin.

Tausende Besucher strömten zu den Konzerten. Vor dem Einlass standen die Leute in drei langen Schlangen um die gesamte Kirche herum an. Aufgrund der großen Nachfrage waren zwei Auftritte geplant, um 18.00 Uhr und um 20.00 Uhr. Wir sollten Ersatzkleidung mitbringen, wurde uns gesagt. Auch ein zweites Paar Schuhe. Nach dem ersten Konzert würden wir durchgeschwitzt sein. Dann hätten wir Kleidung zum Wechseln.

«Seid ihr bescheuert», dachte ich. Ein Hemd zum Wechseln ließ ich mir eingehen, aber sich komplett umziehen zu müssen, nein, das hielt ich für reichlich abwegig.

Von 16.00 bis 17.00 war der Soundcheck angesetzt. Wir sangen uns ein und probten mit einem riesigen Orchester, das unseren Gesang begleitete. Schon dabei entstand eine derart dichte, berührende Atmosphäre, dass es mir heiß den Rücken hinunterlief. Ich weiß, wenn man die Musik nicht selbst gehört hat, klingt das, was ich schreibe, abstrakt. Aber was diese Musik bei mir auslöste, war absolut konkret. Sie ging mir durch Mark und Bein.

Schon nach dem Einsingen war ich derart durchgeschwitzt, als hätte man einen großen Kübel Wasser über mir ausgeschüttet. Was war das? Manche im Chor sprachen von einer «Taufe durch den Heiligen Geist». Das konnte ich damals nicht einordnen. Aber ich fühlte mich tatsächlich, als hätte mich jemand komplett unter Wasser getaucht.

Freundlicherweise ging vor dem zweiten Konzert jemand für mich zu meinem Schiff, um mir neue Klamotten und neue Schuhe zu holen. Die alten waren nass, als hätte ich im Jordan gebadet. Wie es dazu kam, kann ich bis heute nicht sicher erklären. Sicher weiß ich aber, dass ich weder Drogen noch Medikamente noch sonst etwas genommen habe. Die starke Präsenz Gottes durch den Heiligen Geist, die ich in diesem Moment wahrnahm, ist für mich die einzig plausible Erklärung.

Keine Lösung in Sicht

Während meiner ersten Gehversuche in der neuen christlichen Gemeinde bemerkte ich, dass mein Chef, dessen Firma ich übernehmen sollte, geschäftlich Dinge trieb, mit denen ich nicht einverstanden war. Seine Methoden waren nicht unbedingt illegal, aber ich empfand sie als ethisch fragwürdig. Dabei wollte ich nicht mitmachen.

Mein Problem war nur, beruflich hatte ich ganz auf diese Karte gesetzt. Sie jetzt nicht zu spielen, stellte mich vor eine schwere Entscheidung: Entweder ich gehe zurück in die Schweiz, oder ich mache mich hier selbständig. Dazwischen gab es für mich nichts. Ich hatte es ein für alle Mal satt, nach der Pfeife anderer zu tanzen.

Bei «PlymoVent» in New Jersey hatte ich bereits gekündigt, bei meinem jetzigen Chef ging es für mich nicht weiter, weil mir seine Geschäftspraktiken gegen den Strich gingen. Als Verkaufsleiter hatte ich zahlreichen Wiederverkäufern unserer Produkte geholfen, richtig gut Geld zu verdienen. «Warum mache ich nicht selbst, was ich anderen Leuten die ganze Zeit geraten habe?», fragte ich mich.

Aber das war leichter gesagt als getan. Ich hatte weder Geld, um eine Firma aufzubauen, noch Produkte, die ich hätte verkaufen können. Um ein Unternehmen zu gründen, braucht es ausreichend finanzielle Ressourcen, damit man die ersten zwölf Monate überlebt, auch wenn Auftragseingänge auf sich warten lassen. Über solche Reserven verfügte ich nicht.

In meiner Ratlosigkeit besprach ich mich mit einem früheren Kunden aus Wisconsin, mit dem ich inzwischen befreundet war. Er versprach, zwei gute Produktlinien für mich zu besorgen. Damit könne ich starten. Fehlten nur noch Geld und Büro. Ein Schiff taugte nicht als Sitz einer Firma, die Luftfiltrations-Anlagen verkaufen sollte. Was also tun?

Mit solchen Gedanken beschäftigt, parkte ich meinen Jeep vor einem Einkaufszentrum. Es war Samstag, ich hatte ausgeschlafen, die Sonne stand schon recht hoch und blendete durch die Windschutzscheibe. Es hätte eines jener perfekten kalifornischen Wochenenden werden können, hätten mich nicht die Sorgen um meine berufliche Zukunft zermürbt. Heute hatte ich keinen Sinn für Sonne und Bootstouren. Ich wollte rasch einkaufen, zurück zum Boot, und dann musste irgendwie eine Entscheidung her, wie es weitergehen sollte.

«Vielleicht doch besser zurück in die Schweiz?», überlegte ich zum tausendsten Mal. Nur um diesen Gedanken gleich wieder zu verwerfen. So ging das nun seit Wochen. Eine Lösung war nicht in Sicht.

In meiner Not schloss ich die Augen und begann im Auto zu beten. Nicht formal wie früher, ich sprach Gott plötzlich ganz direkt an: «Vater, jetzt habe ich so viel von dir gehört. Es ist Zeit, dass du das, was ich gehört habe, für mich Realität werden lässt. Wenn du so bist, wie die sagen, dann muss ich es erleben. Dann muss ich dich ganz konkret spüren, um zu verstehen, was du willst. Gott, wo auch immer, wie auch immer, wann auch immer, mit wem auch immer. Aber bitte mach jetzt irgendetwas.»

Mein spontanes Gebet überraschte mich selbst. Ich öffnete die Augen. Vor mir stand ein Auto mit CH-Aufkleber, Schweizer Kreuz und Basler Wappen. Der Wagen gehörte einer älteren Dame. Ich stieg aus und ging auf sie zu.

«Entschuldigung, sind Sie aus der Schweiz?»

«Ja, aus Basel», antwortete sie freundlich.

Wir kamen ins Gespräch. Sie stellte sich vor. Ihr Name war Lilly, und sie war mir von Anfang an sehr sympathisch.

Ich schilderte ihr meine Situation. Keine Stelle, kein Einkommen, kein Erspartes. Zurück in die Schweiz – oder selbständig machen?

«Mein Mann ist Anwalt. Er hat sein Büro fünfhundert Meter entfernt von hier. Soweit ich weiß, ist in dem Gebäude gerade ein Büro zu vermieten. Möchtest du mitkommen, dann stelle ich dich meinem Mann vor», sagte sie und lächelte.

Ihr Mann war Holländer. Er hieß Jan Versteeg und war mir ebenso schnell sympathisch wie Lilly, seine Frau. Wir unterhielten uns auf Englisch.

Tatsächlich, in dem Gebäudekomplex war ein Büro frei. «Die Frau, die für die Vermietung hier zuständig ist, ist gerade oben. Gehe doch hoch, sprich mit ihr und schaue dir das Büro einfach mal an», riet der Anwalt mit sympathischem niederländischem Akzent. Noch vor wenigen Minuten hatte seine Frau unvermittelt vor mir gestanden. Vor einem Einkaufszentrum in Huntington Beach hatten sich unversehens die Wege zweier Schweizer gekreuzt. Nun stand ich plötzlich vor leerstehenden Büroräumen, die zu vermieten waren.

«Mein Gott, was geht hier ab?», durchfuhr es mich.

In diesem Moment stellte sich mir Susan Parker vor. Sie managte die Mietangelegenheiten in diesem Gebäudekomplex. Mrs. Parker zeigte mir die Räume: schöner Eingangsbereich, drei große Büroräume, dazwischen ein Durchgang. «Prima, aber viel zu groß und wahrscheinlich unbezahlbar», überlegte ich. – «Ich lasse Sie jetzt mal allein, dann können Sie das alles auf sich wirken lassen», sagte Mrs. Parker und zog sich diskret zurück.

Ich setzte mich auf den Boden. «Was willst du, dass ich tun soll?», wendete ich mich erneut an Gott. Ich hatte den starken Eindruck, ich solle diese Büroräume mieten. Keine finanziellen Ressourcen, noch keine Produkte und kein Businessplan. In dieser Situation so ein Büro zu mieten, war betriebswirtschaftlich gesehen nackter Wahnsinn.

«Vater, ich glaube, dass es dich gibt. Ich will nicht mehr das tun, was andere mir sagen. Ich will tun, was du von mir willst», setzte ich mein Gebet fort. Der Eindruck, dass ich das Büro mieten sollte, verfestigte sich. Mir wurde mulmig. In der Schule war ich nicht gut in Mathe gewesen, aber den folgenschweren Rechenfehler der Getty-Architekten hatte ich entdeckt. Die Sache war eigentlich eindeutig: Ohne die nötigen Finanzmittel ließ sich weder eine Firma gründen noch die Miete für dieses viel zu große Büro bezahlen.

Ich ging auf die Knie: «Vater, das macht keinen Sinn hier. Aber wenn du das wirklich willst, dann gib mir bitte ein Zeichen, das mir zeigt, dass das dein Wille ist.»

Es klopfte an der Tür. Susan Parker fragte nach, ob ich mich schon entschieden hätte. «Ich bin noch nicht so weit», platzte es aus mir heraus. Susan erzählte, sie hätte kürzlich mit einem Mann gesprochen, der in einer ähnlichen Situation sei wie ich. Auch er wolle sich selbstständig machen, aber die Büroräume seien ihm zu groß. «Vielleicht möchten Sie Kontakt mit ihm aufnehmen und sich die Büroräume teilen?», fragte sie.

Da sah ich einen Hoffnungsschimmer am Horizont. Das Büro zu teilen, war eine Option. Blieb noch die Frage nach der ersten Monatsmiete. «Sag es einfach», überkam mich ein Gefühl. «Wäre es denkbar, dass ich das Büro im ersten Monat umsonst haben könnte?», hörte ich mich sagen und bereute das gleich wieder. «Bist du jetzt komplett übergeschnappt?», schaltete sich mein kaufmännischer Verstand ein.

Susan Parker schien meine unverschämte Frage nicht besonders zu irritieren. «Da muss ich erst mit meinem Chef telefonieren», entgegnete sie ungerührt. Wenig später kam sie zurück: «Mein Chef ist einverstanden.»

Ich selbst verstand in diesem Moment gar nichts mehr. Auf einmal hatten sich meine eben noch unlösbaren Probleme in Luft aufgelöst. Nach menschlichem Ermessen war das völlig unmöglich. Aber hier hatte Gott seine Hand im Spiel, davon bin ich überzeugt. Und für Gott ist nichts unmöglich. Das sollte ich später noch viel besser verstehen lernen.

Kurz darauf lernte ich Denny kennen. Ein super Typ. Denny war in der Reisebranche tätig, verkaufte Skitouren in Kanada und andere Abenteuer. Gemeinsam mieteten wir die Büroräume. Wir halfen uns gegenseitig beim Zusammenbauen unserer ersten beiden Schreibtische, hatten viel Spaß miteinander und legten Seite an Seite los – jeder mit seiner eigenen Firma. Die meine nannte ich «Air Cleaning Solutions».

«Air Cleaning Solutions» hatte nun ein Büro. Produkte waren unterwegs, fehlte noch Gründungskapital. Woher nehmen? Ich kam auf den Gedanken, meinen leiblichen Vater in New Jersey anzurufen und um Starthilfe zu bitten. Das Gespräch endete mit einer jähen Enttäuschung. Geld stelle er mir nicht zur Verfügung, ließ er mich wissen. Ich könne einen Kredit über 20.000 US-Dollar haben. Den müsse ich mit Zinsen zurückzahlen.

Als ich das Telefon auflegte, war ich tief enttäuscht. Nie zuvor hatte ich meinen leiblichen Vater um etwas gebeten. Jetzt tat ich es, und er antwortete schroff mit einem «Nein». Das sagt viel über unsere Beziehung.

Seine Ablehnung hätte das Zeug gehabt, mich innerlich aus der Bahn zu werfen. Aber diesmal geschah etwas Merkwürdiges. Ich begann, meine Enttäuschung vor Gott zu bringen. Nicht mit frommen Worten, sondern ganz direkt und ehrlich, mit all der Bitterkeit, die ich empfand.

Es setzte etwas ein, das ich so nicht kannte. Ich begann meine Situation zu reflektieren: «Was ist der Vorteil, wenn er es dir gibt? Welche Nachteile ergeben sich daraus?» So zu denken, hatte ich nicht gelernt. Ich war immer der All-in-Typ gewesen. Ich spielte mit maximalem persönlichen Einsatz und setzte auf größtmöglichen Gewinn. Wenn es sein musste, ging ich mit dem Kopf durch die Wand. Die Wand musste erst erfunden werden, die mich hätte stoppen können.

Plötzlich ertappte ich mich beim sorgfältigen Abwägen von «Für» und «Wider». Was war das denn? War ich krank? Hatte ich etwas Falsches gefrühstückt? Aber es fühlte sich gar nicht schlecht an, die Dinge abzuwägen, mit Gott zu besprechen und dann erst zu reagieren.

Nach dem Telefonat mit meinem Vater hatte ich geschäumt vor Wut. Verärgert war ich zwar noch immer, aber ich sah die Sache nun mit mehr Distanz und aus einer anderen Perspektive. Bewusst entschied ich mich dafür, bei meinem leiblichen Vater einen Kredit aufzunehmen und das Geld zurückzuzahlen.

14. Mit Vollgas auf der Erfolgsspur

Ein Unternehmen braucht ein Logo. Aus Erfahrung wusste ich um den Wert eines guten Logos und fragte bei einem Grafikbüro an. 20.000 Dollar wollten sie für den Entwurf eines Logos haben. Die Summe entsprach meinem kompletten Startkapital. Also nahm ich selbst ein Blatt Papier zur Hand und zeichnete los.

Besondere künstlerische Kreativität konnte mir niemand nachsagen. Es gab sie nicht. Aber Not macht nicht nur erfinderisch, sondern auch kreativ. Ich zeichnete fünf Ringe auf mein Papier, vier waagrecht in Blau und in verschiedenen Größen – und dazu einen roten senkrecht. «Denkbar einfach, aber durchaus ansprechend», fand ich. Der Meinung waren Jahre später auch jene Grafik-Experten, die das Logo von «Air Cleaning Solutions» mit einem renommierten Design-Preis auszeichneten.

Die Geschäfte entwickelten sich gut. Die versprochenen exklusiven Produktlinien trafen ein. Kontakte wurden geknüpft, erste Aufträge an Land gezogen. Noch im ersten Monat bekam ich einen Auftrag, dessen Größenordnung alles sprengte, was ich in meiner bisherigen Karriere an Aufträgen akquiriert hatte. Warum dieser Auftrag ausgerechnet an mich ging, weiß ich bis heute nicht. Wahrscheinlich hatte mein Geschäftspartner ein Herz für Gründer. Nur so erklärt sich wohl auch, dass er aus freien Stücken anbot, mir fünfzig Prozent bereits im Voraus zu zahlen. So etwas war absolut unüblich.

Als dieser Auftrag unter Dach und Fach war, verließ ich abends mein Büro in Hochstimmung. Ich setzte mich in meinen Jeep, aber fuhr nicht los. Ich saß einfach nur da, völlig geplättet, weinte und dankte Gott.

Von außen klopfte es an die Scheibe: «Alles okay?», fragte jemand.

«Oh, yes! I'm just happy!»

Am Tag zuvor stand ich noch am Rande des Abgrunds, jetzt war der Erfolg zurückgekehrt. Alles innerhalb weniger Wochen. «Thank you, Dad», schickte ich ein Gebet zum Himmel, drehte den Zündschlüssel und fuhr zu meinem Boot. Der Gin Tonic an Deck schmeckte an diesem Abend sensationell. In diesen Stunden rundete ich damit nicht die Ecken meiner Tages-Probleme ab. Ich genoss ihn wie den Sonnenuntergang.

Die gute Auftragslage machte Mitarbeiter nötig. Ich musste schnellstmöglich jemanden anstellen. Wie wichtig fähige Leute sind, wusste ich nur zu gut. So betete ich, Gott möge jemanden schicken, der wirklich passt.

Auf meine Annonce meldete sich eine Roberta Rusinas. Wir vereinbarten einen Termin für ein Vorstellungsgespräch. Ich wartete gespannt, aber niemand erschien. Keine Absage, keine Entschuldigung, auch nicht am nächsten und übernächsten Tag. Die konnte mir gestohlen bleiben.

Eine Woche später klingelte mein Telefon. «Roberta Rusinas am Apparat», meldete sich eine selbstbewusste Stimme. «Ist die Stelle noch offen? Ich hätte noch Interesse.» – Was für eine Frechheit. «Wer glaubt die, dass sie ist?», schimpfte ich in mich hinein. Am liebsten hätte ich ihr den Kopf abgerissen, aber erstens geht das am Telefon schlecht, und zweitens entschied ich mich für ein subtileres Vorgehen.

«Wenn Sie mir einen einzigen vernünftigen Grund nennen können, warum ich Ihnen noch mal einen Termin geben sollte, denke ich darüber nach», sagte ich und fand mich wunderbar chefmäßig. «Sie sind nicht zum vereinbarten Vorstellungsgespräch erschienen. Sie haben sich nicht entschuldigt und melden sich eine Woche später und wollen die Stelle.» Empört legte ich eine Kunstpause ein und wartete ab, was passieren würde. – «Weil ich heute den Mut hatte, Sie anzurufen», nannte die Stimme am anderen Ende der Leitung den Grund für ihre erneut Jobanfrage.

Ich schluckte. Ihre Antwort beeindruckte mich. «Okay, dann kommen Sie.» Wir trafen uns. Ich stellte Roberta an. Sie wurde eine meiner engsten Mitarbeiterinnen und blieb bei mir bis zum Schluss. Ihr Mann und sie sind heute noch in der Branche tätig.

Umsatz und Gewinn gehen durch die Decke

Die Auftragslage entwickelte sich immer besser. Auch zu zweit war das nicht mehr zu schaffen. Ich musste mehr und mehr Leute anstellen. Der Erfolg potenzierte sich. Umsatz und Gewinn gingen durch die Decke. Das Büro wurde zu klein. Wir brachen Wände durch und belegten große Teile des gesamten Stockwerks.

Inzwischen arbeiteten drei Installateure, drei Leute für Telemarketing und fünf Mann im Außendienst für meine Firma. Das reichte nicht aus, um die Nachfrage zu bedienen. Wir wurden größer und größer. Zusätzliche Mitarbeiter für Backoffice, Innendienst und Buchhaltung wurden eingestellt. Ehe ich mich's versah, war aus der mittellosen One-Man-Show ein millionenschweres Unternehmen geworden.

Ein Selbstläufer war das nicht, ich arbeitete knallhart, aber ich profitierte auch von meinen bisherigen Berufserfahrungen. Die Schinderei der vergangenen Jahre begann sich auszuzahlen. Jetzt, wo ich selbst der Boss war und mir niemand mehr reinquatschte, was ich tun sollte, fühlte ich mich in meinem Element. Ich war im Flow, und der wachsende Erfolg pushte mich weiter vorwärts.

Ich genoss mein Leben in vollen Zügen. Ich arbeitete viel, engagierte mich in der Gemeinde und frönte weiter meiner Leidenschaft für schöne Frauen. Irgendwie brachte ich das alles mit meinem neu entdeckten Glauben unter einen Hut. Was wohl daran lag, dass ich zu dieser Zeit Geld, Frauen und Gott in gleicher Weise anbetete. Alle drei «Gottheiten» schienen mir unterschiedslos verehrungswürdig.

Ich verpasste keinen Gottesdienst, sang weiter im Chor, liebte mein Leben und die Frauen, die bei mir landeten. Einen Unterschied zu früher gab es allerdings: Seit ich in Amerika war, hatte ich nie mehr eine Affäre und auch nie mehr Sex mit einer Prostituierten. War ich mit jemandem zusammen, dann war das oft nicht von langer Dauer, aber ich hätte nebenher nie mehr etwas anderes angefangen. Auch Frauen, die einen Ring trugen – ob verlobt oder verheiratet –, waren für mich nun absolut tabu.

Meine «rechte Hand» Roberta und meine Buchhalterin Yetta – beide waren befreundet – meinten, mit Mitte 30 benötige mein Lebensstil eine gewisse Konsolidierung. Anders ausgedrückt: Den beruflichen Erfolg hätten sie mir gerne auch privat gewünscht. Sie beschlossen, eine Frau für mich zu suchen. Sollte das scheitern, wollten sie mir wenigstens einen Hund beschaffen.

Das Vorhaben mit der Frau erwies sich als schwierig. Aber beim Hund ließen die beiden nicht locker. Dass man beim Gassi-Gehen vielleicht auch eine nette Frau finden könnte, gehörte wohl mit zu ihren Überlegungen.

Von meinem Schiff war ich inzwischen in eine Mietwohnung direkt am Hafen von Huntington Beach umgezogen. Riesiger

Balkon, fantastischer Blick auf das Wasser und die wunderschönen Schiffe im Hafen – und mein Boot hatte ich ganz in der Nähe. Was die Wohnung betraf, kam ein Hund durchaus in Frage, und wirklich abgeneigt war ich auch nicht.

Die Frühlingssonne strahlte, und ich machte mich auf zu einer Züchterin. Sie hatte sich auf die Zucht von Golden Retrievern spezialisiert und lebte etwas abseits zwischen LA und San Diego. Wer schon mal Retriever-Welpen gesehen hat, weiß, dass es keinen Sinn macht, bei einem Züchter nur mal schauen zu gehen. Wenn da vier, fünf Welpen auf dich zustolpern, willst du sie am liebsten alle gleich mitnehmen. Genauso ging es mir jetzt. Also setzte ich mich auf den Rasen und betete: «Dad, give me the right dog», «Schicke mir bitte den passenden Hund!»

«Welcher gefällt Ihnen denn am besten?», wollte die Züchterin wissen.

«Keine Ahnung, die sind alle unglaublich süß. Wie soll ich mich da entscheiden?», zuckte ich mit den Schultern.

Da kam von hinten ein kleiner Welpe herangewackelt, der bisher noch nicht zu sehen gewesen war.

«Nicht den», mahnte die Züchterin, «den behalte ich. So einen Hund habe ich noch nie gesehen.»

Der Hund kam auf mich zu und legte sich in meinen Schoß.

«Nanu, der ist noch nie rausgekommen, wenn andere Leute da waren», sagte die Züchterin. Der Welpe schmiegte sich an mich und legte seinen Kopf an meine Brust.

«Den will ich», sagte ich in dem Moment, «keinen anderen.»

«Ich glaube, er möchte auch zu Ihnen», erwiderte die Züchterin.

Bevor ich meinen Hund abholen konnte, hatte ich noch einiges zu erledigen. Als ich wiederkam, erzählte mir die Züchterin, der Hund habe sich nicht mehr von der Stelle bewegt, an der er mit mir gesessen hatte. Sie musste ihn wegtragen.

Nun brauchte mein Hund einen Namen. Ich betete und schlug die Bibel auf. Meine Augen fielen auf einen Text, in dem es um einen Ziba ging, den treuesten Gefährten von David. «Ziba», das gefiel mir sofort. Ein treuer Gefährte, das passte auch.

Tatsächlich wurde mir Ziba zum treuesten Gefährten, den man sich vorstellen kann. Wir gingen miteinander durch dick und dünn. Egal wie stark mir der Sturm entgegenblies, Ziba wich mir nie von der Seite. Ziba war es letztlich, durch die ich zu meiner Berufung fand.

Bei Menschen, die keinen Hund haben, gilt man schnell als durchgeknallt, wenn man sehr für seinen Hund schwärmt. Das nehme ich gerne in Kauf. Ziba jedenfalls war ein ganz besonderer Hund. Das sollte sich später noch vielfach zeigen. Als sie bereits zum Therapiehund ausgebildet war und ich mit ihr schwerkranke Kinder im Krankenhaus besuchte, lief mir einmal eine Ärztin über den Weg.

«Wie heißt Ihr Hund?», fragte sie mich.

«Ziba heißt sie, Frau Doktor», antwortete ich.

«Ziba?» Sie schaute mich entgeistert an. «Heißt sie wirklich Ziba?»

«Ja, so ist es.»

«Haben Sie ihm den Namen gegeben?»

Ich nickte.

«Sprechen Sie Farsi?», wollte sie nun von mir wissen.

«Kein Wort», entgegnete ich.

«Wissen Sie, was Ziba auf Farsi heißt?», strahlte sie mich an.

Jetzt war mein Interesse geweckt.

«Nein, was denn?», wollte ich wissen.

«Ziba ist auf Farsi das höchste Wort für Schönheit», erklärte mir die Ärztin. Sie lächelte und ging weiter. Seitdem ich das wusste, gefiel mir Zibas Name noch viel besser.

Ziba war immer an meiner Seite. Egal ob auf dem Schiff, im Büro, im Auto oder in der Wohnung. Dort sowieso. Privat fuhr ich einen schweren 7er BMW, dort hatte Ziba ihren festen Platz.

Wenn ich mit ihr rausfuhr, um am Strand spazieren zu gehen, nahm ich einen der Pick-ups meiner Firma. Da saß sie dann hinten auf der Ladefläche und ließ sich den Fahrtwind um die Hundeschnauze wehen.

Am Dog Beach in Huntington Beach konnte man Hunde frei laufen lassen. Da zog es uns immer wieder hin. Strand, Wasser, Wellen: Retriever sind Schwimmhunde. Es gab für uns nichts Schöneres, als gemeinsam am Strand entlang zu toben.

Ziba schüttelte sich gerade das Wasser aus ihrem länger gewordenen Fell, da sprach uns eine Frau an. Auch sie war mit ihrem Hund unterwegs. Unsere Hunde beschnupperten sich, wedelten freudig und begannen einander wild durch den Sand zu jagen.

«Hallo Roy, hallo Ziba», grüßte sie.

Woher kannte sie unsere Namen? «Woher könnte ich diese Frau kennen?», quälte ich meine grauen Zellen. Das konnte nicht wahr sein. Es fiel mir einfach nicht ein.

«Woher kennen wir uns?», fragte ich verlegen.

«Von hier», sagte sie.

«Das kann nicht sein», gab ich zurück. «Das ist völlig unmöglich. Eine so schöne Frau wie dich hätte ich niemals vergessen.»

Sie lachte. «Mein Name ist Jenny Dean. Wir kennen uns hier vom Strand», beharrte sie. Es sei schon eine Weile her, dass wir uns begegnet seien. Damals sei sie noch mit ihrem Verlobten unterwegs gewesen. Inzwischen hätten sie sich getrennt.

«Tut mir leid», sagte ich höflich. Innerlich ließ ich einen Schampuskorken knallen.

Unsere Hunde verstanden sich prächtig, wir unterhielten uns

lange und verabredeten uns schließlich zu einem Treffen am darauffolgenden Wochenende.

Just an diesem Tag stand mein Umzug nach Corona del Mar an. Die Vermieter meiner Wohnung hatten Eigenbedarf angemeldet. Ich musste raus und nutzte die Gelegenheit, mich zu vergrößern. Ich zog in ein schönes Haus in Corona del Mar. Auf die Gegend hatte ich schon länger ein Auge geworfen. Das ist eine jener traumhaften Ecken in Orange County, in der man besonders gerne wohnt, wenn man sich das leisten kann. Inzwischen konnte ich es mir leisten.

Um 19.00 Uhr sollte Jenny kommen. Fünf Minuten vorher war der letzte Umzugskarton aus den Zimmern verschwunden, und ich war jetzt vollständig eingerichtet. Punktlandung! Jenny wollte nicht glauben, dass ich hier nicht schon länger wohnte. Und ich war mächtig stolz, Eindruck mit meinem neuen Haus zu machen.

Wir aßen Sushi in einem schönen Restaurant. Wir lachten viel und erzählten uns aus unserem Leben. Nicht ein einziges Mal fragte sie mich, was ich beruflich mache. Ich bewunderte sie, wie sie frei von Bitterkeit über ihren Ex-Verlobten sprach. Jenny war nicht gläubig. Wahrscheinlich hat sie sich deshalb über meinen Glauben doch ein wenig gewundert. Aber das war kein Hindernis. Wir fanden so viel mehr, was uns verband.

Wir verließen das Restaurant und gingen zum Strand. Leuchtend versank die Sonne im Pazifik. Die ersten Sterne blinkten am Firmament. Ich legte meine Arme um Jenny. Wir schlossen die Augen und küssten uns. Hätte man sein Leben anhalten können, um einen unfassbar glücklichen Moment für immer festzuhalten, hätte ich es an diesem Abend getan.

Einen Monat später zog Jenny bei mir ein. Von Beruf war sie Grafik-Designerin. Aber unsere Jobs spielten in unserer Beziehung keine große Rolle. Sofern man davon absah, dass ich beruflich sehr viel unterwegs war.

Wenn wir zusammen waren, war es fantastisch. Wir verstanden uns blind, lachten viel, hatten gemeinsam Spaß, redeten viel miteinander, hatten richtig guten Sex und unternahmen großartige Reisen.

Es ärgerte mich, dass ich beruflich viel unterwegs sein musste. So konnte ich meine Zeit nicht mit Jenny verbringen. Andererseits stachelte unsere Beziehung meinen Ehrgeiz weiter an. Ich wollte noch mehr Geld verdienen, um dieser Frau etwas zu bieten. Jenny war das gar nicht so wichtig. Mir dafür umso mehr. Ich wusste genau: «Diese Frau kann jeden haben. Also gebe ich mir besser Mühe, damit sie bei mir bleibt.»

Je mehr ich geschäftlich mit dem Auto reiste, desto mehr frustrierten mich die ständigen Staus. Die kosteten nicht nur teure Arbeits-, sondern auch wertvolle Jenny-Zeit. Das wurmte gewaltig. Was tun? Saß man nicht alleine im Auto, durfte man eine separate Spur benutzen, die sogenannte «Carpool»-Spur (Spur für Fahrgemeinschaften), und musste nicht im Stau stehen. Diese Regel im Straßenverkehr brachte mich auf eine Idee. Ich stellte einen Chauffeur ein. Damit hatte ich freie Fahrt, keine Parkprobleme mehr und konnte unterwegs arbeiten.

Noch besser: Wenn wir abends ausgingen, musste ich nie mehr einen Parkplatz suchen, keiner von uns musste auf alkoholhaltige Köstlichkeiten verzichten, und unser Chauffeur holte uns nach Ball, Gala oder Dinner mit frisch gewaschenem Auto ab. Ein Chauffeur war nicht nur ungemein praktisch, er polierte auch das Ansehen in der Öffentlichkeit auf Hochglanz.

In unserer Nachbarschaft wohnten einige Hollywood-Größen und etliche Baseball-Stars. Man traf sich und sprach miteinander. LA war voller Festivals, Partys und Gala-Veranstaltungen. Ab einer gewissen Prominenz und/oder entsprechenden finanziellen Möglichkeiten lief man sich immer wieder über den Weg. Ob bei Bällen in Hollywood, Charity-Events in Downtown LA oder eben in der Nachbarschaft. Wir trafen uns mit Sandra Bullock, Cameron Diaz und vielen Top-Verdienern aus der Baseball-Szene.

Die Idee mit unserem Chauffeur gefiel und machte die Runde. Es gab Nachfragen und Anfragen, ob man ihn nicht mal ausleihen könne. Für mich war das der Anlass, meine zweite Firma zu gründen: «Private Driver» wurde mein nächster großer unternehmerischer Erfolg.

Auch die zweite Firma brummt

Ich stellte Chauffeure ein und vermietete sie nach Stundensätzen. Wir postierten ein paar unserer Chauffeure vor tolle Limousinen, schossen Fotos, und Jenny gestaltete mit den Bildern einen eleganten Werbeflyer.

Die Nachfrage sprengte meine kühnsten Vorstellungen. Nach kurzer Zeit musste ich zwei General Manager anstellen, um die Geschäfte überhaupt noch koordinieren und überblicken zu können.

«Private Driver» lief sozusagen «nebenbei». Meine Hauptaufgabe lag weiter bei «Air Cleaning Solutions». Auch da brummte der Laden. Was nicht heißt, dass ich nicht auch jene Momente des Unternehmer-Seins kannte, die einem schwer an die Nieren gehen. Täglich war ich ab 7.00 Uhr im Büro, ich ackerte und rackerte, und doch, es gab auch Monate, da trieben mir die Gehaltszahlungen an meine Angestellten den Angstschweiß auf die Stirn. Da fehlte noch der Zahlungseingang eines Großkunden, hier war trotz Mahnungen noch immer nicht bezahlt worden, dort hatte eine Bestellung große Ausgaben erzeugt –

aber meine Leute wollten ihren Lohn, und sie sollten ihn pünktlich bekommen.

Bei mehr als fünfzig Angestellten ist jeder neue Monat eine neue Herausforderung. Sich auf den eigenen Lorbeeren auszuruhen, wäre unternehmerischer Selbstmord gewesen. Das Rad musste am Laufen gehalten werden. Weiter, weiter, immer weiter. Dafür hieß es Tag für Tag Vollgas geben.

Je größer die Firma wurde, desto größer wurden auch die finanziellen Verpflichtungen. Wenn es eng wurde und ich nicht mehr weiterwusste, suchte ich Hilfe im Gebet. Mehr als einmal habe ich erleben dürfen, dass Gott einen auch in solchen Momenten nicht hängen lässt.

Jeden zweiten Freitag ging ich zu all meinen Angestellten, drückte jedem persönlich seinen Gehaltszettel in die Hand, bedankte mich für die Arbeit und erkundigte mich nach der Familie – so wie früher mein Opa. Sein Vorbild wirkte nach.

Eines Tages stand ich am Strand und ließ meine Blicke über den Pazifik gleiten, als meine Mutter anrief und mir mitteilte, dass Oma gestorben sei. Für mich war das, als wäre nun endgültig eine Verbindung in meine Familie gekappt worden. Eine Verbindung, die in besonderer Weise auch meinen Glauben betraf. Immer wieder hatte ich mit Oma telefoniert und mich verstanden gefühlt. Damit war es nun unwiderruflich vorbei. Es fühlte sich an, als stünde ich plötzlich alleine da mit meinem Glauben und meinen Firmen. Sicher, Jenny stand mir zur Seite, aber sie ging hauptsächlich mir zuliebe mit in die Gemeinde.

Das empfand ich als nicht sonderlich tragisch. Sie kam ja immerhin mit. Außerdem hatten wir viele andere Gemeinsamkeiten. Schöne gemeinsame Urlaube gehörten zu den Sternstunden unserer Beziehung. Wer derart schuftete wie ich, der ließ es im Urlaub entsprechend krachen. Da durfte es an nichts fehlen. Jenny sollte es gut gehen, ich wollte sie verwöhnen, so gut es nur ging.

In diesem Winter reisten wir zum Skiurlaub in die Schweiz. Außerdem wollte Jenny meine Familie kennenlernen. Jenny gefiel die Schweiz. Schon am zweiten Tag überraschte sie mich. «Roy, ich will in die Schweiz ziehen. Das ist paradiesisch hier.» Es war nicht meine Art, Jenny irgendwelche Wünsche abzuschlagen. Aber diesmal musste ich zumindest um Geduld bitten. «Ich habe zwei Firmen in Amerika. Ich kann nicht so einfach wegziehen», bat ich um Verständnis und Geduld.

15. Risse in der Hochglanz-Welt

Es begann eine Zeit der großen Selbstverständlichkeiten. Es war selbstverständlich, dass Jenny meine Partnerin war. Es war auch selbstverständlich, dass es uns an nichts fehlte. Und es war selbstverständlich, dass ich beruflich sehr erfolgreich war.

In der Schweiz hatten wir im Urlaub bei meiner Schwester auf «Samina»-Betten geschlafen. Jenny fand das Bett großartig. Zurück in Amerika wollte ich uns welche kaufen. Zu meiner Verblüffung gab es die in den Staaten aber nicht. Die Firma Samina hatte dort keine Wiederverkäufer. So gründete ich meine dritte Firma und wurde Generalimporteur für die gesamte USA. Der innere Teil der Betten kam aus Österreich, Bettgestelle ließ ich in der Schweiz fertigen, in Amerika hatte ich einen Showroom und mischte mit der neuen Marke den US-Markt auf.

Auch wenn man mit Betten Geschäfte macht, der Erfolg kommt nicht im Schlaf, sondern nur durch harte Arbeit. Und die Arbeit wurde immer mehr. Nun hatte ich drei Firmen gleichzeitig zu managen. Wer schon mal mit drei Bällen jongliert hat, weiß, welche Konzentration das erfordert. Bei drei Firmen ist das noch mal ein ganz anderer Kraftakt. Ich versuchte, alle meine Bälle in der Luft zu halten, gleichzeitig erhöhte sich das Tempo, in dem ich das alles jonglieren musste. Aufträge generieren, Umsätze steigern, Personalausgaben unter Kontrolle halten, Gewinne investieren: Jeder Monat war eine neue Herausforderung. Man begann gewissermaßen immer wieder bei Null und musste es sich von neuem beweisen.

Das Hamsterrad drehte sich immer schneller, und der Hamster, der es in Schwung hielt und wie verrückt rannte, hielt sich selbst für Superman.

Wahrscheinlich hätte ich nie behauptet, dass ich tatsächlich Superman bin. Aber dass man Superman und mich nie gemeinsam in einem Raum gesehen hat, hätte meinem Umfeld durchaus zu denken geben sollen. Der Erfolg blies mein Ego auf. Ich sah nur noch mich selbst, mein Geld und Jenny. Gott war auch da, aber hätte er gerade keine Zeit gehabt, wären mir mein Geld und meine Freundin genug gewesen.

Wäre ich nicht so auf meine Firmen und das «Money-Making» fixiert gewesen, hätte ich vielleicht bemerken können, wie meine schöne, glitzernde Roy-Gerber-Erfolgs-Welt erste Haarrisse bekam. Ich merkte es nicht. Liebe macht blind, sagt man. Ich kann heute sagen: Geld macht noch blinder – vor allem, wenn es um Beziehungen geht.

Nach außen schien alles perfekt. Ich lebte genau den Amerikanischen Traum, den viele träumen, die über den Großen Teich kommen. Mein Traum war Wirklichkeit geworden. Es fehlte an nichts. Zumindest schien das von außen so.

Innerlich aber war ich nicht wirklich zufrieden, der permanente Stress machte mich zunehmend unfähig, mein Leben zu genießen. Ich war nicht mehr im Augenblick, sondern in Gedanken meist schon zehn Schritte voraus – im nächsten Meeting, beim nächsten Kunden, beim übernächsten Auftrag. Ich verpasste es, zu realisieren, was ich hatte, weil ich so damit beschäftigt war, das Rad am Laufen zu halten.

Ohne es zu merken, fiel ich in meine alten Leistungsmuster zurück. Strukturen, von denen ich meinte, ich hätte sie längst hinter mir gelassen, brachen wieder durch.

Ich jagte dem jeweils nächsten großen Auftrag hinterher, als ginge es um mein Leben. Die Chor-Termine waren mir zu viel geworden. Ich ging nicht mehr hin. Ohnehin musste ich mehr Zeit in meine Unternehmen investieren. Gutes Zeitmanagement war bares Geld.

In der Beziehung mit Jenny nahmen Spannungen zu. Fragen verstand ich als Angriffe. Anstatt hinzuhören, um was es ihr eigentlich ging, benahm ich mich wie in der Firma und spielte den Feuerlöscher: «Du hast ein Problem, hier ist die Lösung. Bin ich nicht toll, Schatz?!»

Ich begann, mein Privatleben wie meine Firmen zu managen, und nahm Jennys Bedürfnis nach Nähe und Präsenz immer weniger wahr. Es hätte völlig ausgereicht, sich mehr Zeit für Gespräche zu nehmen und ihr mit Empathie und Präsenz zuzuhören, ohne dabei mit den Gedanken in einer meiner Firmen zu sein. Ich nahm mir diese Zeit nicht.

Empathie und Präsenz konnte ich ohnehin kaum noch bieten. Durch die permanente Raserei im Hamsterrad hatte sich eine gewisse Gefühlstaubheit eingestellt. Und meine Gedanken waren ohnehin immer woanders.

Wenn wir mit einem schönen Wein abends beisammensaßen, war ich zwar körperlich anwesend und hörte scheinbar auch zu, was Jenny erzählte. In Wirklichkeit ging ich in Gedanken aber bereits die Projekte des nächsten Tages durch. Frauen merken so was. Sie spüren genau, ob ihr Partner wirklich präsent ist und ihnen Aufmerksamkeit schenkt. Im Geschäftsleben kann man mit routinierter Gesprächsführung bluffen. Bei Frauen funktioniert das niemals. Sie haben eine besondere Sensibilität dafür, ob ein Mann präsent ist oder nicht.

Mir selber ging die Sensibilität für Jenny und ihre Bedürfnisse immer mehr verloren. So spürte ich nicht, wie sich unsere Beziehung immer mehr verwässerte. Der Espresso meines

Lebens wurde zum Americano. Ich schmeckte den Unterschied nicht mehr.

Déjà-vu bei der Testamentseröffnung

In diese Phase fiel die Nachricht vom Tod meines leiblichen Vaters in New Jersey. Wir hatten eine lockere, oberflächliche Verbindung. Einmal im Jahr trafen wir uns in San Diego. Da hatte er jedes Mal seine Freundin dabei. Bei mir in der Wohnung und in meiner Firma war er nie gewesen.

Mein Vater starb an Krebs, mich hatte er als Erbvollstrecker eingesetzt. Jenny begleitete mich zur Testamentseröffnung. Im Haus meines Vaters hatten sich bereits andere bereichert. Bilder waren abgehängt, Wertgegenstände fehlten. Der Anwalt überraschte mit der Nachricht, dass es zwei Testamente gebe. Ein altes und ein relativ neues. Im ersten Testament hatte mich mein Vater mit keinem einzigen Wort erwähnt. Für mich bedeutete das ein entsetzliches Déjà-vu-Erlebnis. Auch mein Stiefvater hatte mich ja damals in seinem Testament unerwähnt gelassen.

In seinem erst kurze Zeit davor verfassten neuen Testament hatte mich mein leiblicher Vater gemeinsam mit seiner Freundin zum Erben bestimmt.

Es stellte sich heraus, dass seine Freundin mit einem anderen Mann verheiratet war und Kinder hatte. Ob mein Vater davon gewusst hatte, kann ich nicht beurteilen. Sie und andere Verwandte meines Vaters hatten sich einen Teil seiner Hinterlassenschaften bereits unter den Nagel gerissen, bevor ich zur Testamentseröffnung nach New Jersey geflogen war. Es war mir egal, ich wollte nur noch zurück nach LA.

Jenny sah meine Traurigkeit und wusste um mein inneres

Ringen. Sie wusste, wie ich mich bei der Testamentseröffnung meines Stiefvaters gefühlt hatte. Diese traumatische Erfahrung war jetzt wieder hochgekommen. Superman Roy war ein Häufchen Elend. Und Jenny? «Ich habe dich noch nie so lieb gehabt wie jetzt. Das ist der wahre Roy», sagte sie zu mir und gab mir einen Kuss auf die Wange. So war sie.

In diesem Moment fand ich das, was sie gesagt hatte, wunderbar tröstlich. Wirklich verstanden habe ich es nicht. Leider.

Mein Erbe steckte ich komplett in die Firma. Ich verstand das als Investition. Der Laden sollte laufen und Gewinne abwerfen. Dafür gab ich alles. Schließlich wollte ich Jenny und mir weiter ein traumhaftes Leben ermöglichen. Die Grundlage dafür war Geld. Geld brauchte ich zur Selbstbestätigung und um Jenny glücklich zu machen. Reisen in die schönsten Resorts, nur die besten Hotels, teure Restaurantbesuche, Designermöbel, Markenklamotten: Jenny sollte es an nichts fehlen.

Im «Goldrausch» entging mir, dass ich ganz auf Äußerlichkeiten setzte. Jenny hätte es gereicht, wenn ich einfach mit Empathie präsent gewesen wäre. Aber das war von mir viel schwerer zu bekommen als irgendwelche kostspieligen Geschenke.

Ich beschloss, Jenny einen Heiratsantrag zu machen, und ging zu «Tiffany & Co.», um einen Verlobungsring zu kaufen. In den USA ist es üblich, dass der Mann mindestens ein Monatsgehalt für den Verlobungsring ausgibt. Daran hielt sich auch Roy Gerber. Entsprechend kostspielig war der Ring. Wer konnte dazu schon «Nein» sagen?

Unseren Sommerurlaub verbrachten wir in der Schweiz. Den Ring hatte ich für den passenden Augenblick immer dabei. Einen genauen Plan hatte ich nicht für meinen Antrag. Jenny liebte die Schweiz. Sie wollte in die Schweiz ziehen, aber ich hatte ja meine

Firmen in den Staaten. Als Schauplatz für meinen Heiratsantrag hielt ich die Schweiz dennoch für sehr geeignet.

Der Urlaub verlief nicht spannungsfrei. Wir wohnten bei meiner Schwester. Familienbesuche sorgen gerne für innerfamiliäre Reibungen. Je seltener man daheim ist, umso größer können die Reibungsflächen sein. Jenny und ich hatten kaum Zeit zu zweit, immer war jemand aus der Verwandtschaft dabei.

Ziba hatte ich mit in die Schweiz genommen, Jenny hatte ihren Hund bei ihren Eltern in den Staaten gelassen. Ziba war der Einzige, mit dem es während des Urlaubs nicht kriselte. Er war der ruhende Pol zwischen den «ups and downs» eines Sommerurlaubs bei der Familie.

Vielleicht hatte der Hund eine zu beruhigende Wirkung auf mich. Wahrscheinlich habe ich mir die Situation einfach schöngeredet. Die feinen Schwingungen, die in der Luft lagen, hätten mich hellhörig machen müssen. Sie taten es nicht. Ich wollte sie einfach nicht wahrhaben.

Heiratsantrag mit romantischer Aussicht

An einem jener herrlichen Sonnentage, an denen die Schweizer Bergwelt ihre ganze sommerliche Pracht zeigt, wanderten Jenny und ich auf die Diavolezza hinauf. Zweieinhalb Stunden dauerte der Aufstieg. Den Tiffany-Ring hatte ich im Rucksack dabei. Oben angekommen, suchte ich mir einen passenden Ort. Er sollte romantisch und mit traumhafter Aussicht sein.

Und dann fragte ich sie, ob sie mich heiraten wolle.

«Ja», sagte Jenny, «aber ich möchte den wahren Roy, nicht den anderen.»

In diesem Moment wusste ich nicht, ob ich mich nun freuen sollte oder eher nicht. Was ich aber sofort spürte, war der massive Druck, den mir ihre Bemerkung machte. Dabei hatte sie eigentlich Druck von meinen Schultern nehmen wollen.

Zurück in Amerika, war bald klar, dass ich es alleine nicht schaffen würde. Den «wahren Roy» wollte sie haben. Ich kam mir vor wie ein Bildhauer, der aus einem riesigen Felsbrocken eine filigran gestaltete Figur herausmeißeln sollte. Keine Ahnung, wie das gehen sollte. Ich konnte ja noch nicht mal das dazu nötige Werkzeug richtig halten.

Um an unserer Beziehung zu arbeiten, besuchten Jenny und ich wöchentlich eine Veranstaltung, die sich «Monday night solutions» nannte. Dort sprachen Henry Cloud und John Townsend. Heute sind das die Star-Psychologen in den USA. Sie haben Bestseller geschrieben, beraten Präsidenten und Promis und halten Vorträge für schwindelerregende Honorare. Als wir ihre Veranstaltungen besuchten, waren sie noch nicht so populär, aber gut waren sie damals schon.

Nach einem Vortrag stand ich draußen beim Parkplatz und rauchte eine Zigarette. Im Haus, im Büro oder im Auto rauchte ich nie, aber draußen zündete ich mir gerne eine an. Als ich da stand und genüsslich an meiner Zigarette zog, kam Henry Cloud vorbei und sprach mich an:

«Hey Roy, ich wusste gar nicht, dass du rauchst.»

Das war völlig belanglos gemeint, aber ich fühlte mich sofort angegriffen.

«Denkst du jetzt schlechter von mir?», blaffte ich zurück.

«Nein, überhaupt nicht. Das geht mich doch nichts an. Das ist allein deine Sache. Du kannst machen, was du willst», antwortete Cloud und ging weiter. Im Weggehen drehte er sich noch einmal kurz um.

«Nur eines erstaunt mich», sagte er.

«Was?», wollte ich wissen.

«Ich weiß, wie wichtig dir Ehrlichkeit ist.»

«Ja und?», zuckte ich mit den Schultern.

«Meiner Meinung nach kannst du keine Sucht haben und ehrlich sein. Denk mal drüber nach.»

Cloud nickte mir freundlich zu, stieg in sein Auto und fuhr davon.

«Was für ein Arsch», brummte ich und zündete mir die nächste Zigarette an. «Natürlich kann ich rauchen und ehrlich sein», sagte ich zu mir selbst.

Seine Bemerkungen empfand ich als Beleidigung, aber ich hatte stets eine hohe Meinung von Henry Cloud gehabt. Wahrscheinlich ließ mich sein arroganter Kommentar deshalb nicht mehr los.

Ich fuhr nach Hause. Abends aßen Jenny und ich gemeinsam. Wir unterhielten uns. Sie erzählte. Ich hörte zu. Genau genommen tat ich so, als würde ich ihr zuhören. Heimlich dachte ich: «Wie kann ich das Gespräch jetzt unauffällig unterbrechen, um rauszugehen und eine zu rauchen?»

Noch während ich über eine unauffällige Exit-Strategie grübelte, sagte Jenny plötzlich: «Schatz, du hörst mir gar nicht zu. Wenn du eine rauchen willst, dann geh raus und rauche.»

Ich fühlte mich ertappt. Umso heftiger widersprach ich: «Was? Nein, ich will doch jetzt keine rauchen. Ich will dir zuhören!»

«Du hörst mir aber nicht zu. Du denkst an was ganz anders.»

Da kam mir Henry Cloud in den Sinn. Sollte er doch recht gehabt haben?

Die Szene war exemplarisch. Jenny sprach, und ich war nicht präsent. In diesem Fall waren es meine Kippen, ein andermal ein Problem in der Firma oder was auch immer. Ich war nicht im Moment präsent und nicht bei Jenny. Meine Gedanken drifteten ab, aber das wollte ich nicht zugeben.

Wie recht Henry Cloud mit seiner Bemerkung zum Thema Sucht hatte, verstand ich erst so richtig, als ich tatsächlich mit dem Rauchen aufhörte. Es war ein unglaublich harter Kampf, aber ich habe es geschafft.

16. Am Tiefpunkt: Tränen, Trauer, Beziehungstrümmer

Ich brauchte Hilfe, das stand fest. Die Vortragsabende waren zu wenig. Da lernte ich Dr. Roger Tirabassi kennen. Roger ist Theologe, Schriftsteller, Coach, Pastor einer Freikirche und seit vielen Jahrzehnten gefragter Experte für Ehevorbereitung. Er war mir empfohlen worden. Ich brauchte jemanden, um meinen Problemen auf den Grund zu gehen.

Roger war genau der Richtige. Er ist ein feiner Mensch und ein exzellenter Coach. Der beste, den ich mir vorstellen kann. Für mich war es ein Segen, dass ich bei ihm gelandet bin. Heute sind wir gut befreundet, und Roger ist immer noch ein sehr wichtiger Mentor für mich. Damals gingen Jenny und ich jeden Samstag zu ihm. Wir sprachen über Persönlichkeitsbildung, Kommunikation in der Beziehung und vieles mehr. Allmählich begann ich zu begreifen, dass ich viele Dinge tat, weil meine «Festplatte» so programmiert war. Ich verstand Zusammenhänge zwischen früheren Erfahrungen und meinem heutigen Verhalten. Fast wöchentlich gingen mir neue Lichter auf.

Mit der Zeit wunderte ich mich, wie mir das alles verborgen geblieben sein konnte. Ich hatte drei Firmen gegründet, eine traumhafte Karriere in den USA hingelegt, ich besaß, wovon viele träumen, aber ich hatte keine Ahnung, was in mir vorging, was meine Gefühle dominierte und mein Verhalten prägte. Äußerlich war ich ein toller Hecht, innerlich ein armes Würstchen. Wie konnte ich nur so blind für mich selbst sein?

Je mehr ich Strukturen, Muster und Zusammenhänge durchschaute, umso deutlicher sah ich, welche Folgen mein Verhalten für andere hatte. Jenny hatte recht: Es gab einen wahren und einen falschen Roy. Das Problem war nur, dass es ein und dieselbe Person war.

Mit der gleichen Entschlossenheit, mit der ich meine Unternehmen hochgezogen hatte und führte, machte ich mich nun daran, mich selbst kennenzulernen. Ich wollte *ich selbst* sein – oder wenigstens immer mehr *ich* werden. Aber das war gar nicht so einfach. Wer bin ich wirklich? Was ist meine wahre Identität? Wo spiele ich nur Rollen? Diese Fragen waren ungemein schwer zu beantworten.

Ich hatte in meinem Leben viele Rollen gespielt. Manche davon waren aber tatsächlich Teil meiner Identität und mir nicht völlig wesensfremd gewesen. Roger half mir, mich zu sortieren. Er unterstützte mich dabei, meine sich widersprechenden Gefühle einzuordnen, und motivierte dazu, dranzubleiben, wenn ich den Eindruck hatte, es gebe ja doch keine Fortschritte und ich würde nur auf der Stelle treten.

Roger machte nie Druck, er gab Hilfestellung, die Dinge selbst herauszufinden. Dieses Vorgehen empfand ich als ungemein wohltuend. Ich ahnte nicht, dass unsere Treffen, die bald häufiger stattfinden sollten, der Anfang eines Coaching-Prozesses sein würden, der insgesamt sieben Jahre dauerte.

In der Zusammenarbeit mit Roger begriff ich, dass ich mein Leben ordnen musste, um mich selbst zu finden. Die Prioritäten meines Lebens waren mir gewaltig verrutscht. Geld hatte einen Stellenwert, der sich ungesund auf mich und meine Beziehungen auswirkte. Ich betete das Geld an wie Gott. Ich machte da keinen großen Unterschied. Eher hätte ich auf Gott verzichtet als auf mein Geld. Ähnlich verhielt es sich mit Jenny. Ich hatte ihr eine Bedeutung gegeben, der sie unmöglich gerecht werden konnte. Auch sie betete ich förmlich an, aber nicht aus freien Stücken und lauteren Motiven, sondern weil ich sie brauchte.

«Brauche ich dich, weil ich dich liebe, oder liebe ich dich, weil ich dich brauche?», so lautet ein schlauer Satz, über den nachzudenken sich lohnt. Ich liebte Jenny, ja, aber noch viel, viel mehr brauchte ich sie. Ohne sie hielt ich mich nicht für lebensfähig. Sie gab meinem schwachen Ich die Zuwendung, auf die ich so dringend angewiesen war. Meinem aufgeblasenen Karriere-Ego verlieh sie den weiblichen Glanz, in dem ich mich sonnte.

So schwer es auch schien, meine Beziehung zum Geld und zu Jenny musste eine andere Qualität bekommen. Auch mein Verhältnis zu Gott bedurfte der Überprüfung. Ich wollte mein Leben ins Gleichgewicht bringen. Also musste ich es neu ausbalancieren.

Vermutlich bin ich dabei zu radikal vorgegangen. Wahrscheinlich habe ich von Jenny zu viel verlangt. Überfordert habe ich sie auf jeden Fall. Damals hatte ich den starken Eindruck, es wäre ein guter Schritt, um unsere Beziehungsqualität und die Kommunikation zwischen uns zu verbessern, bis zur Hochzeit keinen Sex mehr zu haben. Ich hatte zu spüren begonnen, dass man in einer Beziehung mit Sex auch viel zudecken kann. Dinge bleiben unausgesprochen, man übergeht feine Empfindungen, lässt sich mitreißen vom Rausch der Gefühle.

Sex war für mich immer Lebenselixier gewesen. Aber dabei ging es vor allem um mich. Hatte ich mich nicht in Vorstellungen verfangen, die dem, worum es in der Liebe eigentlich gehen sollte, widersprachen? War nicht Sex in gewisser Weise eine Sprache des Leibes? War ich ehrlich, wenn ich mich in dieser Sprache unterhielt? Oder nur ein redegewandter Lügner? Stimmte das, was wir uns sagten, indem wir miteinander schliefen, wirklich? War es die Wahrheit, was wir auf diese leidenschaftliche Weise ausdrückten?

Was mich betraf, sah ich da dringenden Klärungsbedarf. So kam ich wohl auf den Gedanken, bis zur Hochzeit auf Sex zu verzichten. Das war keine Entscheidung gegen Jenny. Ich berief mich dabei auch nicht primär auf die Bibel. Ganz sicher auch nicht auf irgendwelche Moralvorstellungen. Im Gegenteil: Ich wollte Jenny als der «wahre Roy» begegnen und hielt das – auch vor Gott – für einen Schritt in die richtige Richtung. Jenny als der «wahre Roy» zu begegnen: Darum ging es mir aus tiefstem Herzen.

In einer unserer Sitzungen mit Roger sagte ich es ihr. Ich merkte sofort, dass sie es falsch verstanden hatte. Roger spürte es wohl auch. «Jenny, hast du ihn richtig verstanden?», fragte er sofort nach. «Er liebt dich nicht weniger, im Gegenteil! Er will Druck von euch nehmen, damit ihr lernt, auf eine neue Weise miteinander umzugehen.»

«Ich hab's kapiert», knurrte Jenny.

Ich wusste genau, dass sie es nicht verstanden hatte.

Vielleicht war es menschenunmöglich, das zu verstehen.

Schweigend fuhren wir nach Hause. Daheim angekommen, warf sie sich aufs Bett und weinte. «Why?, Roy, why?», schluchzte sie immer wieder, «Warum nur, Roy?»

Ich wusste nicht, was ich antworten sollte. «I don't know, but I believe we should try it», «Ich weiß es nicht, aber ich glaube, wir sollten es versuchen», presste ich eine Antwort heraus.

Ab diesem Tag war alles anders.

Wir zogen noch einmal um, aber Jenny zog schon gar nicht mehr richtig in unser neues Domizil ein. Sie ließ ihre Umzugskartons unausgepackt stehen und nahm sich eine eigene Wohnung. Sie brauche Zeit.

Als ich sie Tage später ohne den Verlobungsring an der Hand

sah, wusste ich, was los war. Niemand sprach es aus. Wir verabschiedeten uns mit einer Umarmung. Einige Wochen später trafen wir uns wieder. Wir hatten leidenschaftlichen Sex. Ein letztes Mal. Wenig später beendete Jenny unsere Beziehung. Für mich bedeutete das den absoluten Tiefschlag.

Meine Idee, noch mal einen Schritt zurückzugehen und bis zur Hochzeit nicht miteinander zu schlafen, war schwer nachvollziehbar. Nicht nur damals und nicht nur für Jenny. Das ist mir heute bewusster denn je. Damals sah ich uns in einem gemeinsamen Prozess der Veränderung. Ich hielt meine Entscheidung für hilfreich, um unsere Beziehung neu auszutarieren und mein Leben in die Balance zu bringen. Ich hatte versucht, meine Prioritäten neu zu ordnen. Ich wollte mich nicht länger vom Reichtum blind für mich selbst und taub für meine Gefühle machen lassen. Und ich wollte Jenny nicht in einer Art und Weise anbeten, der letztlich kein Mensch gerecht werden kann. Also hatte ich alles auf die Karte Gott gesetzt.

Umso frustrierter war ich damals. «Ich spiele all-in für dich, und du nimmst sie mir weg», klagte ich Gott an. Die Trennung von Jenny führte zu einer schweren Glaubenskrise.

Heute bin ich absolut überzeugt, dass Gott sie mir nicht weggenommen hat. Das ist eine völlig naive Sichtweise und ein falsches Gottesbild obendrein. Gott nimmt einem nichts weg. Ein liebender Vater reißt seinem Kind nichts aus der Hand, was für dieses von Bedeutung ist. Es sind in den meisten Fällen unsere Taten oder die Taten unserer Mitmenschen, die bestimmte Konsequenzen nach sich ziehen. Wir Menschen haben einen freien Willen. Gott nimmt uns hundertprozentig ernst. Von daher wäre es unfair, erst selbst die Sache zu verbocken und dann Gott die Schuld in die Schuhe zu schieben.

Ich habe damals bestimmte Warnsignale nicht wahrgenommen, weil ich zu beschäftigt war. Dann bin ich plötzlich aus meinem Hamsterrad ausgestiegen und habe erwartet, dass sich alle nach meinen neuen Vorsätzen richten und sich entsprechend anpassen. So konnte das nicht gutgehen.

Von außen perfekt, innerlich quält die Leere

Erstaunlicherweise habe ich seit der Trennung von Jenny eine völlig andere Beziehung zur Sexualität. Nicht etwa, weil ich heute Pfarrer bin oder Gott das von mir verlangen würde, sondern weil ich mich persönlich dafür entschieden habe. Nach all meinen Eskapaden auf diesem Gebiet habe ich gelernt, dass Sex etwas derart Intimes und Verbindendes ist, dass ich Sex nicht mehr als Schmerzmittel einsetzen möchte, sondern nur noch mit der Frau teilen möchte, mit der ich den Rest meines Lebens verbringen will.

Oft höre ich: «Na ja, als Pfarrer muss der so reden.» Das stimmt nicht. Erstens muss ich gar nichts. Ich nehme mir auch in anderen Fällen die Freiheit, anderer Meinung zu sein. Und zweitens geht es mir nicht um ein Müssen, sondern um ein Wollen. Dieses Wollen entwickelte sich bei mir aus meiner persönlichen Beziehung zu Gott und meinen Lebenserfahrungen und ist so meine persönliche Überzeugung geworden.

Ich freue mich sehr darauf, irgendwann die Frau fürs Leben zu finden. Zumindest hoffe ich voller Sehnsucht darauf. Und ich weiß um die Schönheit und Faszination von Sexualität. Aber Sex ist für mich heute kein Schmerzmittel mehr, mit dem ich mich betäube, um mich selbst und meine verwundeten Gefühle aushalten zu können. Ich kann ich selbst sein und bin innerlich frei, mich zu entscheiden und Verantwortung für mein Tun zu übernehmen. Ich bete keine Frauen mehr an, keinen Sex und auch kein Geld mehr. Es war ein langer Weg dahin.

Auf diesem Weg wurde mir bewusst: Nicht Karrierestreben, viel Geld oder Sex an sich sind das Problem. Es ist völlig in Ordnung, Karriere machen zu wollen und viel Geld zu verdienen. Die Sehnsucht nach einem erfüllten Sexualleben in einer dauerhaften, verlässlichen Beziehung ist uns tief ins Herz geschrieben. Das ist wunderbar und gut so.

Die Probleme beginnen, wenn man durchaus guten und erstrebenswerten Zielen aus falschen Motiven nachjagt. Wenn der Motor, der uns diesbezüglich antreibt, mit dem falschen Treibstoff unterwegs ist, kommt man nie ans Ziel. Ganz gleich, wie sehr man auch das Gaspedal durchtritt. Das ist ungemein frustrierend. Dann greift man zu Schmerzmitteln, die einen vergessen lassen sollen, wie weh es tut, dass man nicht ans Ziel kommt und sich die Sehnsucht, die man in sich trägt, nicht erfüllt.

Man kann äußerlich das perfekte Leben führen, aber innerlich quält einen fürchterliche Leere. Obwohl von außen alles so aussieht, als fehle es einem an nichts, fehlt einem das Wichtigste überhaupt: die Gewissheit, angenommen und geliebt zu sein – ohne dafür etwas leisten zu müssen.

Die sieben Jahre bei Roger Tirabassi waren für mich eine Schule des Lebens und des Gebets. Ich möchte keines dieser Jahre missen, auch wenn vieles schmerzhaft war. Aber ohne sich diesen Schmerzen zu stellen, ist Aufarbeitung nicht möglich. Gerade dann, wenn jemand besonders drückende Erfahrungen mit sich herumträgt, ist es wichtig, in den Rucksack des Lebens hineinzuschauen und sich zu fragen: Was trage ich da mit mir herum? Was sollte ich mir genauer ansehen? Und was sollte ich aus dem Rucksack nehmen, um besser weitergehen zu können?

Alleine schafft man das oft nicht. Vor allem dann nicht, wenn man mit schwerem Gepäck unterwegs ist. Dann braucht es Menschen, die einem helfen. Mentoren und Coaches mit Kompetenz und Erfahrung und – je nach Schwere des Rucksacks – auch gute Therapeuten.

Wenn ich über mein verändertes Leben schreibe, dann ganz sicher nicht, um den Moralapostel zu geben. Dafür wäre ich die völlig falsche Besetzung. Außerdem: Das Christentum ist ja gerade *keine* Moral! Christlicher Glaube bedeutet lebendige Beziehung mit Gott. Christen sind keine Experten für moralische Höchstleistung. Sie dürfen sich getragen wissen von der barmherzigen Liebe Gottes, der Vergebung und Leben in Fülle schenkt.

Abschied für immer am Highway One

Ich habe mich entschieden, in aller Offenheit über mein Leben zu sprechen und zu schreiben. Auch über mein Versagen und meine Fehler. Ich mache das sicher nicht, um mich damit zu brüsten oder als Pfarrer mit meiner wilden Vergangenheit zu kokettieren. Meine Motivation sieht anders aus: Ich habe die Erfahrung machen dürfen, dass Gott auch auf krummen Zeilen gerade schreibt. Dass er nicht auf die Sünde und Schuld der Vergangenheit blickt, sondern Vergebung, Verzeihung und neues Leben schenkt. Genau das habe ich erlebt. Und es hat mein Leben verändert.

Wenn Gott einen wie mich gebrauchen kann, einen, der so viel falsch gemacht hat, dann bin ich ein lebender Beweis, dass es für Gott keine hoffnungslosen Fälle gibt.

Ein einziges Mal bin ich Jenny noch begegnet. Es war auf dem Highway One, der von San Diego bis nach Alaska führt. Plötzlich standen wir an einer Kreuzung in Newport Beach mit unseren Autos nebeneinander. Der Highway ist an dieser Stelle sechsspurig, aber der «Zufall» wollte es, dass wir direkt nebeneinander zum Halten kamen. Ziba saß hinten in meinem 7er BMW und blickte aus dem Fenster. Sie machte ein Geräusch, das sie nur von sich gab, wenn wir Jennys Hund trafen. Ich schaute rechts zum Fenster raus und sah Jenny. Unsere Blicke trafen sich. Die Ampel schaltete auf Grün. Jenny startete, blinkte und fuhr rechts ran. Ich folgte ihr. Die Hunde sprangen aus den Autos und tobten vor Freude miteinander. Jenny und ich standen uns gegenüber. Wir sahen uns an und hatten beide Tränen in den Augen. Ich nahm sie in den Arm. «Jenny, I love you!»

«I love you too, Roy», sagte sie leise und fragte: «Hast du wieder angefangen zu rauchen?»

«Nein, habe ich nicht», antwortete ich.

«Ich hätte gedacht, du fängst wieder an. Finde ich gut so. Ich liebe dich, pass auf dich auf.» Sie öffnete ihre Wagentür, ihr Hund sprang nach mehrmaligem Rufen ins Auto. Sie setzte sich ans Steuer, schlug sacht die Tür zu und fuhr davon.

Ich sah sie nie wieder.

Manche Rollen spielte ich bis an die Grenze der Perfektion

Die Trennung von Jenny war ein unfassbarer Schmerz. Ich stürzte in eine tiefe Krise. Alleine wäre ich da nicht herausgekommen. Ohne Roger hätte ich es nicht geschafft, meinen Weg zu finden und schließlich meine Berufung zu entdecken. Ich brauchte einen Mentor wie ihn. Roger hat nie Druck ausgeübt, aber mich dabei unterstützt, mich selbst verstehen zu lernen und im Glauben zu wachsen.

Ein guter Mentor reicht freilich noch nicht. Auch von meiner Seite bedurfte es der Bereitschaft, mich auf die Gespräche mit

Roger einzulassen, obwohl das oft nicht angenehm war. Und es brauchte die Disziplin, an mir zu arbeiten. Ohne Training und Disziplin kann man keine Erfolge feiern. Das gilt für den Sport genauso wie für die Entwicklung der Persönlichkeit und der eigenen Spiritualität.

Heute bin ich Pfarrer und kann sagen, ich sehe meine Berufung darin, Menschen in schwierigen Lebenssituationen Gottes Liebe, Hoffnung und Ermutigung zu bringen. – Wenn ich das so schreibe, wirkt das beinahe selbstverständlich. Fast so, als wäre meine Berufung vom Himmel gefallen. Genau das Gegenteil ist der Fall: Nichts, aber auch gar nichts in meinem Leben sah danach aus, dass ich diesen Weg einschlagen würde.

Ich war in einer völlig anderen Welt zu Hause. Ich sonnte mich in meinen unternehmerischen Erfolgen und genoss meine glänzende Karriere. Mein Ego war größer als die Buchstaben des Hollywood-Schriftzugs in den Hollywood Hills. Und wie im Film verhielt ich mich auch. Manche Rollen spielte ich bis an die Grenze der Perfektion. Den erfolgreichen Unternehmer, den Sieger-Typ mit Winner-Lächeln und den Womanizer hatte ich so verinnerlicht, dass ich dachte, das sei ich wirklich. Berauscht vom schönen Schein merkte ich nicht, wie ich in Wirklichkeit von Nebelwand zu Nebelwand rannte, Irrlichtern nachjagte und dabei mehr als einmal fast komplett abgestürzt wäre. All das wurde mir erst mühselig klar.

Als Teil des Teams der Mariners Church, das sich für sexuell missbrauchte Kinder einsetzte und die Lager organisierte, sammelte ich zunehmend Erfahrung und gewann immer tiefere Einblicke.

Neben der praktischen Arbeit bildete ich mich intensiv inhaltlich weiter und setzte mich fachlich mit der Thematik auseinander. Ich verließ mich nicht auf Meinungen, ich wollte Faktenwissen. Sicher, bei der praktischen Arbeit mit Menschen, denen Missbrauch widerfahren ist, haben Intuition und Bauchgefühl ihre Berechtigung. Wenn es aber um die inhaltliche Auseinandersetzung mit der Thematik geht, zählen allein Fakten, fachwissenschaftlich gesicherte Erkenntnisse, seriöse Studien und der Diskurs mit ausgewiesenen Experten.

Ich arbeitete mich tiefer in die Thematik ein, las Studien und Fachbeiträge und tauschte mich mit Fachärzten, Therapeuten, Sozialarbeitern und Seelsorgern aus. Dabei wurde mir immer mehr bewusst, welch fürchterliche Konsequenzen sexueller Missbrauch hat. Angefangen bei massiven gesundheitlichen Problemen bis hin zu schwersten psychischen Störungen. Posttraumatische Belastungsstörungen, dissoziative Persönlichkeitsstörungen oder schwere Depressionen sind nur wenige Beispiele.

Gravierende Folgen haben Missbrauchs-Erfahrungen auch für das Beziehungs- und Sexualleben der Betroffenen. Die Last der Missbrauchs-Erfahrung zerstört Seele und Körper. Nicht wenige Suizide sind auf sexuellen Missbrauch zurückzuführen.

Und bei allem, was an faktenbasiertem Datenmaterial vorlag, war eines völlig klar: Die erfassten Missbrauchsfälle waren nur die Spitze des Eisbergs. Die Dunkelziffer war gigantisch hoch. Das war damals so und ist heute nicht anders.

Je mehr mir Zusammenhänge bewusst wurden, desto mehr realisierte ich, welche Dimensionen das Versprechen hatte, das ich Faith gegeben hatte.

17. Ganz unten

Als Unternehmer erfolgreich zu sein, ist großartig. Es hat überhaupt nichts Negatives, in der Wirtschaft Karriere zu machen und gutes Geld zu verdienen. Alles im Leben kommt auf die innere Mitte, die persönliche Berufung und die richtige Balance an. Manche gehen kaputt, weil sie sich in einem Job aufreiben, der nicht ihrem Wesen entspricht. Andere blühen auf, weil sie das tun können, was voll und ganz ihr Ding ist.

Ich war Vollblutunternehmer. Interesse und Begabung auf diesem Gebiet halte ich heute für eine Gabe Gottes. Das Beispiel meines Opas und meines Stiefvaters hat mich sicher zusätzlich geprägt und angespornt. Dennoch spürte ich zunehmend, dass die Talente und Fähigkeiten, die ich hatte, mich immer mehr in eine andere Richtung zogen. Erst war es mehr eine Ahnung. Aber je mehr ich mich ehrenamtlich engagierte, desto deutlicher spürte ich es.

Veränderung lag in der Luft. Es war eine unwahrscheinlich schwierige Zeit für mich. Ich wusste, dass ich ein guter Geschäftsmann war und mit meinen Firmen ausgezeichnet verdienen konnte. Aber innerlich bewegte sich etwas in eine andere Richtung. Da konnte ich nicht einfach darüber hinweggehen.

Heute sehe ich darin eine Antwort auf meine Gebete. Ein Gebet, das mir besonders ans Herz gewachsen ist, betete ich zu dieser Zeit bereits sehr lange und täglich: «Oh Dad, wie auch immer, was auch immer, wo auch immer, mit wem auch immer: Dein Wille geschehe in meinem Leben! Wie im Himmel so auf Erden!»

Meine ehrenamtlichen Einsätze erfüllten mich. Aber verglichen mit meinen Kompetenzen als Unternehmer hatte ich da noch nicht sonderlich viel zu bieten. Ich stand ja erst am Anfang. Das Einzige, was ich sicher wusste, war: Leben kann man davon nicht.

Es begann eine Zeit heftigen inneren Ringens und des intensiven Betens; alleine, aber auch immer mehr gemeinsam mit guten Freunden. Mit Roger Tirabassi und Tom Bakman. Tom hatte ich während meiner Zeit mit Jenny über die Rotarier in Huntington Beach kennengelernt. Er war Präsident des «Morgen-Clubs», ich derjenige des «Mittag-Clubs».

Damals stellten wir fest, dass wir beide gläubig waren und dieselbe Gemeinde besuchten, nämlich die Mariners Church. Wir wurden beste Freunde. Später leiteten wir gemeinsam Seminare in der Gemeinde. Tom ist Arzt und ein wahrer Kumpel. Auch wenn wir heute viele tausend Meilen voneinander getrennt leben, weiß ich, dass er sich sofort ins Flugzeug setzen würde, wenn ich Hilfe bräuchte. Wenn man innerlich ringt, wohin der weitere Lebensweg geht, tut es gut, Freunde wie Roger und Tom an der Seite zu haben.

Meine Freiwilligenarbeit nahm weiter zu. Meine Einsätze mit meinen beruflichen Terminen unter einen Hut zu bekommen, wurde immer schwieriger. Anfangs dachte ich noch, ich sei in der Lage, vier Bälle gleichzeitig zu jonglieren. Doch je häufiger einer der Bälle zu Boden fiel, umso deutlicher wurde mir: Das funktioniert nicht. Volles Commitment und voller Einsatz für meine drei Firmen und gleichzeitig volles Engagement, um meinem Versprechen Faith gegenüber treu zu sein – das konnte auf die Dauer nicht gut gehen.

Eine Entscheidung musste her. Loszulassen war meine Sache nicht. Als Unternehmer war ich gewohnt, alle Zügel fest in der Hand zu halten. Sobald man einen losließ, konnte das schwerwiegende Folgen haben.

Bei Roger lernte ich, dass nur offene Hände empfangen können. Wer mit seinen Händen krampfhaft an etwas festhält, kann nicht empfangen. Ich hielt mit Leibeskräften an meinen Firmen fest und am Geld. Es brauchte viele Gespräche und noch mehr Gebet, bis ich mir tatsächlich eingestand, dass es Zeit war, loszulassen.

Zwei meiner Firmen, «Private Driver» und den Generalimport der «Samina»-Betten, schenkte ich meinen Mitarbeitern. Ich überschrieb sie ihnen. Nicht etwa, weil ich so großzügig war, sondern weil ich wusste, dass der Verkauf von «Air Cleaning Solutions» derart viel abwerfen würde, dass ich mein Leben lang nicht mehr würde arbeiten müssen. Bei solchen Aussichten konnte man schon mal großzügig sein, was die beiden anderen Firmen betraf.

Zu optimalen Bedingungen verkaufen

Ich wollte nichts dem Zufall überlassen und kümmerte mich um die besten Agenten und Rechtsanwälte. Sie sollten für mich den Verkauf meiner Luftfiltrations-Firma professionell, sicher und zu optimalen Konditionen abwickeln.

Meine engsten Mitarbeiter weihte ich in meine Verkaufspläne ein. Leider war es unmöglich, allen Angestellten gegenüber ehrlich zu sein. Das hätte nachteilige Folgen haben und den Verkauf torpedieren können.

Die Verhandlungen gestalteten sich schwierig. Vor allem für mich. Die Firma war mein «Baby». Viele Jahre meines Lebens hatte ich in diese Firma investiert. Jetzt wollte ich loslassen und spürte dabei mehr als deutlich, wie schwierig das für mich war.

Die Verhandlungen liefen, Interessenten kamen und gingen.

Noch war niemand dabei gewesen, der meinen Agenten, Anwälten und auch mir zugesagt hätte. Bis eines Tages Raul Nunez mit seiner Familie auftauchte. Raul war Südamerikaner und gläubiger Christ. Jedenfalls konnte er die Bibel rauf und runter zitieren.

Raul schilderte mir seine Visionen für die Firma. Er wolle durch die Übernahme weiter wachsen und die Geschäfte weiter ausbauen. Wir führten intensive Gespräche. Meine Agenten und Anwälte prüften sein Angebot und befanden es für gut. Im Gebet brachte ich meine Verkaufspläne vor Gott. Ich war überzeugt: «Raul ist ein Geschenk des Himmels.» Das sollte sich als der größte Irrtum meines Lebens erweisen.

Ich hatte in meinem Leben viele Fehler gemacht, beruflich wie im Privaten, aber dieser Verkauf war nach allen Regeln der Kunst von Top-Leuten vorbereitet und geprüft worden. Agenten und Anwälte gaben grünes Licht. Alle waren davon überzeugt, eine gute Entscheidung getroffen zu haben. Der Deal sah vor, dass ich eine vergleichsweise bescheidene Anzahlung erhalten würde. Danach sollten über die nächsten fünf Jahre verteilt hohe Beträge fließen. Damit wäre ich für den Rest meines Lebens finanziell abgesichert gewesen. Und mehr als das.

Als der Vertrag unterschrieben war, verspürte ich große Erleichterung. Der permanente Druck, für die Firma verantwortlich zu sein, fiel von mir ab, und ich wusste, dass ich ausgesorgt hatte.

Wir hatten vereinbart, dass ich das erste halbe Jahr in der Firma bleibe, um den neuen Manager einzuarbeiten. Vielleicht hätte es mich stutzig machen sollen, als man mich nach weniger als zwei Monaten bat, nicht mehr im Büro zu erscheinen. Ich sei eine starke Führungspersönlichkeit. Die Angestellten würden sich an mir orientieren. Man wolle aber dem neuen

Manager ermöglichen, seine Entscheidungen eigenverantwortlich zu treffen, wurde mir gesagt.

Na gut, ich wollte niemandem im Weg stehen. Mein neuer Interessenschwerpunkt lag ohnehin nicht mehr in der Firma. Mit meinem ehrenamtlichen Engagement hatte ich genug zu tun. Nur dass ich jetzt wesentlich entspannter unterwegs war. Die Mehrfachbelastung durch meine Firmen war runter von meinen Schultern. Ich fühlte mich wie befreit, als ich mit Ziba kranke Kinder und alte Menschen besuchte.

Als in meiner Firma die Schlösser ausgetauscht wurden und meine Mitarbeiter mir zutrugen, sie fänden gewisse Dinge komisch, gab ich dem noch immer keine sonderliche Bedeutung. «Neuer Chef, neue Strategien, andere Entscheidungen», sagte ich mir und hielt es für ein Gebot professioneller Distanz, mich nicht weiter einzumischen.

Das änderte sich, als meine Rate auf einmal nicht mehr bezahlt wurde. Mal gab es Ausreden, dann wurde wieder ein Teilbetrag überwiesen.

Schließlich wurde es mir zu bunt. Ich zog einen weiteren Anwalt hinzu. Einen jener sündhaft teuren US-Anwälte, die sich auf solche Fälle spezialisiert haben. Die Juristin prüfte den Vertrag, befand ihn für gut und schlug ergänzende Vereinbarungen vor. Wieder wurde verhandelt, es ging hin und her. Aber nach vier Monaten unterzeichnete Raul auch die zusätzlichen Vereinbarungen. Das beruhigte mich.

Kurze Zeit später begann die Hinhaltetaktik von neuem. Lieferanten wurden nicht bezahlt. Der neue Besitzer verbot seinen Angestellten, mit mir zu sprechen. Die Firma zog um. Da schrillten bei mir längst alle Alarmglocken. Ich zog noch einen weiteren Anwalt hinzu. Mit allen juristischen Mitteln versuchten wir zu retten, was noch zu retten war.

Die Auseinandersetzung zog sich über vier Jahre hin. Vier

Jahre zwischen Hoffen und Bangen. Schließlich eröffnete mir mein Anwalt mit finsterer Miene:

«Roy, es tut mir leid, aber es ist alles weg.»

Trotz anwaltlichem Beistand und professionellen Agenten war ich einem organisierten Verbrechen aufgesessen.

Raul und seine Familie hatten sich meine Firma in krimineller Absicht unter die Nägel gerissen. Die polizeilichen Ermittlungen brachten endgültig Gewissheit: Raul und seine Gang hatten nie ein anderes Interesse gehabt, als sich selbst zu bereichern. Dabei waren sie außerordentlich geschickt und mit hoher krimineller Energie vorgegangen – und schließlich untergetaucht.

Vom Hochseil gestürzt

Mit einem Schlag war mein gesamtes Vermögen weg. Dafür hatte ich jetzt hunderttausende Dollar Anwaltsschulden. Tiefer kann man kaum fallen. Vor kurzem noch wähnte ich mich finanziell lebenslang sorgenfrei. Mit einem Mal hatte ich mehr Sorgen ums Geld als je zuvor im Leben.

Ich kam mir vor wie ein Artist im Zirkus. Mit traumwandlerischer Sicherheit hatte ich mich in luftigen Karriere-Höhen bewegt, hatte Kunststücke vollbracht und wurde staunend bewundert. Jetzt war ich völlig unerwartet vom Hochseil gestürzt. Ich fühlte mich im freien Fall.

Zum Glück war das Netz des Glaubens und enger Freundschaften, das meinen Sturz auffing, inzwischen einigermaßen engmaschig geknüpft. Äußerlich überlebte ich unverletzt, innerlich war ich ein Patient für den Schockraum der nächsten Unfallklinik. Selbstzweifel drohten, mich zu zerfressen. «Ich bin schuld! Was habe ich nur falsch gemacht?», dieser Gedanke ließ mir keine Ruhe. Wut und Traurigkeit darüber, dass Lieferanten, die mir zu Freunden geworden waren, und Mitarbeiter nicht bezahlt wurden, quälten mich Tag und Nacht.

Ich war kurz davor, in schwere Depressionen zu fallen. Obwohl ich mir objektiv keinen Fehler vorwerfen konnte, suchte ich die Schuld bei mir.

Ein anderer war nicht da. Raul war abgetaucht. Wen hätte ich sonst verantwortlich machen können, außer mich selbst? Gott? Hatte er mir meine Firma und mein Geld genommen? Es war nicht lange her, da hätte ich vor Wut getobt und gegen Gott gewettert. Diesbezüglich war ich einen Schritt weiter. «Gott ist Liebe. Ein liebender Vater nimmt seinem Sohn nichts weg, was für diesen von Bedeutung ist. Auch nicht die Firma und das Geld.» Ich musste mir das immer wieder ins Gedächtnis rufen. So fest stand ich nicht im Glauben, dass ich angesichts des völligen Verlustes meines Vermögens nicht wackelig auf den Beinen gewesen wäre.

«Gott hat dem Menschen einen freien Willen gegeben. Jeder Mensch ist frei, sich zu entscheiden – für das Gute oder für das Böse. Jede Entscheidung hat Konsequenzen. Für einen selbst und für die anderen, für Mitmenschen wie für die Umwelt.» Wie oft hatte ich das gehört?! In meinem Herzen wusste ich, dass das wahr ist. Aber der Stachel des Selbstzweifels hatte sich tief in meine Seele gebohrt.

Zu den Selbstzweifeln kam Selbstmitleid. Ich war ein reicher Mann gewesen. Belogen und betrogen, hereingefallen auf Verbrecher, war ich jetzt ganz unten angekommen. Mittellos und hoch verschuldet stand ich da. Meine Firmen waren weg, meine Millionen futsch. Die Insignien meines Erfolgs standen zum Verkauf. Schnelle Autos, schwere Motorräder, exquisite Restaurants: Das war vorbei. Meinen luxuriösen Lebensstil konnte ich nicht mehr halten. Ich trauerte ihm nach, als wäre ein Teil von mir gestorben. Wovon sollte ich leben? Würde ich jemals eine Familie ernähren können?

Erst viel später sah ich ein, dass dieser Prozess für mich nötig war, um bescheiden zu werden. Heute bin ich mir bewusst, wie wertvoll und schön diese Eigenschaft ist.

18. Alarm im Cockpit: Sturzflug in ein neues Leben

Es gab Tage, da fraßen mich meine Selbstzweifel und mein Selbstmitleid förmlich auf. Die Sorge, wie es weitergehen sollte, schnürte mir die Kehle zu.

Auch jetzt war das so. Ich war mit meinem Pick-up-Truck unterwegs, als ich merkte, dass der Wagen einen Platten hatte. «Auch das noch!», stöhnte ich. «Was denn noch alles?» Es sind solche kleinen Misslichkeiten, die das große Fass des Frusts zum Überlaufen bringen können.

Aber es half nichts, egal wie angefressen ich auch war, der Reifen musste gewechselt werden. Ich erreichte eine Werkstatt, nebenan nahmen einige Leute gerade ihr Dinner ein. «Die essen fröhlich, und mein Leben ist ein einziger platter Reifen», grübelte ich und versank in Selbstzweifel.

Mit der Kraft einer Killerwelle rollte auch noch Selbstmitleid heran. Dieser Tsunami des Selbstmitleids drohte alles zu vernichten, was ich im Leben jemals erreicht hatte. Die Welle trug Wut, Enttäuschung, Trauer und Verzweiflung mit sich. Ich drohte darin zu ersaufen.

Plötzlich war mir, als würde ich ein lautes Alarmsignal wahrnehmen. Dieses durchdringende Signal kannte ich von irgendwo her. Aber woher nur? …

Ach ja, vom Fliegen! Als ich meinen Pilotenschein gemacht hatte, wurden wir von unserem Fluglehrer darauf eingeschworen, auf genau dieses Alarmzeichen sofort zu reagieren. Lautes Hupen und das Aufleuchten einer roten Alarmleuchte signalisierten im Cockpit, dass unverzüglich gehandelt werden musste. Dieser Alarm war das untrügliche Zeichen für einen «Stall».

So nennen Flieger einen Strömungsabriss. Bei Stalling musste man sofort gegensteuern. Mit anderen Worten: Genau das Gegenteil tun. Der erste Schritt ist, zu realisieren, was man gerade macht. Fliegt man schnell? Langsam? Fliegt man eine Kurve? Wenn ja, in welcher Richtung? Reagiert man nicht, gerät die Maschine in einen Spin und stürzt wie in einem Strudel mit hohem Tempo zu Boden. Der Crash ist dann beinahe unvermeidlich. Lebend kommt man nach einem solchen Absturz mit ziemlicher Sicherheit nicht mehr raus. Um den Absturz zu vermeiden, ist es entscheidend, im Falle eines Stalling unverzüglich die richtige Gegenmaßnahme einzuleiten. Reagiert man sofort, ist man schnell wieder raus aus einem Stall und bewegt sich sicher über den Wolken. Ignoriert man ein Stalling, geht es nach unten. Und zwar schnell und unaufhaltsam.

Das Alarmsignal, das ich wahrnahm, konnte nicht von außen kommen. Das war mir schnell klar. Es musste sich um ein inneres Alarmzeichen handeln. Es warnte mich vor einem seelischen Stalling. Ich musste unverzüglich gegensteuern und das Gegenteil tun, um keine Bruchlandung zu erleiden. Das verstand ich in diesem Moment sofort. Auch im Inneren gibt es diesen Stall, diesen Strömungsabriss, den Sog, der einen hinunterzieht in die Tiefe der Verzweiflung. Auch hier gilt es, zügig gegenzusteuern.

Inzwischen habe ich mein inneres Alarmsystem noch schärfer eingestellt. Es warnt mich frühzeitig, wenn eine seelische Stalling-Situation entsteht. Heute weiß ich noch besser, mit welchen Mitteln man gegensteuert. Wie beim Fliegen macht auch hier Übung den Meister. Meldet mein Alarmsystem ein Stalling, überlege ich unverzüglich: Was denke ich? Was «spreche» ich gedanklich über mich und mein Leben aus? Um es mit meinem platten Reifen zu verdeutlichen: Jammere ich über meinen platten Pneu? Klage ich darüber, dass es mir in allen

Bereichen schlecht geht, dass ich alles verloren habe? Dann gerate ich in ein Stalling. Jetzt heißt es, ich muss die Situation realisieren, unverzüglich meine Gedanken bündeln und das Gegenteil von dem tun, was mich ins Stalling gebracht hat.

Dann verwende ich meine Energie und meine Gedanken darauf, mir zu überlegen, was alles gut ist in meinem Leben: «Was ist gut an meinem Truck? Wofür kann ich heute alles dankbar sein?» Das rufe ich mir dann konkret ins Bewusstsein. «Ich habe genug zu essen, ein Dach über dem Kopf, ich habe Freunde, eine Aufgabe, die mich erfüllt, und … und … und …» So oder so ähnlich klingt das dann in solchen Situationen.

Dankbarkeit ist die beste Gegenmaßnahme gegen seelische Strömungsabrisse. Das hört sich vielleicht einfach an, ist es aber nicht immer. Weiterhin zu jammern und von einem Stalling in einen Spin zu geraten, macht die Situation jedoch ganz sicher auch nicht einfacher. Deshalb entscheide ich mich immer wieder von neuem, in solchen Momenten gegenzusteuern.

Meine Stalling-Erkenntnis trug mit dazu bei, dass ich die Turbulenzen nach dem Verlust meiner Firma weitgehend unversehrt überstand. Außer einigen Schrammen, die inzwischen vernarbt sind, blieb nichts zurück. Das ist vor allem meinen Freunden und meiner Gemeinde Mariners Church zu verdanken. Ich wusste mich in dieser Zeit von so vielen Menschen begleitet, unterstützt, ja geradezu getragen. Menschlich und geistlich. Viele haben für mich und mit mir gebetet. Und ich durfte die verändernde Kraft des Gebets erfahren.

Das ging natürlich nicht von heute auf morgen. Ich durchlebte schmerzhafte Stunden mit vielen Tränen. Aber ich merkte auch, dass ich die Freiheit und die Wahl hatte, mich zu entscheiden: Ausharren im Dunkel von Frust und Verzweiflung – oder Aufbruch in ein neues Leben.

Selbstverständlich war ich immer wieder ziemlich wütend –

auch auf Gott. Das habe ich ihm im Gebet auch deutlich gesagt. «Ich gehe ‹all in› für dich. Und was machst du?», habe ich wieder und wieder gefragt. «Wo bist du denn, wenn ich dich brauche?», war ein anderer zorniger Seufzer, den ich regelmäßig zum Himmel schickte. Und doch geschah in diesen Gebeten etwas Befreiendes. Da brach etwas Neues auf. Wenn ich nach meinem Ringen und Klagen im Gebet verharrte und in mich hineinhörte, spürte ich, wie sich etwas veränderte.

Ich nahm wahr, wie sich meine Gedanken und Gefühle wandelten. Nicht von heute auf morgen, aber doch immer deutlicher spürbar. Mein Vertrauen in Gott wuchs. Ich erfuhr Ermutigung und Liebe und konnte im Gebet Kraft tanken. Ich lernte, mich auf Wesentliches zu konzentrieren und in der Stille der Sehnsucht meines Herzens zu lauschen.

Stets hatte ich den Lärm des Alltags und die Hektik des Jobs um mich gehabt. Ich lebte in einer großen und lauten Geräuschkulisse. Wurde es leise, flüchtete ich in den Lärm. Stille war für mich schwer zu ertragen. Sie warf einen auf sich selbst zurück. In der Stille hörte man die vielen verschiedenen Stimmen, die man im Kopf hatte, noch lauter: «Aus dir wird nie etwas!», «Das kannst du nicht!», «Du musst aber!» ... Stille konnte so laut sein, sie war für mich schwer zu ertragen.

Nun hatte ich gelernt, in die Stille zu gehen, in der Stille zur Ruhe zu kommen. Die tausend Stimmen schwiegen. Stille ist nicht nur die Abwesenheit von Geräuschen. Es ist viel mehr. Stille ist der innere Raum, in dem die «Stimme Gottes» wahrnehmbar werden kann.

Stille wurde mir zur wertvollen Begleiterin im Alltag. Die positive Erfahrung der Stille half mir, auch in schwierigen Situationen längere Zeit im Gebet zu bleiben. Wenngleich das alles andere als leicht ist. Aber das half mir, auf meine altbekannten Schmerzmittel zu verzichten.

Ich machte die Erfahrung, dass es auch in schwierigen Situationen nichts Besseres gibt, als im Gebet in die Gegenwart Gottes zu gehen, dortzubleiben und mit dem Herzen in die Stille zu hören – wie lange auch immer. Je länger, desto besser.

In diesen Zeiten der Stille, des Gebets und des Hörens wurde mir meine Berufung deutlich. Sie lautete: «Gottes Liebe, Hoffnung und Ermutigung zu Menschen in schwierigen Lebenssituationen bringen.»

Ich war abgestürzt und lag am Boden. Ich hatte nichts mehr, woran ich mich hätte klammern können. Meine Hände waren vollkommen leer. Wohl oder übel hatte ich alles losgelassen, was mir zuvor überaus wichtig erschienen war. Ausgerechnet jetzt durfte ich erfahren, dass Gott in den dunkelsten Momenten Licht, Hoffnung und neues Leben schenken kann.

Um meinen Lebensunterhalt zu bestreiten, nahm ich die verschiedensten Jobs an. So arbeitete ich im Service einer Catering-Firma und im Verkauf eines Elektronik-Unternehmens. Ich nahm so gut wie jede Arbeit an, die ich machen konnte.

Mein Hauptaugenmerk galt zu dieser Zeit meinem ehrenamtlichen Engagement, der Vertiefung meines Glaubens, der Arbeit für meine Gemeinde und der Arbeit an mir selbst. Alles andere war für mich lediglich Geldverdienen für den Lebensunterhalt. Das musste sein, aber mein Herz brannte inzwischen für etwas anderes.

Ich folgte meinem brennenden Herzen. Im «zarten Alter» von 39 Jahren begann ich in Kalifornien Theologie zu studieren. Ein besonders wissenschaftliches Interesse hatte ich nicht. Mein Interesse war eher praktischer Natur. Alle aus meinem Bekanntenkreis, die Theologie studiert hatten, lebten eine lebendige Christusbeziehung. Das inspirierte mich.

Das wollte ich auch haben.

Inzwischen weiß ich nur zu gut, dass es genügend Theologen gibt, die keine persönliche Beziehung zu Jesus haben. Insofern kann ein Studium nicht nur bereichern, sondern auch ernüchternd sein. Was mir während der Zeit des Studiums, der Reflexion und Glaubensvertiefung sehr geholfen hat, war ein Arbeitsbuch mit dem Titel «Spiritual Growth». Ron Jensen hatte es gemeinsam mit seiner Tochter Gina in Zusammenarbeit mit Roger Tirabassi geschrieben.

«Spiritual Growth» war im besten Sinne des Wortes ein Handbuch, um an sich selbst zu arbeiten. Der Mensch ist eine Einheit aus Leib, Seele und Geist. «Spiritual Growth» berücksichtigte alle diese Dimensionen des Menschseins. Es lud zur Persönlichkeitsentwicklung ein und leitete dazu an, spirituell zu wachsen. Das alles geschah keineswegs verkopft, sondern durch und durch lebenspraktisch.

Zu diesem Buch gab es Kurse, in denen man als Gruppe gemeinsam mit dem Handbuch arbeitete. Den ersten Kurs, den ich besuchte, leitete Ron Jensen selbst. Neben Roger wurde er zu einem meiner wichtigsten Mentoren und ein guter Freund. Wäre ich einige Jahre eher auf «Spiritual Growth» gestoßen, wäre mir im Leben wohl einiger Kummer erspart geblieben. Davon bin ich überzeugt.

Dieser Kurs half mir dabei, mir meiner Identität bewusst zu werden. Zudem wurde mir klar: Selbstreflexion, die Arbeit an sich selbst und das Bemühen darum, selbst gesund zu werden, sind genauso wichtig wie die Bereitschaft, anderen zu helfen. Im Grunde ist die kontinuierliche Arbeit an sich selbst die entscheidende Voraussetzung dafür, anderen helfen zu können, ohne selbst zu erkranken, zu verbittern, auszubrennen oder ein Helfersyndrom zu entwickeln.

«Spiritual Growth» war für mich diesbezüglich eine unschätzbare Hilfe. Dank der Freigabe von Ron und Roger habe ich Auszüge des Handbuchs mit Freunden ins Deutsche und Italienische übersetzt und arbeite täglich damit. In der Schweiz und in Italien haben inzwischen Hunderte davon profitiert. «Spiritual Growth» unterstützt dabei, seine wahre Identität zu entdecken und sie zu stärken.

Das Leben schlägt Wunden. Jeder von uns trägt Verletzungen mit sich herum – teils innerlich, teils äußerlich. Mache sind vom Leben gezeichnet, andere geradezu entstellt, wieder andere haben nur kleinere Kratzer abbekommen. Verwundungen können fürchterlich schmerzen, aber Schmerz kann man lindern, Wunden lassen sich verbinden, und Trauernde können Trost finden. Das alles braucht Zeit, manchmal viel Zeit.

Heilung ist ein Prozess. Es kann schnell gehen, aber meist geschieht es nicht von jetzt auf gleich. Wer anderen helfen will, der darf verwundet sein und Narben haben. Das ist nicht das Problem. Ein Problem entsteht dann, wenn man nicht bereit ist, sich der Wahrheit seines Lebens zu stellen, den Schmerz zuzulassen, die eigenen Wunden anzusehen und daran mitzuarbeiten, dass sie heilen können.

Bis heute habe ich unzählige Male mit «Spiritual Growth» gearbeitet und selbst viele Kurse geleitet. Die Früchte der Arbeit mit diesem Handbuch beeindrucken mich jedes Mal aufs Neue.

Während meines Studiums absolvierte ich diverse Praktika. Zum Beispiel sammelte ich wertvolle neue Erfahrungen in der Klinikseelsorge. Während meiner Tätigkeit im Krankenhaus nutzte ich die Gelegenheit und bildete mich intensiv in Traumatherapie weiter. Ich besuchte Vorlesungen und tauschte mich mit Fachärzten und Therapeuten aus. Was ich da hörte, war einerseits hoch spannend, andererseits auch zutiefst erschreckend.

Wer mit Menschen arbeitet, die traumatisiert sind – wie das

etwa bei sexuellem Missbrauch der Fall ist –, für den sind die Erkenntnisse der Traumapsychologie von unschätzbarem Wert, ja völlig unverzichtbar. Bis heute halte ich es für eines der größten Defizite in der Seelsorge, dass das Wissen um psychologische Zusammenhänge und psychiatrische Erkenntnisse völlig unzureichend ist. So lange jemand gar nicht richtig versteht, wo bei einem Menschen die Seele drückt und welche Folgen das hat, braucht er nicht mit dem «lieben Jesulein» zu kommen. Das wäre völlig kontraproduktiv, ja bisweilen geradezu absurd.

Wie heißt es in der Bibel: Jesus brauchte niemand etwas über die Menschen zu sagen, denn er wusste, was in jedem Einzelnen vor sich geht (Johannes 2,25). Viele Seelsorgerinnen und Seelsorger wissen das heute leider nicht mehr. Es fehlt an fachlicher Kompetenz, was Psychologie und Psychiatrie betrifft, und es mangelt an Substanz und geistlicher Tiefe, wenn es um den eigenen Glauben geht.

Was dann herauskommt und als «pastoral» verkauft wird, ist zum Teil eher peinlich. Man bedient sich an Versatzstücken aus der Psychologen-Sprache, um Glaubens-Defizite zu kaschieren. Gleichzeitig fehlt es an fachlicher Kompetenz, um Phänomene psychologisch korrekt einordnen zu können. Das ist doppelt unseriös: psychologisch und seelsorgerisch.

Es ist nicht meine Absicht, andere zu kritisieren, aber ich mache immer wieder die Erfahrung, dass es in der Seelsorge großen Nachholbedarf gibt, was psychologische Grundkompetenzen angeht. Ich bin einfacher Pfarrer, wenn man so will: Krisenseelsorger. Natürlich darf man immer darauf hoffen, dass Gott handelt und Wunder wirkt. Aber als Notfallseelsorger ist es meiner Meinung nach wichtig, sehr genau zu wissen, wo meine Zuständigkeit beginnt und wo meine Möglichkeiten an Grenzen stoßen. Und ich habe ebenso zu wissen, wann Fachärzte und qualifizierte Therapeuten am Zug sind und nicht ich.

Es muss stets darum gehen, zum Wohle des Leidenden optimal zusammenzuarbeiten. Das darf aber nicht bedeuten, völlig unprofessionell Dinge durcheinander zu werfen. Gerade beim Umgang mit Menschen, die von Missbrauch betroffen sind, ist größte Sensibilität, Seriosität und Sachkompetenz dringend geboten.

Außendienst im Namen des Herrn

In Amerika unterscheidet man zwischen Pfarrer und Chaplain. Chaplain mit dem deutschen Begriff «Kaplan» zu übersetzen, wäre irreführend. Der Unterschied liegt woanders: Der Pfarrer ist in Amerika eher der Prediger. Derjenige, der in der Kirche das Wort Gottes auslegt und verkündigt. Zum Pfarrer geht man in die Kirche. Anders der Chaplain:

Der Chaplain ist sozusagen ein Pfarrer, der zu den Leuten hinausgeht. Frei übersetzt in die Sprache des Geschäftslebens: Der Pfarrer ist eher für den Innendienst zuständig. Der Chaplain ist im Außendienst unterwegs. In Firmen, in Krankenhäusern, in Heimen, bei Jugendfreizeiten, bei der Polizei, beim Militär, in Sportklubs oder wo auch immer betreut er Menschen und leistet ihnen dort als Seelsorger Beistand.

Die Aufgaben eines Chaplains begeisterten mich. Es zog mich in diese Richtung. Das entsprach in vielerlei Hinsicht dem, was ich in den vergangenen Jahren mit meinem Hund Ziba getan hatte.

In Kinderheimen, Krankenhäusern, Altenheimen waren wir ein gern gesehenes Duo. Wenn ich krebskranke Kinder besuchte, die gerade eine Chemotherapie über sich ergehen lassen mussten, rasierte ich mir die Haare ab. Von Glatzkopf zu Glatzkopf unterhielt man sich leichter. Und wenn es schwerfiel zu reden, dann war ja Ziba da und baute «nonverbale» Brücken der Verständigung.

Anders als Krankenbesuche musste ich Trauungen und Beerdigungen erst lernen. Das war Neuland für mich. Aber ich hatte gute Lehrer und konnte mir viel von ihnen abschauen. Wie im Geschäftsleben war ich auch jetzt bestrebt, rasch zu lernen und Erfahrungen zu sammeln. Roger stand mir weiter zur Seite und ermutigte mich, meinen Weg zu gehen. Er kannte meinen Lebensweg, wusste um meine Glaubensentwicklung und bestärkte mich darin, vorwärtszugehen.

Bevor ich ordiniert wurde, stand aber noch ein anderer wichtiger Akt an: Ich wurde Amerikaner.

Ich hatte mich in Amerika verliebt, und Amerika hat mir unwahrscheinlich viel gegeben. Das Wichtigste von allem war mein Glaube. Ich weiß nicht, ob ich den heute hätte, wäre ich nicht in die USA gegangen. Wenn ich heute in der Schweiz an meine Zeit in Amerika zurückdenke, dann vermisse ich vor allem meine Freunde, die Lebendigkeit meiner Gemeinde Mariners Church und all die Leute, die mich gern haben, weil sie mich wirklich kennen – mit allen meinen Schwächen und Fehlern, aber auch mit meinen Stärken und Begabungen; Leute, die mich einfach so mögen, wie ich bin.

Nach dem Verlust meiner Firma war ich in heftige Turbulenzen geraten. Ich war drauf und dran, in einen Abwärtsstrudel zu kippen und abzustürzen. Mein Cockpit hatte Alarm gemeldet. Mit vereinten Kräften war es gelungen, gegenzusteuern. Nun wurde ich ordiniert. Dass Roy Gerber einmal Pfarrer werden würde, hätte jeder, der mich von früher her kannte, für restlos ausgeschlossen gehalten. Aber für Gott ist nichts unmöglich. Er schreibt noch auf den krummsten Zeilen gerade. Und kann sogar mit einem wie mir etwas anfangen. Vielleicht ist dies das größte Wunder in meiner Geschichte.

«Die Gesunden brauchen keinen Arzt, sondern die Kranken! Ich bin gekommen, um Sünder in die Gemeinschaft mit Gott zu rufen, und nicht solche, die sich sowieso für gut genug halten» (Matthäus 9,12–13), heißt es in der Bibel. Was soll ich sagen? Ich habe erfahren dürfen, wie Gott das meint.

19. Das Elend hinter den Fassaden

Man sollte nicht glauben, wie regelmäßige Klinikbesuche mit Hund den Bekanntheitsgrad eines Chaplains steigern. Ich war selbst etwas überrascht, von wo überall ich nach meiner Ordination Anfragen erhielt. Wenn ich in Krankenhäusern, Altenheimen oder Obdachlosen-Unterkünften meine Besuche machte, ergaben sich zahllose Gesprächskontakte. Die Begegnungen zogen Kreise. Dieser kannte jenen – und jener wiederum einen anderen. Der eine kannte den «Pfarrer mit dem Hund» und holte ihn als Chaplain in seine Firma.

Kurze Zeit später kam die Frage, ob ich auch bei der Polizei tätig sein könne. Neue Kontakte führten zu neuen Aufgaben, neue Einsätze wieder zu neuen Anfragen. Oft waren es auch ganz verschlungene Wege, über die Empfehlungen liefen.

Als Chaplain bekam ich Einblick in viele verschiedene Berufsgruppen, deren Aufgaben und Pflichten. Ich lernte ihre Freuden und Nöte kennen und leistete als Seelsorger Beistand, wo es nur ging oder wo ich den Eindruck hatte, hier können Zuspruch, Trost und Ermutigung gebraucht werden. Die Menschen, denen ich begegnen durfte, waren so unterschiedlich wie die Berufe, die sie ausübten. Aber bei allen Unterschieden zeigte sich auch viel Verbindendes.

Es gibt keinen Menschen, der sich nicht nach Zuwendung und Liebe sehnt. Ich habe ein großes Bedürfnis nach echter Begegnung, nach tiefgehenden Gesprächen mit selbstverständlicher Verschwiegenheit und nach wahrer Freundschaft erlebt. Die meisten sehnen sich nach jemandem, der ihnen wirklich zuhört, vor dem sie ihre Maske ablegen können und einfach ganz sie selbst sein dürfen.

Mir ist niemand begegnet, der keine Ermutigung hätte gebrauchen können. Sei es beruflich oder in seinem Privatleben. Und es gibt eine große Sehnsucht nach Gott, nach Glauben, nach Spiritualität. Oft sieht man das nicht gleich, weil diese Sehnsucht zugeschüttet ist oder unter esoterischen Trümmern vergraben liegt. Manche sind innerlich hart geworden. Sie haben diese Härte zu ihrer Überlebensstrategie gemacht. Das erschwert es ihnen, sich zu öffnen und Begegnung zuzulassen. Dann braucht es Geduld, Empathie und Präsenz, um ohne jeden Druck in völliger Freiheit empfänglich zu werden für heilsame Begegnungen und für die liebevolle Stimme Gottes.

All das habe ich auf verschiedene Weise und unter unterschiedlichen Vorzeichen immer wieder erlebt: Als Seelsorger, der zu absoluter Vertraulichkeit verpflichtet ist, in Großkonzernen oder kleinen Firmen, bei den US-Marines, bei der Polizei oder bei der Feuerwehr. Aber genauso auch als Seelsorger bei Sportmannschaften und Spitzensportlern.

In den USA ist es völlig normal, dass sich ein Team einen Chaplain an Bord holt. Das Bewusstsein, dass jeder Mensch eine spirituelle Ader hat, die genauso der Sorge und Pflege bedarf wie die Muskulatur von Sportlern, ist in Amerika viel weiter verbreitet als in Europa. Die großen Football-, Eishockey- und Baseballteams haben wie selbstverständlich einen Chaplain als Ansprechpartner und Vertrauensperson für ihre Spieler.

Ich durfte international gefeierten Schauspielerinnen und Schauspielern, weltbesten Athleten, politischen Größen und internationalen Top-Managern nicht nur persönlich begegnen, sondern als Vertrauensperson auch ein Stück Weg mit ihnen gehen. Das war eine Ehre und Freude. Und eine gegenseitige Bereicherung.

Vor dem Hintergrund meiner Erfahrungen in den USA und entsprechender Erfolgserlebnisse bin ich überzeugt, dass es nur eine Frage der Zeit ist, bis auch in Europa Chaplains einen festen Platz in Firmen und Sportklubs haben werden. Ein Indiz dafür scheint mir die Tatsache zu sein, dass ich bereits heute in der Schweiz als Chaplain in verschiedenen Firmen unterwegs bin und in dieser Funktion auch wieder mit Athleten arbeite.

Top-Athleten haben ein sicheres Gespür dafür, was ihnen hilft, Bestform zu erreichen. Ohne knallhartes Training geht es nicht, aber nicht selten sind es andere Faktoren, die am Ende über Sieg oder Niederlage entscheiden. Im zunehmend säkularisierten Europa ruft man dann gerne nach «Mental Coaching». Klar kommen auch in den Staaten Sportpsychologen und «Mentaltrainer» zum Einsatz. Aber mit gleicher Selbstverständlichkeit gehört dort eben auch eine Vertrauensperson in der Form eines Seelsorgers zum Betreuerstab.

Hinter abgedunkelten Scheiben

Je weiter ich mich von meinem früheren Leben entfernte, desto deutlicher nahm ich die Not und das Elend hinter den glänzenden Fassaden der Städte wahr. Früher war mir das nicht so aufgefallen. Ich hatte einfach keine Augen dafür. Ich war mit mir, meiner Karriere und mit Geldverdienen beschäftigt. Wer mit eigenem Chauffeur unterwegs ist und hinter abgedunkelten Scheiben eleganter Limousinen sitzt, der sieht die vielen Obdachlosen in den Städten nicht. Der sieht die Not und das Elend nicht, das gleich hinter den hell erleuchteten Schaufenstern, den schicken Designerläden, Nobelhotels und Sterne-Restaurants beginnt.

Jetzt sah ich sie, die Menschen ohne Bleibe, die Drogensüchtigen, all die heruntergekommenen Frauen und Männer, die das Schicksal auf die Straße gespült hatte. Dort hausten sie, zum Teil seit vielen Jahren. Mitten unter uns. Draußen vor der Tür. Sie lebten unter menschenunwürdigen Bedingungen, angewiesen auf ein paar Dollar oder wenigstens ein paar Cent, die ihnen jemand im Vorbeigehen zuwarf. Keine Wohnung, kein Job, keine Familie. Man hatte ihnen auch ihre Würde genommen. Sie galten als Ausgestoßene, als Rand- und Schattenexistenzen einer Gesellschaft, in der Schein mehr zählt als Sein, Haben weit mehr als Geben.

Ihnen neben der Versorgung mit dem Notwendigsten ein Stück ihrer Würde zurückzugeben, war mir ein besonderes Anliegen, wenn ich Obdachlose und Drogensüchtige besuchte.

«Und wenn dich alle vergessen und gering achten: Gott vergisst dich niemals! Gottes Herz schlägt in besonderer Weise für Menschen in schwierigen, ja extremen Situationen. In Jesus hat Gott sich selbst in den Dreck des Stalles von Bethlehem gelegt und sich mit den Armen, den Schwachen, den Ausgestoßenen und Obdachlosen solidarisiert.» Das konnte ich nicht immer exakt so sagen. Ich war ja auch nicht als Prediger unterwegs. Fromme Sätze machen niemanden satt. Wer in seinem Leben keine Zuwendung erfahren hat, tut sich schwer damit zu begreifen, was gemeint ist, wenn ihm jemand von der Zuwendung Gottes erzählt.

Wo die Erfahrung fehlt, bleiben Worte graue Theorie. Mehr, als Worte zu sagen vermögen, sagen wir mit dem, was wir tun.

Gottes Zuwendung und Liebe an die Ränder der Gesellschaft zu tragen, darin hatte ich meine Berufung erkannt. Dabei wollte ich mit den Händen predigen und draußen bei den Menschen sein. Das sah ich als meinen Auftrag. «Seid Hände und Füße Jesu», hatte Kenton Beshore in seiner Predigt gesagt, damals bei meinem ersten Gottesdienstbesuch in der Mariners Church, als der Gesang des Chores mich so getroffen hatte, dass ich weinend in der Kirchenbank saß. «Seid Hände und Füße Jesu. Worte gibt es unter Christen schon genug», war eines der zentralen Motive in vielen Predigten Kentons.

Der Satz ist mir ins Herz gefallen. Er lässt mich seitdem nicht mehr los. Mehr denn je bin ich überzeugt: Kenton hat absolut recht! Jesus braucht Hände und Füße! Was die Worte angeht, reicht eigentlich die Bibel. Damit ist im Grunde alles gesagt. Das entbindet freilich nicht von der Aufgabe, die Frohe Botschaft für heute zu erschließen und in besonders schwierige Lebenssituationen hinein zu «übersetzen».

Bei den Begegnungen und Gesprächen mit Junkies und Obdachlosen, mit Sterbenden und Kranken, mit missbrauchten Kindern, weltbesten Athleten, Selfmade-Millionären und einsamen Alten, bei den US-Marines, bei der Polizei oder bei der Feuerwehr wurde ich mit vielen Schicksalen konfrontiert. So grausam und hart diese Schicksale auch waren, sie ließen mich nicht verzweifeln. Ich fühlte ich mich von Gott gehalten und wuchs weiter im Glauben an seine Gegenwart. Er begegnete mir in den Leidenden, den Schwachen, den Missbrauchten, den Kranken: Er war für mich im wahrsten Sinn des Wortes mit Händen zu greifen.

Bei meinen Einsätzen bekam ich viel zurück. Wer nichts hat außer einem redlichen Herzen – ganz gleich, wie verwundet es ist –, kann anderen viel mehr geben, als er sich selbst vorzustellen vermag. Solche Erfahrungen bestärkten mich darin, meinen Weg weiterzugehen. Dabei hatte ich die beste Unterstützung, die man sich denken kann: Ziba.

Egal wo ich unterwegs war, Ziba hatte ich dabei. Sie war eine sensationelle Begleiterin. Ziba öffnete Türen und schaffte Verbindung. Ich brauchte nur hindurchzugehen und mit Empathie präsent zu sein. Hunde schauen nicht auf Äußerlichkeiten. Ihr Instinkt lässt sich nicht blenden. Nach vielen Jahren Arbeit mit Therapiehunden kann ich sagen:

Hunde haben ein untrügliches Gespür dafür, was in bestimmten Situationen wesentlich ist.

Bei der Mariners Church arbeitete ich inzwischen in der Leitung verschiedener «Outreach Ministries» (so nennt man in den USA die «Außendienste» einer Gemeinde) und in der Leitung geistlicher Dienste, die zum Leben der Gemeinde gehörten. Weil ich als Klinikpfarrer tätig war und mich viele Ärzte kannten, wurde ich häufig auf die Intensivstation oder zu Sterbenden gerufen. In schwierigen Fällen, etwa wenn Kinder gestorben waren oder bei Selbsttötungen, übernahm ich die Beerdigungen.

In dieser Zeit habe ich mehr über das Leben und die Menschen gelernt, als man aus Büchern jemals erfahren kann. Womit ich nicht das Geringste gegen gute Bücher gesagt haben will.

Auch für meinen Glauben habe ich wertvolle Erkenntnisse gewonnen. Ich bin überzeugt: Christen dürfen Nächstenliebe nicht einfach outsourcen, sie sozusagen professionellen Dienstleistern überlassen. Tätige Nächstenliebe ist elementarer Bestandteil des christlichen Bekenntnisses. Wo sie nicht gelebt wird, fehlt etwas Entscheidendes. Da verkümmert der Glaube, wird schal, blutleer und am Ende bedeutungslos. Er verkommt zum Lippenbekenntnis und erstarrt in religiöser Routine – ohne große Konsequenzen für das eigene Leben zu haben.

Umgekehrt gilt aber auch: Ohne einen lebendigen Glauben, ohne persönlichen Gottesbezug verliert unser Tun seine Mitte und seine vitale Kraft. Dann degeneriert Nächstenliebe zu einer Dienstleistung, die vertraglich vereinbart, klar begrenzt und entsprechend abgerechnet wird.

Der Glaube muss sich durch die Tat beweisen. Das ist keine neue Erkenntnis. Das steht so in der Bibel (Jakobus 2,14–26). Aber es ist an der Zeit, diesen Zusammenhang wieder bewusst zu machen. Nächstenliebe ist kein «Abfallprodukt» des Glaubens, also etwas, das so nebenbei auch noch abfällt. Die Sorge um die Schwachen, die Armen, die Kranken, die Zukurzgekommenen und Aussätzigen, um die Opfer, die Verbrechern in die Hände gefallen sind, ist elementarer Bestandteil des Glaubens.

Tätige Nächstenliebe als sichtbarer Ausdruck der liebenden Zuwendung Gottes war immer das eigentliche Markenzeichen des Christentums. Gebet und Tat gegeneinander auszuspielen, ist völlig absurd. Beides gehört für Christen untrennbar zusammen.

Für die frühe Christenheit gab es drei Weisen, Jesus zu begegnen: im Brechen des Brotes, in seinem Wort und in den Armen. Das war lange, bevor sich Christen im Streit gegenseitig die Köpfe einschlugen, in Konfessionen spalteten und so ihr Glaubenszeugnis schwächten. Gerade heute wäre das gelebte gemeinsame Zeugnis ein entscheidender Schritt, damit Spaltungen und Zerwürfnisse unter Christen nicht das letzte Wort haben. Das Gute daran: Damit kann man sofort beginnen – ohne auf irgendwelche Theologen-Kommissionen warten zu müssen.

Als besonders prägende Erfahrung in der Seelsorge empfand ich, wie häufig ich auf das Thema sexueller Missbrauch stieß. Sicher, für diese Thematik war ich besonders sensibilisiert. Aber ich hätte es nicht für möglich gehalten, wie viele Menschen mir begegneten, deren Wege in Drogen, Obdachlosigkeit, in schwere Krankheiten oder gar in den Suizid im Zusammenhang mit der Erfahrung von sexuellem Missbrauch standen.

Das bestätigte einerseits die Erkenntnisse, die ich aus Studien und dem Austausch mit Fachleuten gewonnen hatte. Das ließ aber auch erahnen, dass die Dunkelziffer unglaublich hoch sein musste. Sexueller Missbrauch ist das verschwiegene Megathema überhaupt. Davon bin ich nach wie vor überzeugt. Auch wenn das Thema heute in der Öffentlichkeit einen anderen Stellenwert hat als früher: Von einem Bewusstsein dafür, welche Größenordnung diese Thematik in Wirklichkeit hat, sind wir noch immer weit entfernt.

Zu den Aufgaben, in die ich bei der Mariners Church eingebunden war, gehörten auch die Ferienlager und Wochenendfreizeiten für traumatisierte und sexuell missbrauchte Kinder. Seit meiner Begegnung mit Faith hatte mich das Thema sexueller Missbrauch nicht mehr losgelassen. Mein Versprechen ihr gegenüber war der Auslöser für mein «neues» Leben gewesen. Durch sie hatte ich gewissermaßen zu mir selbst und in meine Berufung gefunden. Ihre rote Feder, die ich seit jenem Abschied auf dem Lagerplatz in den Wäldern des San Bernardino National Forrest immer bei mir hatte, war zum «roten Faden» meines Lebens geworden. Dass mich dieser Weg eines nicht allzu fernen Tages wieder in die Schweiz führen würde, konnte ich mir damals nicht vorstellen.

Als Katastrophen-Team international im Einsatz

Ich war Amerikaner und als Seelsorger fest in den Staaten verwurzelt. Irgendwann hatte ich den Eindruck, ich solle «His Chaplain for you» («Sein Seelsorger für Sie») gründen. Damit war ich in der Lage, jedem, der sich dafür interessierte, eine offizielle Visitenkarte mit meinen Kontakten in die Hand zu drücken. Somit war ich jederzeit erreichbar. «His Chaplain for you» ermöglichte mir zudem, meine unterschiedlichen Einsatzbereiche als Klinik- und Notfallseelsorger unter einen Hut zu bekommen.

In Amerika ist es üblich, dass ein Pfarrer oder ein Chaplain sich und seine Aktivitäten durch Spenden finanziert. Aus diesem Grund rief ich «Paws for Cause» ins Leben. Was frei übersetzt so viel bedeutet wie «Pfoten für eine gute Sache». Zugleich war es ein Wortspiel: «Pausiere für einen Grund (Moment)». Ich organisierte Veranstaltungen wie zum Beispiel einen 5K mit Hunden, bei denen Geld für verschiedene Seelsorgeprojekte gesammelt wurde. In China bestellte ich 2000 kleine Plüschhunde, die Ziba ausgesprochen ähnlich sahen. Dann sammelte ich Spenden, so dass diese kleinen Plüsch-Zibas an die Kinder, die ich besuchte, verschenkt werden oder von der Polizei bei Einsätzen mit Kindern überreicht werden konnten. Ziba und ich mussten ja irgendwann wieder gehen. Die Stoff-Zibas aber blieben da – zum Kuscheln und zum Trösten.

Durch meine Einsätze mit Therapiehund häuften sich die Anfragen. Ziba und ich wurden gebeten, zu Besuch zu kommen. Etwa nach schweren Unfällen, zu traumatisierten Kindern, zu Patienten, die damit fertigwerden mussten, dass sie plötzlich querschnittsgelähmt waren, oder zu schwerst krebskranken Kindern.

Als «der Pfarrer mit dem Hund» war ich bald selbst bekannt wie der sprichwörtliche bunte Hund. Notfallseelsorger mit Therapiehund, das war irgendwie gefragt. So kam ich in ein Team, das speziell für Katastropheneinsätze ausgebildet wurde. Mit unseren Hunden wurden wir mit Helikoptern dahin geflogen, wo es gerade brannte – im wörtlichen wie im übertragenen Sinn.

Einsätze bei Waldbränden gehören zu den schlimmsten Erfahrungen, die ich gemacht habe. Feuer bedeutet komplette Zerstörung. Ein Waldbrand, der eskaliert, überrollt alles mit geradezu teuflischer Vernichtungskraft. Übrig bleiben nur Asche und Rauch. Man kann sich das kaum vorstellen, wenn man es nicht erlebt hat.

Nach einem besonders intensiven Einsatz während Waldbränden in Kalifornien entschied ich mich für einen weiteren Hund. Die Belastung war für Ziba alleine einfach zu groß. So kam Micah zu uns ins Team und entwickelte sich zu einem prächtigen Therapiehund. Er ist bis heute an meiner Seite.

Waldbrände sind entsetzlich. Aber es bringt nichts, verschiedene Katastrophen-Szenarien miteinander zu vergleichen. Jede Katastrophe hat ihre eigene furchtbare Dynamik und bedeutet eine besondere Herausforderung. Ziba, Micah und ich haben einige erlebt. Wir waren nach Tornados, Erdbeben, Tsunamis und Terroranschlägen im In- und Ausland in Einsatz. Was auch immer geschehen war, bei jeder Katastrophe ging es darum, Menschen beizustehen, die sich in einer unvorstellbaren Notlage befanden.

Um reich und berühmt zu werden, war ich nach Amerika gekommen. Als Geschäftsmann hatte ich den American Dream gelebt und schließlich mein Vermögen verloren. Nun saß ich neben Katastrophen-Opfern, die noch weit mehr verloren hatten. Ich weinte mit ihnen und betete mit ihnen. Und Ziba und Micah legte ihren weichen Kopf in deren Schoß.

Dass sich mein Leben so verändert hat, zeigt für mich den Einfallsreichtum und die Größe Gottes. Wenn Gott einen Typen wie mich brauchen kann, wenn er mein Leben so verwandeln konnte, dann ist das bei jedem möglich. Niemand muss dafür auf den Hund kommen oder deshalb gleich Pfarrer werden. Es reicht aus, Gott eine Chance zu geben. Bei mir genügte eine rote Feder, um mir meinen Weg zu zeigen. Aber Gottes Kreativität ist grenzenlos. Lass Dich darauf ein, Du wirst staunen. Aber sei nicht überrascht, wenn er Dir völlig unerwartet begegnet.

20. Wunder geschehen, ich hab's gesehen

In der Schweiz freute man sich über weiße Weihnachten. In Kalifornien strahlte die Sonne. Der 23. Dezember begann vielversprechend. Die Aussicht auf ein paar Feiertage sorgte für gute Laune. Draußen war es sommerlich warm, in den Häusern glänzte Weihnachtsdekoration. Mein Telefon klingelte. Am anderen Ende der Leitung erkannte ich die Stimme von Shari London, einer guten Bekannten:

«Hey, Roy. Wir haben hier im Geschäft einen anderthalb Meter großen Santa Claus aus Schokolade von unserer Weihnachtsparty übrig. Kannst du den für ein Kinderheim oder ein Altenheim gebrauchen und dort verteilen? Ich könnte ihn dir vorbeibringen.»

«Ja, den nehme ich gerne. Da findet sich bestimmt jemand, der sich darüber freut», sagte ich spontan zu.

Da ich zu dieser Zeit mit Ziba und Micah in vielen Kinderspitälern, Altenheimen, Kliniken und Heimen unterwegs war, um Menschen in schwierigen Lebenssituationen zu besuchen, waren wir an vielen Orten gerngesehene Gäste. «Irgendjemand nimmt den Santa ganz sicher», dachte ich. Mir war klar, dass ich schnell einen Abnehmer finden musste. Ein eineinhalb Meter Schoko-Santa-Claus passte ja in keinen Kühlschrank. Und bei den sommerlichen Temperaturen lief man Gefahr, dass Santa schmolz, bevor sich jemand daran hätte freuen können.

Ich telefonierte Kinderheime, Spitäler und Altenheime ab. Aber wo ich auch anrief, überall erhielt ich höfliche Absagen:

«Vielen Dank, aber wir wurden bereits versorgt.»

«Danke, aber zu viel Schokolade und Zucker ist nicht gut für die Kinder.»

Nanu, was war da los? Wollte wirklich niemand meinen Riesen-Schoko-Santa? Bei mir konnte er aber auch nicht bleiben. Es war viel zu warm hier drin.

Nun gut, meine Versuche waren erfolglos geblieben. Vielleicht doch besser mit Hilfe von oben probieren, dachte ich und schickte die Frage, was aus Schoko-Santa werden sollte, Richtung Himmel. Plötzlich hatte ich den Eindruck, ich solle nach Santa Ana fahren und Obdachlosen «Chili con Carne» als Weihnachtsessen bringen. Santa Claus wäre dann der Nachtisch.

Kaum war die Idee in mir aufgestiegen, begann ich innerlich zu protestieren: «Nein, nein, nein. Das kommt nicht in Frage. Erstens bin ich heute Abend eingeladen. Alles ist längst abgemacht und vorbereitet. Und außerdem habe ich dazu überhaupt keine Lust.»

Die merkwürdige Chili-Idee hätte mir fast meine schöne Weihnachtsstimmung gekillt. Aber es gab noch Hoffnung. Vielleicht fiel mir eine andere Lösung ein. Doch so sehr ich auch hin und her überlegte, ich kam auf keinen anderen praktikablen Gedanken. Im Gegenteil: Die Chili-Idee klopfte immer lauter an. «Okay, Gott, wenn das wirklich dein Wille ist, dann schreibe ich jetzt eine Mail an ein paar Freunde. Und ich fahre nur nach Santa Ana, wenn sich innerhalb einer Stunde jemand meldet, der das alles mitorganisiert und bezahlt!», stöhnte ich einigermaßen zerknirscht.

Widerwillig setzte ich mich an meinen Computer und schrieb eine Rundmail. Allerdings schickte ich sie nur an Freunde, von denen ich wusste, dass sie gerade im Urlaub waren oder dass sie arbeiten mussten. Ich war nicht stolz darauf, aber dafür war ich sicher, dass sich niemand melden würde.

Keine zehn Minuten später klingelte mein Telefon. Marleen Meyer war dran. «Hallo Roy, eben hab ich deine E-Mail gelesen. Ich bin dabei. Sag mir, was ich einkaufen soll, dann fahre ich gleich los.»

«Moment, Marleen, du und Don, ihr seid doch gerade in Europa in Urlaub. Wolltet ihr über Weihnachten nicht in Italien sein?», fragte ich überrascht.

«Ja, das war unser Plan. Aber Don ist am Tag der Abreise die Treppe runtergefallen und hat sich am Bein verletzt. Und wenn ich an Weihnachten was Gutes tun kann, dann ist das das größte Geschenk für mich.»

Das war deutlich. Ich hatte verstanden.

«Okay, dann muss ich jetzt wohl nach Santa Ana und den Obdachlosen Chili und Santa Claus bringen», sagte ich mir. Daran führte kein Weg mehr vorbei.

Kaum hatte ich aufgelegt, klingelte erneut mein Telefon. Erinn Kanney war dran.

«Let's go to Santa Ana!», rief sie freudig.

«Bist du dabei?», fragte ich stutzig.

«Wenn wir mit Jesus und den Obdachlosen Weihnachten feiern können, bin ich dabei.»

Wir verständigten uns auf die Einkäufe, beschlossen, zusätzlich Kaffee auszuschenken, und vereinbarten, uns um 16.00 Uhr zum Kochen zu treffen. Anschließend würden wir unsere Gaben mit meinem Wohnmobil nach Santa Ana transportieren. Brot bekamen wir vom Market Broiler in Fountain Valley geschenkt.

Erinn arbeitete in einem Pflegeheim. Von dort brachte sie große Kaffeekannen mit. Wir trafen uns bei mir, kochten gemeinsam Chili und brühten den Kaffee auf. Schließlich hatten wir zwei Töpfe. Jeder Topf enthielt Chili für zehn Personen. «Zumindest zwanzig Obdachlose haben heute Abend ein warmes Essen», freuten wir uns und verstauten unsere Töpfe, Kaffeekannen und Plastikbecher in meinem Wohnmobil. Mit an Bord waren Erinn, meine Hunde Ziba und Micah und ich.

«Das endet in einer Schlägerei»

Am Abend des 23. Dezember erreichten wir das Civic Center in Santa Ana. Die Sonne hatte sich längst verzogen. Die Wärme des Tages war einem kühlen Abend gewichen. Es nieselte. Die Scheibenwischer sorgten für freie Sicht. Ich parkte auf dem großen leeren Parkplatz des Civic Centers. Wir warteten eine Weile und sahen uns um. Dann stieg ich aus.

Die feuchte Kälte kroch einem in die Kleider. Nach dem warmen Sonnentag fühlte sich das besonders durchdringend an. Ich fuhr meinen GMC Dually Truck mit meinem Lance Camper obenauf. Der Eingang des Wohnmobils befand sich rechts hinten. Vom Führerhaus aus konnte man nicht nach innen durchgehen. Als ich die Autotür zuschlug, sah ich niemanden.

«Na, dann können wir wieder heimfahren und die nächsten zwei, drei Tage Chili essen», dachte ich, während ich um mein Wohnmobil herumlief.

Was für ein Irrtum. Hinten vor dem Eingang des Wohnmobils standen bereits etliche Personen.

«Bringt ihr etwas zu essen?», fragte mich einer der Obdachlosen, die sich da eingefunden hatten.

«Ja, wir haben Essen dabei», antwortete ich. Aber ich wagte nicht, die Tür zu öffnen. Ich blickte in die Runde. Da standen mindestens vierzig Obdachlose. Unser Chili reichte für zwanzig Personen. Ich bekam es mit der Angst zu tun.

«Das endet in einer Riesenschlägerei», fürchtete ich. Ich

blickte in die erwartungsvollen Gesichter und bat um einen Augenblick Geduld.

«Was machen wir jetzt?», fragte ich Erinn.

Sie hatte inzwischen mitbekommen, was sich da zusammenbraute. Wir waren ratlos.

«Lass uns beten», riet Erinn.

Das taten wir im Innern des Wohnmobils.

Plötzlich klopfte es an der Tür.

«Was ist jetzt?», dröhnte eine tiefe Männerstimme nach innen. «Braucht ihr Hilfe?»

Ich blickte durch die regennasse Scheibe. Da standen eine Frau und ein Mann und fragten, ob wir Unterstützung gebrauchen könnten. Wir nahmen dankbar an.

Aber was war das? Da waren offensichtlich noch viel mehr Leute dazugekommen. Vorsichtig stieg ich aus. Santa Claus wurde von den beiden zusätzlichen Helfern mit Hammer und Messer in kleine Portionen zerteilt, die Kaffeekannen bereitgestellt. Vierzig Plastikschüsseln hatten wir dabei, ein paar zusätzliche hatte ich noch in meinem Wohnmobil. Mehr hatten wir einfach nicht.

«Erinn, mach *kleine* Portionen», flüsterte ich ihr zu, «dann reicht es vielleicht für dreißig Leute. Ich zähle in der Zwischenzeit die Menschen ab, die in der Schlange stehen. Geh nach hinten und versuche ihnen zu erklären, dass wir nicht genügend dabei haben.»

Als ich gesagt hatte: «Mach kleine Portionen», war mir, als hätte mich jemand am Kragen gepackt und gesagt: «Große Portionen!» Ich drehte mich um, aber da stand niemand hinter mir.

«Mach *normale* Portionen», sagte ich zu Erinn und war selbst überrascht, als ich mich so reden hörte.

«Bist du sicher?», schaute sie mich zweifelnd an.

«Ich habe den Eindruck, jemand will, dass wir große Portionen machen», antwortete ich. Mir war klar, wie verrückt das war, was ich da sagte, aber jetzt war es raus.

«Wirklich?», fragte Erinn.

Ich nickte.

«Gut», sagte sie nur und tauchte den Schöpflöffel tief in den Chili-Topf, der vor ihr auf dem Campingtisch stand.

Noch war die Lage ruhig. Die Obdachlosen standen friedlich in einer langen Schlange. Jeder wartete, bis er an die Reihe kam. Die Stimmung konnte jederzeit umschlagen. Ich zählte die ersten dreißig Personen ab, dann suchte ich das Gespräch.

«Es tut mir leid, aber wir haben nicht genug für alle dabei», fing ich vorsichtig an.

Davon ließ sich keiner beeindrucken. Sie ignorierten mich einfach. Während ich da stand, ging einer nach dem anderen langsam an mir vorbei. Die Schlange drängte weiter. Die Chili-Reserven mussten längst aufgebraucht sein. Ich schaute zurück zu unseren Tischen. Was war da los?

Die beiden Helfer und Erinn hatten die zusätzlichen Teller aus meinem Wohnmobil geholt und verteilten sie. Unsere Plastikschalen waren bereits aufgebraucht. Das konnte doch nicht möglich sein. «Was schöpfen die denn noch?», fragte ich mich und eilte zu den Campingtischen. Ich sah, wie Erinn vor Freude Tränen in den Augen hatte. Auch die beiden Helfer, die sich angeboten hatten, uns beim Austeilen zu helfen, hatten Tränen in den Augen.

«Was ist los?», rief ich.

«Unsere Töpfe müssten längst leer sein. Es waren schon weit über vierzig Menschen hier, aber sie werden nicht leer.» Erinn zitterte vor Aufregung.

«Machst du Witze», fuhr ich sie an.

Da sah Erinn mich aus großen Augen an. «Jesus is here. It's a miracle!», schluchzte sie vor Freude.

Ich schaute in die Töpfe. Das war doch nicht möglich. Inzwischen waren weit über fünfzig Portionen verteilt worden, aber die Töpfe waren immer noch zur Hälfte mit Chili gefüllt. Erinn und die beiden, die uns beim Verteilen halfen, standen hinter den Campingtischen und schöpften immer weiter. Dabei weinten sie Tränen der Freude. «Roy, das ist ein Wunder, was hier gerade passiert», wiederholte Erinn.

Ich war fassungslos! Als Schalen und Teller ausgingen, reichten die Obdachlosen, die bereits gegessen hatten, ihre Schüsseln an andere weiter, die noch nichts bekommen hatten. Am Schluss wurde mit Plastiklöffeln direkt aus den Töpfen gegessen. Alle wurden satt. Keiner ging hungrig in diese Nacht.

Auch wir probierten. Es war das beste Chili, das ich in meinen ganzen Leben gegessen habe.

Als alle unsere Gäste gegangen waren, fiel ich mitten auf dem Platz auf die Knie und betete. «Thank you! Thank you! Thank you, Jesus!», stammelte ich. «If you want me to keep doing this, we will as often as you like, Dad! Das ist das schönste Weihnachtsfest, das ich je erlebt habe», brachte ich noch heraus. Ich war völlig aufgewühlt vor Freude über das, was wir gesehen und erlebt hatten.

Wir packten unsere Töpfe und die Kaffeekannen ein und klappten die Campingtische zusammen. Es hatte aufgehört zu regnen. Jemand kam mit einer Gitarre vorbei und gesellte sich zu uns. Als wir alles verstaut hatten, saßen wir noch lange zusammen und sangen gemeinsam Weihnachtslieder. Was für eine wundervolle Heilige Nacht. Keiner, der dabei war, wird dieses Weihnachtsfest jemals vergessen.

Mit diesem Abend begann eine große Geschichte. Die Idee des Chili-Mobils verbreitet sich immer weiter. Auch heute ist das «Chili-Mobile» noch mehrmals wöchentlich in Orange County unterwegs und serviert den unzähligen Obdachlosen

Chili und Kaffee. Alle paar Monate bekomme ich ein E-Mail aus einer Bibliothek in Santa Ana. Obdachlose senden mir Grüße und fragen immer wieder, wie es dem Pfarrer vom Chili-Mobil jetzt in der Schweiz geht.

Gott hat nicht nur vor 2000 Jahren Wunder gewirkt. Er tut dies auch heute noch!

In den USA heute eine feste Größe

Wenn Gott so etwas Außergewöhnliches tut, dann konnte das Chili-Mobil keine einmalige Aktion bleiben. Seit jenem Weihnachtsfest fuhren wir jede Woche nach Santa Ana und Huntington Beach, um Obdachlosen Essen zu bringen. Mit der Zeit kamen weitere Wohnmobile dazu.

Bald ging es auch nicht mehr nur darum, Essen zu bringen. Das Chili-Mobil entwickelte sich zur mobilen Versorgungsstation für Menschen ohne Wohnsitz. Ärzte kamen mit an Bord. Zwei Allgemeinmediziner, ein Frauenarzt, ein Augenarzt und ein Zahnarzt gingen mit auf Tour. Wir erreichten zahllose Notleidende, denen auf diese Weise geholfen werden konnte.

Als ich die USA verließ, hatte sich das Chili-Mobil als feste Größe in vielen Städten der USA etabliert. Mit den Jahren hatte sich die Idee multipliziert und über das ganze Land verbreitet.

Nach jener Initialzündung an Weihnachten 2009 haben wir bei mir daheim in der Küche regelmäßig für 150 bis 200 Personen gekocht. Das Kochen war gerade noch so zu bewerkstelligen. Die eigentlichen Probleme begannen mit dem Abspülen. Derart große Töpfe passen in keine gewöhnliche Spülmaschine, und jedes Waschbecken ist erst recht überfordert. Also spritzten wir die Töpfe draußen auf meinem Parkplatz aus.

Das war zwar praktisch, hatte aber Folgen: Tomatenrote

Spülbrühe lief die Straße entlang. Nicht nur einmal rückte die Polizei an. «Pfarrer, das mit der Soße geht nicht», wurde mir mit Nachdruck eingeschärft. Daher war ich froh und unglaublich dankbar, als 2010 schließlich das «Waterfront Hilton Hotel» in Huntington Beach das Kochen übernahm. Hilton hatte nicht nur die nötige Großküche, sondern auch ausreichend große Spülmaschinen. Von da an bereitete das Hilton regelmäßig 250 Obdachlosen-Essen zu. Gott sei Dank.

Der Name Chili-Mobil hatte sich im Grunde durch eine launige Bemerkung ergeben. Als wir wieder einmal von meiner Garage aus zu einer unserer Touren aufgebrochen waren, hatte einer unserer Mitstreiter bedeutungsschwer gesagt: «The Chili-Mobile has left the base», «Das Chili-Mobil hat seine Basisstation verlassen». Das hatte geklungen, als wären wir unterwegs zum Mars, dabei fuhren wir eigentlich nur um die nächste Ecke. Da ist die Not manchmal am größten.

Von da an war der Name Chili-Mobil jedenfalls gesetzt. Übrigens: Das Chili-Mobil hat nicht nur Obdachlosen Essen und ärztliche Hilfe gebracht. Auf viele Leute, die mitgearbeitet haben, sprang der Funke des Glaubens über. Gott sorgt sich um alle Menschen, die Hunger leiden. Um die mit leerem Bauch und um die mit hungrigem Herzen.

Eines von vielen solcher Beispiele ist Bryan Crain. Ich kannte Bryan von der Mariners Church. Er kam jede Woche und half als Freiwilliger. Als ich in die Schweiz zurückkehrte, übernahm Bryan die Gesamtleitung des Chili-Mobils. Mit der Unterstützung der OC Rescue Mission und von der Mariners Church ist er dem Chili-Mobil bis heute treu geblieben.

Zwei andere nicht weniger wichtige Beispiele sind Julie Hopkins und Jessie Mendoza. Beide kamen über Monate zu mir nach Hause, um Chili zu kochen. Jessie half jedes Mal. Sie fehlte nie. Sie war es auch, die im Büro nach dem Rechten sah, bei

Danksagungen für Spenden half und viele andere wichtige Aufgaben übernahm.

Durch die Erfahrungen, die die Helfer rund um das Chili-Mobil machten, veränderte sich ihr Glaube. Gott wurde zu der bestimmenden Wirklichkeit ihres Lebens. Sie brannten für Jesus und erkannten ihre wahre Identität, ein geliebtes Kind Gottes zu sein. Durch Jesus Christus eine lebendige Beziehung zu Gott zu haben, ist noch mal etwas ganz anderes, als jede Woche in die Kirche zu gehen. Religiöse Routinen sind noch lange kein lebendiger Glaube.

Das Chili-Mobil speiste Obdachlose, und es gab auch dem Glauben Nahrung. Gottes Gegenwart wurde im wahrsten Sinne des Wortes greifbar. «Liebe geht durch den Magen», heißt es. Das stimmt beim Chili-Mobil in besonderer Weise. Aber die Liebe, die ausgeteilt wurde, ging anschließend auch durch die Herzen. Durch die Herzen derjenigen, die sich engagierten.

Gottes Liebe verändert die Welt. Beim Chili-Mobil konnte man das erfahren. Diese Erfahrung veränderte auch die Art und Weise, wie wir Mitarbeiterinnen und Mitarbeiter unseren Glauben lebten.

21. Zurück in die Zukunft

Mit dem Chili-Mobil war etwas in Bewegung geraten. Das Projekt wuchs und wuchs. Verschiedene Rotary Clubs unterstützen uns. Aber auch dank großzügiger und monatlicher Hilfe von Freunden wie Tom und Bryan sowie von vielen anderen konnten wir immer mehr Notleidende erreichen.

Es war eine durch und durch bewegende Zeit. Und ich freute mich darüber, wie schnell etwas wachsen kann, wenn Gott seine Hand im Spiel hat.

In dieser Zeit hatte ich während meiner Gespräche mit Gott immer wieder den Eindruck, ich solle für Pfarrer Ernst Sieber beten. Vielleicht muss ich an der Stelle zunächst zwei Dinge erklären, bevor ich weiterschreibe. Erstens: Wer ist Pfarrer Sieber? In der Schweiz weiß das fast jeder. Anderswo kennt man diesen begnadeten Armen-Pfarrer nicht mit gleicher Selbstverständlichkeit. Und zweitens: Was meine ich, wenn von meinen Gesprächen mit Gott die Rede ist? Bevor mich manche für einen durchgeknallten frommen Spinner halten, will ich die Dinge zurechtrücken.

Über die Bedeutung der Stille und des Zuhörens habe ich bereits geschrieben. Je mehr ich Gott die Priorität in meinem Leben gab, desto größer wurde mein Wunsch, die Beziehung zu ihm zu intensivieren. Ich nahm mir viel Zeit zum Gebet. Nicht dass ich besondere Worte gemacht oder fromme Verse abgelesen hätte. Ich ging in die Stille und übte mich darin, wirklich ruhig und fokussiert zu sein, um so nach innen zu lauschen. «Dad, talk to me, your son is listening» («Vater, sprich zu mir, dein Sohn hört zu.») – dieser Satz entwickelte sich zu einem meiner Lieblingsgebete. Wenn ich bete, spreche ich übrigens immer Englisch. Darum rede ich Gott auch mit «Dad» an.

Ich bin in Amerika zum Glauben gekommen. Insofern ist Englisch für mich so etwas wie meine Muttersprache im Glauben. Außerdem gefällt mir «Dad» als Anrede für Gott sehr gut. Jesus hat seinen himmlischen Vater damals mit «Abba» angesprochen. Für mich klingt das ähnlich vertraut und herzlich wie «Dad».

Wenn Beten bedeutet, mit Gott zu sprechen, dann heißt das für mich nicht, zu plappern oder Monologe zu führen, sondern sich wirklich auf ein Beziehungsgeschehen einzulassen. Einander mit voller Aufmerksamkeit und Empathie zu begegnen, fällt uns heute schon in unseren normalen Beziehungen schwer. Unsere Kommunikation ist geprägt von permanenter Ablenkung. Wir lassen uns immer seltener wirklich auf unser Gegenüber ein. Das gilt für Eltern-Kind-Gespräche genauso wie für Paare. Dauerndes Multitasking macht uns zunehmend unfähig, uns voll und ganz auf eine Gesprächssituation einzulassen. Wir nehmen uns immer weniger Zeit, wirklich zuzuhören, was uns jemand im Gespräch eigentlich sagt. Wenn uns das schon im Alltag schwerfällt, dann erst recht bei der Kommunikation mit Gott.

Gott bläst einem ja nicht mit dem Alphorn ins Ohr. Er bevorzugt die leisen Töne. Um sie wahrzunehmen, braucht es ein hörendes Herz, Stille und Aufmerksamkeit.

Ich musste das alles erst mühsam lernen. Aber je mehr ich mich darauf einließ, umso wichtiger wurden mir diese Zeiten der Stille und des Hörens. Nichts ging über ein «Date mit Gott». Meist schrieb ich danach in mein Journal, was mir dabei durch den Kopf beziehungsweise durchs Herz gegangen war. Immer wieder hatte ich in solchen Zeiten des stillen Hörens den Eindruck, ich solle für Pfarrer Ernst Sieber beten.

Sieber war als Obdachlosenpfarrer in der Schweiz bekannt. Er war evangelisch-reformierter Pfarrer, aber vor allem war er ein Mann der Tat. Er kümmerte sich um Wohnungslose, Drogensüchtige, Aidskranke und Prostituierte und hatte ein schweizweites Hilfswerk gegründet, das «Sozialwerk Pfarrer Sieber» (SWS). Auch er stammte aus Horgen, und unsere Familien kannten einander.

Ich folgte meinem Eindruck und betete für ihn. Was das sollte und warum ich im fernen Kalifornien jetzt ausgerechnet für den Schweizer Obdachlosen-Pfarrer beten sollte, erschloss sich mir nicht wirklich. Aber ich hatte mich entschieden, Eindrücke, die ich während des Gebets hatte, ernst zu nehmen und entsprechende Ideen dann auch umzusetzen.

Als sich schließlich der Eindruck verfestigte, ich solle Pfarrer Sieber mal anrufen, tat ich es. Wir hatten keinerlei Kontakt. Ich musste ihn googeln, rief in seinem Büro an und war überrascht, als man mir ziemlich schnell seine Handynummer gab.

Jemanden anzurufen, den man überhaupt nicht kennt, um ihm zu sagen, dass man nicht genau wisse, warum man ihn gerade anrufe, dass man aber den Eindruck habe, genau dies tun zu sollen, ist ein ziemlich schwieriger Einstieg in ein Telefongespräch. Aber genau so fing ich an.

«Ich bin hier in Kalifornien und habe keine Ahnung, warum ich Sie in der Schweiz anrufen soll. Aber es scheint mir, als habe Gott mir dieses Telefonat ans Herz gelegt. Vielleicht haben Sie eine Idee?», sagte ich zu Ernst Sieber. Immerhin war der Mann Pfarrer. Er würde mich also nicht für völlig verrückt halten, wenn ich ihm etwas von Gott erzähle, dachte ich.

«Freut mich, dass du anrufst!» Er duzte mich sofort und wollte, dass ich das ihm gegenüber genauso halte. Sieber klang nicht sonderlich überrascht wegen meines Anrufs. «Schick mir doch mal deine Unterlagen. Wir suchen jemanden als Stellvertreter für mich», sagte er.

Wir plauderten noch ein wenig.

Dann war das Gespräch beendet.

Ich stand da wie vom Donner gerührt, mein Telefon hielt ich noch in der Hand und war sprachlos. Das war das Letzte, womit ich gerechnet hätte. In mir begann sofort totales Gefühlschaos. Was war das? Eine Bewerbung in die Schweiz schicken? Zurück in die Schweiz? Das war doch völlig absurd. Das entsprach überhaupt nicht meiner Vorstellung und meinen Plänen.

Ich war glücklich in den USA. Hier hatte ich meine Berufung entdeckt und Freunde gefunden, und ich konnte das tun, was mir am Herzen lag. Sicher, es gab finanzielle Engpässe. Dann musste man neue Fundraising-Kampagnen starten. Aber das tat meinem Glück keinen Abbruch. Und jetzt dieses Telefonat, das mit einem Mal alles durcheinanderbrachte.

Was tun? Ich grübelte, wog ab und rang um Klarheit. Ich tauschte mich mit Freunden aus und nahm die Situation ins Gebet. Ich brauchte einige Zeit, um meine «Unterlagen» und den sogenannten «Lebenslauf» zusammenzustellen. Seit Mitte zwanzig hatte ich das nie mehr gemacht.

Dann schickte ich meine Unterlagen in die Schweiz. Es würde sich zeigen, was sich daraus entwickelt, dachte ich mir.

Einige Zeit später erhielt ich eine Absage. Das irritierte mich. Ich hatte mich auf gar keine Stelle beworben, sondern lediglich meine Unterlagen geschickt, so wie mir das Pfarrer Sieber gesagt hatte. Nun also eine Absage. Merkwürdig. Sollte ich mich irren? Hatte ich mich getäuscht? Waren Sieber und die Schweiz ein Irrtum? Hatte ich etwas missverstanden?

Die Zweifel nagten. Eines Tages erhielt ich einen Anruf aus der Schweiz. Ein gewisser Martin Fischer wollte sich mit mir treffen, wenn ich mal wieder in der Schweiz sei. Fischer war damals der Gesamtleiter vom «Sozialwerk Pfarrer Sieber».

Im Sommer 2010 flog ich für den Urlaub in die Schweiz. Im Gepäck hatte ich meine beiden Hunde Ziba und Micah und die bange Frage, was wohl aus meinem Treffen mit Martin Fischer werden würde.

Am 3. August schrieb ich um 1.00 Uhr früh meine Gedanken, die mir während des Gebetes durch den Kopf beziehungsweise durchs Herz gegangen waren, auf. Wenn ich das heute nachlese, staune ich selbst darüber. Am 3. August hatte es noch kein Gespräch mit Fischer oder sonst jemandem vom «Sozialwerk Pfarrer Sieber» gegeben. Dennoch hatte ich bereits in dieser Nacht notiert:

«Mein Sohn, ich lasse dich frei aus deinen Aufgaben in den USA, aus deinen Aufgaben und Diensten in Kalifornien. Ich rufe dich zurück in die Schweiz. Du erhältst eine neue Aufgabe in der Schweiz. Aber zuerst setze ich dich frei von all den Dingen, die ich dir in Amerika aufgetragen habe.»

Einen Tag später schreibe ich:

«Deine Zeit in Amerika geht zu Ende. Es wird ziemlich schnell gehen. Ich werde dich führen. Bis Weihnachten wirst du zurück in der Schweiz sein.» Und weiter: «Ich werde all das organisieren. Und ich werde Türen öffnen, die nur ich öffnen kann. Vertrau mir, mein Sohn!»

Am 7. August um 11.00 Uhr brachte ich erneut meine Gebets-Eindrücke zu Papier. Mein Journal-Eintrag endet mit dem Satz: «Weihnachten ist nicht einfach das Ende des Jahres, sondern für dich auch der Neuanfang in der Schweiz. Willkommen zu Hause, mein lieber Bub! Ich liebe dich! Dein himmlischer Vater.»

Mir ist klar, für säkulare Ohren klingt das einigermaßen spooky. Letztlich ist es mir nicht mal so wichtig, ob mir das jemand glaubt oder nicht. Ich weiß, dass ich das damals tatsächlich so geschrieben habe – Tage bevor die Gespräche beim «Sozialwerk Pfarrer Sieber» stattfanden. Dass ich das weiß, genügt mir völlig.

Dunkle Schatten in der Sonnenstube

Es drohte also Veränderung. Das war deutlich zu spüren. Ich bin kein Freund von Veränderungen. Schon gar nicht, wenn sie nicht meinen Planungen entsprechen. Ich war hin- und hergerissen: Stemme ich mich dagegen und beharre auf dem, was mir lieb und wertvoll ist, oder öffne ich mich für das, was sich immer deutlicher ankündigt? Mit dieser inneren Zerrissenheit betrat ich das Büro von Martin Fischer.

«Herr Gerber, wir haben keine Stelle für Sie», eröffnete er das Gespräch.

«Ich will mich auch gar nicht bei Ihnen bewerben», antwortete ich erleichtert. «Ich habe zwar eine Absage bekommen, aber ich hatte mich gar nicht bei Ihnen beworben. Ich habe lediglich meine Unterlagen eingereicht. Das hatte mir Pfarrer Sieber so gesagt.»

Hätte Martin Fischer mir ein Angebot auf den Tisch gelegt, ich wäre zutiefst erschrocken gewesen. So ließ sich die Sache doch etwas entspannter an. Dachte ich zumindest.

«Ich bin nicht gekommen, um mich zu bewerben», wiederholte ich. «Ich bin glücklich in Amerika. Ich bin hier, weil ich den Eindruck hatte, dass ich mich bei Pfarrer Sieber melden sollte. Warum, weiß ich auch nicht.»

Fischer lehnte sich in seinem Bürostuhl zurück. «Erzählen Sie mir aus Ihrem Leben. Was genau machen Sie drüben in den Staaten?», fragte er.

Ich erzählte es ihm. Während ich sprach, sah ich Tränen in seinen Augen. Als ich geendet hatte, sagte er:

«Wir haben seit einiger Zeit um jemanden wie Sie gebetet. Ist es okay, wenn ich noch jemanden zu unserem Gespräch dazu bitte?»

Joachim Focking kam ins Büro. Er war Finanzleiter vom «Sozialwerk Pfarrer Sieber». Fischer bat mich zu wiederholen, was ich ihm gerade erzählt hatte. Focking hörte nachdenklich zu.

Während ich redete, waren meine Gedanken abgeschweift. Gedanklich sah ich mich in Amerika. Irgendwo zwischen Chili-Mobil und Hundestrand, jedenfalls weit weg von diesem Schweizer Büro.

Ich wachte erst wieder auf, als ich Fischers Stimme hörte: «Also noch mal, Herr Gerber. Wir haben um einen Mann wie Sie gebetet. Und wir haben eine Stelle für Sie!»

Was? Wie bitte? Hatte er eben «Wir haben eine Stelle für Sie» gesagt? Das war doch nicht möglich. Vor einer Stunde hatte er mir noch eröffnet, dass sie keine freie Stelle hatten. Und jetzt das.

Alles in mir schrie ganz laut «Nein!», aber es kam mir nicht über die Lippen. Ich sagte überhaupt nichts. Ich musste mich voll auf den stechenden Schmerz konzentrieren, der mir in diesem Moment in den Oberschenkel gefahren war.

«Machen Sie doch einen Schnuppertag», hörte ich Fischer sagen.

«Nein, das möchte ich nicht», dachte ich. Aber als ich es aussprechen wollte, stach der Schmerz erneut in meinen Oberschenkel. «Okay, ich mache den Schnuppertag», sagte ich. Und der Schmerz war wie weggeblasen.

«Wir könnten uns vorstellen, Sie auch in die Geschäftsleitung einzubinden. Wären Sie zu einem entsprechenden Eignungstest bereit, Herr Gerber?», fragte Fischer.

Wieder wollte ich ablehnen, wieder überfiel mich dieser elende Schmerz. «Kann ich machen», sagte ich kleinlaut. Hauptsache, der Schmerz war wieder weg.

So ging ich also schnuppern. Die «Sunestube» in der Militärstraße im Kreis 4 in Zürich sollte ich aufsuchen, um für einen Tag dort mitzuarbeiten. «Sunestube» war Schweizerdeutsch für «Sonnenstube». Das klang vielversprechend. Vor allem, wenn man die Sonne Kaliforniens gewöhnt ist.

Aber hinter dem schönen Namen verbarg sich das nackte Elend. Die «Sunestube» war eine Anlaufstelle für Drogensüchtige, Prostituierte und Obdachlose. Hier bekamen sie einen Kaffee oder einen Tee und etwas zu essen. Man saß zusammen und redete miteinander. Im Winter konnte man sich dort aufwärmen.

Als ich die «Sunestube» betrat, dachte ich, ich stünde im Vorraum der Hölle. Hier schien keine Sonne, hier regierte die Finsternis. An den drei Tischen wurde geraucht und getrunken. Nikotinschwaden waberten durch den Raum und trübten die Sicht. Hunde kläfften und fletschten bedrohlich die Zähne, wenn sich die Tür öffnete. Misstrauische Blicke wurden ausgetauscht. Aus dem Radio dröhnte düstere Musik.

Am liebsten hätte ich diese finstere «Sunestube» gleich wieder verlassen. Das ging aber nicht. Ich stand an der Bar, schenkte Kaffee aus und sollte hier reinschnuppern. Das tat ich auch. Was mir in die Nase stieg, war der Geruch von Not, Leid und Elend.

Während ich Wasser aufsetzte, drang ein Gespräch von einem der Tische zu mir herüber. Da saßen zwei Prostituierte mit einem aus dem Helferteam der «Sunestube» beisammen. Der Mann war von Kopf bis Fuß schwarz gekleidet. «Bist du ein Cowboy oder ein Satanist?», wollte eine der beiden Prostituierten wissen. Sie tippte die Asche von ihrer Zigarette in den

Aschenbecher auf dem Tisch und blies Qualm durch ihre rot geschminkten Lippen.

Der «Man in Black» schaute beide an. Auf dem Kopf hatte er eine Art Cowboyhut, über seine Schultern hing ein langer schwarzer Umhang. «Lass ihn ein Cowboy sein», schoss es mir durch den Kopf. «Ich bin Satanist», erklärte er den beiden Prostituierten nicht ohne Stolz. Mitten in einer christlichen Einrichtung erläuterte er ihnen in aller Ausführlichkeit, warum es auch für sie besser sei, Satanisten zu werden und nicht Christen.

Dunkler als in diesem Moment konnte es in der «Sunestube» kaum werden. Ich war drauf und dran, den Kerl zu packen und rauszuwerfen. Aber ich war zum Schnuppern gekommen und nicht als Rausschmeißer engagiert. Ich ging vor die Tür, atmete tief durch, schluckte die sich aufbäumende Übelkeit hinunter und weinte. Fassungslos stand ich vor der «Sunestube» in Zürich und sehnte mich nach der Sonne Kaliforniens. Das half nicht. Mir war kalt, obwohl es Sommer war in der Schweiz.

Es wäre einfach gewesen zurückzufliegen. Nichts hätte ich nach dem Sonnenstuben-Schock lieber getan. Aber ganz tief in mir wusste ich, dass mich die nächsten Schritte auf meinem Weg genau hierher führen würden.

Wie konnte Gott nur so etwas von mir verlangen? Ich war verzweifelt. «Was habe ich falsch gemacht? Wofür strafst du mich so, dass ausgerechnet das hier meine neue Arbeit sein soll?», haderte ich mit Gott. Die Vorstellung, aus Amerika in die Schweiz zurückzukehren und meine besten Freunde und meine Gemeinde zurückzulassen, kam mir vor wie die Vertreibung aus dem Paradies.

Als ich erneut bei Martin Fischer im Büro saß, wollte er wissen, welche Eindrücke ich gehabt hätte und ob ich mir vorstellen könnte, dort zu arbeiten.

«Nein», wollte ich sagen. Aber mein entschiedenes «Nein» erstickte erneut im stechenden Schmerz meines Oberschenkels.

Ich blieb und unterzog mich dem Eignungstest, um den mich Martin Fischer gebeten hatte. «Ihren Arbeitsvertrag schicke ich Ihnen per Mail», sagte er. «Sie können ihn dann ausdrucken und mir unterschrieben zurücksenden.»

«Mach ich», erwiderte ich knapp.

Wegen der Schmerzen im Bein hatte ich einen Arzt aufgesucht. Das war nicht mehr auszuhalten gewesen. Was war da nur los? «Das sind Krampfanfälle im Oberschenkel», hatte der Arzt zu mir gesagt und mich über den Rand seiner Lesebrille mahnend angesehen. Nach dem letzten Gespräch mit Martin Fischer war der Schmerz in meinem Bein aber wie weggeblasen.

In meinem Arbeitsvertrag war der Beginn meiner Tätigkeit für das «Sozialwerk Pfarrer Sieber» auf den 1. Dezember 2010 datiert. «Bis Weihnachten wirst du in der Schweiz sein», hatte ich bereits vor allen Gesprächen in mein Journal geschrieben. Nun wurde genau das Wirklichkeit.

Nachdem der Arzt mir schließlich grünes Licht gegeben hatte, flog ich mit äußerst gemischten Gefühlen zurück nach Amerika. Die Entscheidung, in die Schweiz zurückzukehren, hing wie eine Zentnerlast an mir. Wie sollte ich das meinen Freunden sagen? Wie würden sie reagieren? Die Fragen quälten mich. Sie waren kaum auszuhalten.

Mein Freund Tom Bakman holte mich mit meinem Pick-up am Flughafen ab. Der Pick-up bot ausreichend Platz. Die großen Boxen, in denen Ziba und Micah transportiert wurden, mussten verstaut werden. Wir waren nur wenige Meter gefahren, da fragte mich Tom:

«Und? Sag schon, wie war es in der Schweiz? Was gibt's Neues?»

Eher beiläufig erklärte ich, dass es ganz schön gewesen sei, die Familie wiederzusehen. Aber viel Neues gebe es eigentlich nicht.

«Komisch», sagte Tom und blickte dabei kurz zu mir rüber. Das sei für ihn schwierig zu verstehen, meinte er.

«Warum denn?», wollte ich wissen.

Tom seufzte kurz. Dann sagte er: «Wir haben das Gefühl gehabt, dass deine Zeit in Amerika zu Ende geht. Unser Eindruck war, dass neue Aufgaben auf dich warten. Und dass alles sehr schnell gehen wird.»

In dem Moment hätte ich mich fast übergeben. Ich wusste, dass dies das Zeichen war, um das ich Gott als Bestätigung gebeten hatte. Tom konnte nichts davon wissen, was sich in der Schweiz inzwischen zugetragen hatte. Ich hatte mit niemandem in den USA darüber gesprochen.

ECONOMY ZONE 6
RDMB1/YCF
BOARDING PASS
NAME
GERBER/ROYMR
FQTV LH-XXXXXXXXXXXX624/FQTV
FROM LOS ANGELES
TO ZURICH

CARRIER	FLIGHT	CLASS	DATE	TIME
LX	041	Y	23NOV	1920

GATE	BOARDING TIME	SEAT	SMOKE
101	1850	29D	NO

PCS WT
99 0064 NS LAX
ETKT 7242123137811-1
A STAR ALLIANCE MEMBER
swiss

22. Zürich kann sehr kalt sein

Tatsächlich ging alles sehr schnell. Ganz so, wie ich es bereits Anfang August in meinem Journal notiert hatte.

Am 24. November landete ich in Zürich. Am 1. Dezember begann ich mit meiner Arbeit beim «Sozialwerk Pfarrer Sieber». Davor hieß es Abschied nehmen. Von Amerika, meiner Gemeinde und meinen Freunden.

Es war ein schmerzhafter Abschied. Einer meiner Mentoren sagte mir, er verstehe meinen Weggang in die Schweiz als «Upgrade» in meiner Berufung. Da konnte ich nur den Kopf schütteln. Wenn das ein Upgrade war, dann wollte ich nur noch Holzklasse fliegen.

Die Leitung des Chili-Mobils wurde von Bryan Crain und Jessie Mendoza übernommen. Das Chili-Mobil besteht noch heute. Meine verschiedenen Dienste und Aufgaben in der Mariners Church übernahmen andere. Die Dinge fügten sich, als wäre alles von langer Hand geplant. In Wirklichkeit ging alles hoppla-hopp. So ist das wohl, wenn ein anderer Regie führt …

Meine Freunde veranstalteten ein großes Abschiedsfest für mich. Den ganzen Tag empfand ich als großes Geschenk. Wenn ich daran zurückdenke, bewegt mich das noch immer sehr. Viele Leute kamen, um sich von mir und von Ziba und Micah zu verabschieden. Menschen, die engste Freunde geworden waren. Leute aus der Gemeinde, mit denen ich eng zusammengearbeitet hatte. Mitarbeiter aus meinen früheren Firmen, Freunde von Rotary. Die Schar der Gäste war für mich wie ein Blick in den Spiegel. In ihren Gesichtern spiegelte sich meine Zeit in Amerika – mit all ihren Höhen und Tiefen.

Sie alle waren gekommen, um Abschied zu feiern. Mir war nicht nach Feiern zu Mute. Ich kam mir vor wie auf meiner eigenen Beerdigung. Ich wusste genau: Mir steht eine lange und weite Reise bevor. Die Schweiz war meine alte und neue Heimat, aber sie war weit weg. Längst war ich Amerikaner und in Amerika heimisch geworden.

Nie habe ich deutlicher den Unterschied zwischen Herkunft und Heimat gespürt als in der Stunde des Abschieds von meinen amerikanischen Freunden, die zu meiner Familie geworden waren. Ich kehrte zurück in das Land meiner Herkunft, aber meine Heimat war längst Amerika geworden. Zu wissen, dass es sich um einen Abschied für immer handeln konnte, tat weh.

Nie werde ich die letzte Nacht in den USA vergessen. Die Räume waren völlig leer. Nur eine Luftmatratze lag noch am Boden. Alles andere war bereits verpackt oder abtransportiert. Wenn man ein Bild suchen würde, um Einsamkeit zu illustrieren, das wäre ein passendes Motiv gewesen. Eine einsame, nur mit Luft gefüllte Matratze in kahlen, leeren Räumen. Das war geradezu symbolisch. Genau so unbehaust fühlte ich mich.

Meine Möbel, meine «Honda Goldwing» und meine anderen Habseligkeiten waren längst in einem Container verpackt, um eingeschifft zu werden.

Schlimmer noch als die Leere, die mich in dieser letzten Nacht in Amerika umgab, war die Aussicht, dass ich in der Schweiz nicht bei meiner Familie unterkommen würde. Übers Internet hatte ich mir in der Schweiz ein kleines Haus gemietet. Das konnte ich aber erst nach Weihnachten beziehen.

Ich hatte gehofft, bis dahin übergangsweise im großen Anwesen meiner Schwester unterkommen zu können. Meine Schwester lehnte ab. Ich konnte auch nicht zu meiner Mutter. In meiner Familie war kein Platz für mich. Aus Amerika war ich

Gastfreundschaft und eine warmherzige Willkommenskultur gewohnt. Der Gedanke, in der eigenen Familie nicht unterkommen zu können, ließ mich frösteln. Ich hatte viel mit Obdachlosen gearbeitet. Nie habe ich deutlicher gespürt, was es heißt, kein Obdach zu haben, als bei meiner Rückkehr in die Schweiz.

Am 24. November landete ich in Zürich. Es lag Schnee und war bitterkalt. Sobald man das Flughafengebäude verlassen hatte, blies einem ein schneidender Wind ins Gesicht. Zürich kann sehr kalt sein. Ich hatte zwei schwere Koffer und zwei große Hundeboxen dabei, in denen Ziba und Micah im Flugzeug transportiert worden waren.

Da stand ich nun mit meinen beiden Hunden und meinem Gepäck und hielt Ausschau nach meiner Mutter und meiner Schwester, die mich abholen wollten. Ich wartete und wartete, aber es kam niemand. Kein Quartier bei der Familie, niemand am Flughafen, der einen abholt: Mir war kalt. Eiskalt. Gegen diese Kälte half auch kein warmer Mantel.

Sie kamen mit Verspätung. Mein Schwager, meine Mutter und meine Schwester hatten den VW-Bus dabei, den ich von Amerika aus organisiert hatte, um in der Schweiz mit Gepäck und zwei Hunden sogleich mobil zu sein. Wir fuhren nach Finstersee. Dort lieferten sie mich ab. Ich bezog ein winziges dunkles Zimmer in einem Gasthof. Ein Einzelbett, ein Schrank. Nicht mal meine beiden Koffer passten noch in den Raum.

Dank eines freundlichen Mitarbeiters im Gasthof konnte ich meine Koffer und die Hundeboxen in den Keller stellen. Ich hatte keinen Kühlschrank, keine Kochgelegenheit, nicht einmal eine Platte, auf der ich Teewasser hätte heiß machen können. Brauchte ich etwas, musste ich runter in die Gaststube gehen. Wenn es etwas gab, was ich auf keinen Fall wollte, dann war das, runter in die Gaststube zu gehen.

Es gibt Momente, in denen man sich so einsam fühlt, dass

man sich in Gaststuben wie ein Fremdkörper vorkommt. Alleine an einem fremden Tisch zu sitzen, vor sich hin zu starren und eine Suppe zu löffeln, macht einem dann die eigene Verlassenheit nur noch mehr bewusst.

Rückblickend bin ich dankbar, dass ich gezwungen war, in diese Gaststube zu gehen. In den Wochen, bis ich mein neues Heim beziehen konnte, wurde die Gaststube mein Wohnzimmer. In dieser Zeit lernte ich hier den ganzen Ort kennen. An einen Stammtisch setzt man sich nicht einfach so. So war ich erzogen, und daran hatte ich mich gehalten. Ich saß folglich alleine. Aber es dauerte nicht lange, da wurde ich mal an diesen Tisch und mal an jenen eingeladen. Schließlich auch an den Stammtisch.

Einerseits tat es weh, in die Heimat zurückzukommen und dann an einem fremden Tisch zu sitzen. Es dauerte fast ein Jahr, bis mich meine Mutter zum Essen einlud. Andererseits lernte ich in diesem Gasthof in Finstersee Leute kennen, mit denen ich heute befreundet bin. Darunter Menschen, die unseren Einsatz gegen sexuellen Missbrauch finanziell unterstützen, und jemand von einer Staatsanwaltschaft, mit dem ich heute noch zusammenarbeite. Ihnen allen wäre ich nicht begegnet, wäre ich damals nicht gezwungenermaßen in der Gaststube gesessen.

Häufig fragte man mich, ob ich Kalifornien nicht vermisse und warum es mich wieder in die Schweiz zurück verschlagen habe. Es war nie einfach, diese Fragen zu beantworten, ohne für bescheuert gehalten zu werden oder Leute mit Glaubensdingen zu überfahren. Beides wollte ich nicht. Darum habe ich versucht, im Rahmen des jeweils Möglichen meine Beweggründe so gut es ging zu erklären.

Wirklich verstanden haben mich wahrscheinlich nur wenige. Aber die meisten haben wohl gespürt, dass ich ehrlich mit den Brüchen in meinem Leben umging und mein inneres Ringen ebenso wenig verstecke wie meine Freude am Glauben. Das reichte aus, um miteinander ins Gespräch zu kommen und sich sympathisch zu finden, auch wenn man nicht alles voneinander versteht.

Dass ich in der Schweiz für das «Sozialwerk Pfarrer Sieber» arbeitete und Teil der Geschäftsleitung war, verschaffte mir zusätzlich Akzeptanz und Respekt. Pfarrer Siebers Einsatz für Notleidende war bekannt und wurde sehr geschätzt.

Und plötzlich im Fernsehen

Vor Weihnachten zeichnete «Tele Zürich» jedes Jahr eine Sendung mit Pfarrer Sieber auf, die dann an Heiligabend im Fernsehen gesendet wurde. Als ich beim «Sozialwerk Pfarrer Sieber» anfing, hatte Sieber dort im Grunde leider nichts mehr zu sagen. Er war weder Mitglied der Geschäftsleitung noch Mitglied im Stiftungsrat. Aber er war nach wie vor die Person, die öffentlichkeitswirksam für die Sozialwerke stand und ihrer Arbeit ein Gesicht gab. Ich habe in verschiedenen Projekten mit ihm zusammengearbeitet und ihn kennen und schätzen gelernt. An Pfingsten 2018 ist Sieber gestorben. «Kämpft weiter, ich hab's heiter», steht auf seinem Grabstein. Der sagt viel über seinen Glauben, sein Engagement und über seinen Humor.

Sieber war ein Mensch mit einem großen Herzen, ein Mann des Glaubens und der Tat, und er war ein versierter Kommunikator. Er wusste die Medien für die gute Sache einzusetzen, und die Medien schätzten ihn.

Die Aufzeichnung für die Weihnachts-Sendung fand nun im «Pfuusbus» und einem Vorzelt statt. Der Pfuusbus («Schlaf-Bus») ist im Winter ein fahrbares Notquartier für Obdachlose. In der

Sendung ging es um Siebers Arbeit und den Einsatz des Sozialwerks für Obdachlose. Dafür konnte man schlecht in ein Studio gehen, das sollte sozusagen vor Ort gedreht werden.

Pfarrer Sieber hatte mich gebeten, dazuzukommen. Aber ich wollte nicht mit ins Zelt und zog es vor, draußen zu warten, bis die Sendung vorbei war. Die meisten wollten irgendwie einen Platz im Zelt ergattern, um ins Fernsehen zu kommen. Ich wartete lieber draußen. Zwei Frauen stellten sich zu mir, und wir kamen ins Gespräch. Es hätte mir gleich auffallen müssen, dass die beiden schick gestylten Damen nicht zu den Frauen gehörten, die sonst noch vor dem Zelt warteten. Aber ich bemerkte es nicht.

«Was machen Sie denn bei dem Sozialwerk?», wollte eine der beiden von mir wissen.

«Ich bin verantwortlich für die Sonnenstube, die Notschlafstelle für obdachlose Jugendliche und die Gassenarbeit», erklärte ich ihr und erzählte, dass ich erst kürzlich von Amerika wieder in die Schweiz zurückgekommen sei.

Das fand sie offenbar interessant. Sie bat mich, doch bitte jetzt mit in die Sendung zu kommen. Es stellte sich heraus, dass es sich bei meinen unbekannten Gesprächspartnerinnen um Mitglieder der Produktionsleitung von «Talk Täglich» von Tele Zürich handelte. Und auf einmal war ich mitten in der Sendung. Im Jahr 2013 wurde die ganze Weihnachts-Sendung in der Sonnenstube aufgezeichnet.

Später wurde ich noch zweimal in deren Talksendung eingeladen. Einmal, um mit der ehemaligen Schweizer Bundespräsidentin Ruth Dreifuss über die Legalisierung von Drogen zu diskutieren. Ein andermal – da hatte ich bereits den Verein «Be Unlimited» gegründet –, um über das Thema «Sexueller Missbrauch» zu sprechen. Die Medienpräsenz war nicht nur vorteilhaft, sie sorgte auch für Neid.

Draußen auf der Straße riss die Arbeit nie ab. Bei der sogenannten Gassenarbeit begann ich mit zusätzlichen Nachtpatrouillen während der Sommermonate. Jeden Mittwoch waren wir nachts unterwegs. Auf der Straße schenkten wir Kaffee und Tee aus und verteilten Sandwiches und Süßigkeiten an Prostituierte, Obdachlose und Drogensüchtige.

Ich habe für viele Menschen Kaffee gekocht. Leider hatte ich nie die Freude, meiner Familie an einem meiner Arbeitsorte Kaffee servieren zu dürfen, obwohl sie mir immer wieder versicherten, mich einmal bei der Arbeit zu besuchen. Ich hätte es gerne getan. Heute kann ich meiner Mutter leider nichts mehr servieren. Sie ist inzwischen verstorben. Ich bin ihr jedoch für alles sehr dankbar, was sie für mich getan hat!

Mit Alt-Bundespräsidentin Ruth Dreifuss hatte ich im Fernsehen über die Legalisierung von Drogen diskutiert. Mein Satz, mir stünden die Haare zu Berge angesichts des Unsinns, den sie meiner Meinung nach von sich gegeben habe, wurde zum *Running Gag* auf der Straße.

Tatsächlich wurde mir bei meiner Arbeit immer deutlicher: Es bringt wenig, nur über Drogen oder Ersatzpräparate zu diskutieren. Man muss bereit sein, tiefer zu blicken und nach den Ursachen des Schmerzes zu fragen, der von Süchtigen mit Drogen betäubt wird, ohne dass sich jemals wirklich Linderung einstellt. Wer interessiert sich für die Ursachen, die hinter einer Suchtkarriere oder dem Weg in die Prostitution stehen?

Je mehr ich im Alltag mit Suchtpatienten, Obdachlosen und Prostituierten zu tun hatte, umso mehr bestätigte sich eine Erfahrung, die ich bereits in den USA gemacht hatte: Hinter vielen dieser Schicksale steckt sexueller Missbrauch.

Ich hatte Amerika verlassen, den Kontinent gewechselt und eine neue Arbeit aufgenommen. Aber wo immer ich auch eingesetzt war, unter den Notleidenden und Hilfsbedürftigen, um die wir uns kümmerten, begegnete mir das Thema sexueller Missbrauch mit einer Häufigkeit, die mich sprachlos machte. Es begegnete mir auf der Gasse, bei Menschen, die ein sogenanntes «normales» Leben führten, wie bei Leuten, die in der Privatwirtschaft tätig waren.

Jedes Mal, wenn ich Betroffenen gegenübersaß, ihnen zuhörte, ihren Schmerz spürte und mit ihnen weinte, dachte ich an die rote Feder, die mir die kleine Faith auf jenem ersten Ferienlager für missbrauchte Kinder geschenkt hatte. Bald schon würde ich mich noch viel mehr mit diesem Thema befassen und mich um Betroffene kümmern. Das ahnte ich aber noch nicht, als ich auf den Straßen und in den Gassen Zürichs unterwegs war, um mit meinem Team Menschen in besonderen Notlagen warmen Tee auszuschenken und wenigstens etwas menschliche Wärme zu spenden.

Laut «Optimus-Studie Schweiz» wird jedes vierte Mädchen und jeder siebte Junge in der Schweiz während der Jugendzeit mindestens ein Mal sexuell missbraucht. Nimmt man hinzu, dass viele Menschen auch als Erwachsene sexuelle Gewalt erleben, sei es in ihrer Beziehung oder außerhalb, wird schlagartig klar: Das Thema sexueller Missbrauch hat gewaltige Dimensionen – auch in der Schweiz.

Die Statistik erfasst nur Zahlen, aber hinter jeder Zahl steht ein Mensch. Sexueller Missbrauch führt zu schweren Verletzungen der Seele und des Leibes. Die meisten Betroffenen sind ein Leben lang beeinträchtigt. Diese Zusammenhänge erfassen nur wenige Opferstatistiken. Aber das ist die traurige Wahrheit, die mir in zahllosen Gesprächen mit Betroffenen immer deutlicher wurde.

Es gibt immer einen Grund, warum Menschen in ihrem Leben aus der Bahn geworfen werden. Manchmal ist er offensichtlich, in vielen Fällen aber liegt er im Verborgenen und heißt: sexueller Missbrauch.

Nicht zuletzt deshalb ist es wichtig, Räume und Möglichkeiten zu schaffen, in denen all das Unausgesprochene, das Verdrängte und das stille Leiden einen Platz haben dürfen. Wo es zu Wort kommen darf, ohne beurteilt oder verurteilt zu werden. Wo man sein darf, wie man ist, und sich seiner Verletzlichkeit und seiner Wunden nicht zu schämen braucht.

Meiner Meinung nach sollte die «Sunestube» so ein Ort sein. Deshalb war es von großer Bedeutung, sie vollständig zu renovieren. So entstand eine neue Atmosphäre. Die Sonne ging auf in der Sonnenstube. Die Räume wurden hell und freundlich. Wir stellten ein Klavier hinein. Es gab Klavier-, Gitarren- und Gesangsunterricht. Konzerte wurden veranstaltet und CDs eingespielt. Der Zulauf war enorm.

Radio, Fernsehen und Zeitungen berichteten darüber, was sich in der Sonnenstube tat. Alle Angebote waren freiwillig. Wer wollte, der konnte und durfte. Niemand musste irgendetwas tun oder an einer Veranstaltung teilnehmen.

Für einen atmosphärischen Wechsel reichte es freilich nicht aus, die Wände neu zu streichen. Dafür brauchte es Leute, die bereit waren, das Leitbild vom «Sozialwerk Pfarrer Sieber» mit Leben zu erfüllen. Damals hieß es in dem Leitbild, dass man den Spuren von Jesus Christus nachfolgen solle und nach seinem Vorbild den Menschen in Not diene. Mir war es wichtig, dass in den Betrieben, für welche ich verantwortlich war, alle hinter diesem Leitbild und dem christlichen Glauben, den Pfarrer Ernst Sieber vorlebte, standen und nicht nur davon sprachen oder sich sogar davon abwandten.

«Wer würde es merken, wenn es euch morgen nicht mehr gäbe?»

Mein Start in der Schweiz war nicht einfach gewesen. Auch meine Suche nach einer neuen Gemeinde gestaltete sich alles andere als leicht. In den USA war mir die Mariners Church zur inneren Heimat geworden. Dort war ich in den Glauben hineingewachsen und hatte mich darin geübt, mein Bekenntnis mit Herz und Händen zu leben. Die Gemeinde war mir zur Familie geworden. Sie war wie ein Dach über meinem inneren Haus. Nun fühlte ich mich auch diesbezüglich obdachlos.

In der Schweiz besuchte ich viele Gemeinden. Unter anderem suchte ich eine Kirche, wo ich wieder Teil einer Gemeinde werden konnte und die auch außerhalb der Kirchenmauern «als Hände und Füße Jesu» aktiv war. Das hatte in den USA ja unter anderem zu meinen Aufgaben gehört. In den Staaten spricht man diesbezüglich vom «Outreach Pastor». Das ist der Pfarrer, der für alles verantwortlich ist, was außerhalb der Kirchenmauern stattfindet. Er koordiniert die Nachbarschaftshilfe, die so verschieden sein kann wie die Menschen und ihre Nöte. Der Outreach Pastor ist auch derjenige, der zu den Menschen geht, die nicht in die Kirche kommen wollen oder können.

Natürlich gab es in den verschiedenen Gemeinden die üblichen Kleingruppen und gute Angebote. Die entscheidende Frage für die Kirche scheint mir aber diese zu sein: «Wer würde es merken, wenn es euch morgen nicht mehr gäbe?» Damit meine ich: Wer von denen, die nicht zur Kirche gehen, würde es merken, wenn es die lokale Kirchengemeinde, welche die Hoffnung der Welt sein sollte, vor Ort nicht mehr gäbe?

Die Wirkung nach außen, also in die unmittelbare Umgebung hinein, war einst das besondere Markenzeichen der Kirche. Die Sorge um Kranke, Alte, Witwen und Waisen gehörte wie selbstverständlich zum Glaubensleben. Spitäler, Altenheime, Schulen: Solche Einrichtungen entstanden aus Sorge der Christen um diejenigen, die der Hilfe bedurften.

Heute gelingt es oft kaum mehr, eine gute Nachbarschaftshilfe auf die Beine zu stellen. Ich meine das nicht despektierlich. Es wird innerhalb der Kirchenmauern zweifellos viel Gutes angeboten. Die entscheidende Zukunftsfrage bleibt für mich aber: Was geschieht außerhalb der Kirchenmauern? Sind wir da noch wahrnehmbar? Und wenn ja, wie? Spürt jemand, der in Not ist, irgendetwas davon, dass es in seiner Nähe Christen gibt? Kümmern wir uns um diejenigen, die draußen auf den Straßen des Lebens unter die Räder und unter die Räuber gekommen sind? Und zwar nicht nur mit Worten, sondern viel mehr mit Taten?

Das Gleichnis vom barmherzigen Samariter fordert genau dazu heraus. Wenn ich darüber mit Pastoren sprach, hörte ich oft: «Komm doch zu uns in die Gemeinde. Dann können wir gemeinsam etwas aufbauen.»

Einerseits fehlte mir eine Gemeinde, die mir wirklich Familie war. Anderseits sah ich in vielen Gemeinden den Wunsch, etwas gemeinsam aufzubauen, verbunden mit der Bitte um Unterstützung. Das war der Auslöser für mich, «Be Unlimited» zu gründen. Das Problem war nur, ich hätte anfangs niemandem so genau sagen können, worin die Aufgabe von «Be Unlimited» besteht.

Heute ist das klar. Dazu komme ich später. Damals aber war da nur eine Idee, ein innerer Eindruck, dass es an der Zeit war, etwas zu gründen, was auf die Situation, wie ich sie bei meiner Rückkehr in die Schweiz vorfand, in irgendeiner Weise eine Antwort gab, und wo meine Erfahrung, Leidenschaft und Kenntnisse einfließen konnten.

Wie konnte das aussehen? Ich wusste es nicht, aber ich spürte, dass sich da ein Gedanke entwickelte, der immer mehr zum Handeln drängte.

Über Facebook und viele andere Ecken hatte ich Kontakt zu alten Freunden aufgenommen, die ich noch aus der Zeit kannte, bevor ich nach Amerika gegangen war. Gemeinsam mit ihnen und ein paar weiteren Mitstreitern arbeiteten wir an der Gründung eines Vereins. Die Idee war da. Die Bereitschaft, etwas zu unternehmen, auch. Aber wohin genau sollte die Reise gehen? Worauf sollte sich unser Engagement konzentrieren?

Es gab so viel Bedarf und Not. Womit sollten wir anfangen? Das wurde ich auch bei unseren ersten Sitzungen gefragt. Meine Antwort klang verrückt, aber sie war ehrlich: «Ich weiß es nicht. Lasst uns einfach beten.»

Wer eine Firma gegründet hat, weiß, wie wichtig ein präziser Businessplan ist. Einen Businessplan gab es nicht, lediglich Gottvertrauen. Von außen betrachtet war das ungefähr so unvernünftig wie meine Rückkehr in die Schweiz. Aber das war eben nur die Außenperspektive. Innerlich formte sich die Idee immer weiter.

In Amerika hatte ich meine wahre Identität gefunden. Mein Weg war mühsam und voller Umwege gewesen. Nun wollte ich meine Erfahrungen weitergeben, damit andere Menschen davon profitieren können. Es muss ja nicht jeder die gleichen Fehler machen wie ich und ähnliche mühsame Umwege nehmen. Man kann auch von den Erfahrungen anderer lernen. Daher war es mir wichtig, weiterzugeben, was ich erlebt hatte, was ich erfahren musste und was mir schließlich geholfen hatte, um endlich «unlimitiert» in meiner wahren Identität leben zu können.

Meine Erfahrung und mein Wissen wollte ich an andere weitergeben. Unabhängig davon, ob jemand Selfmade-Millionär,

Spitzensportler, alleinerziehende Mutter, Pfarrer, Atheist, Obdachloser oder sonst was ist.

Dieses Anliegen hat sich schließlich der Verein «Be Unlimited» zu eigen gemacht. Wir begegnen Menschen, ohne zu werten – unabhängig davon, wo wir uns begegnen. Wir begleiten Menschen dabei, ihre wahre Identität zu finden – unabhängig davon, was in ihrer Vergangenheit geschehen ist. Und wir befähigen Menschen, in ihrer wahren Identität zu leben – unabhängig davon, in welcher Lebenssituation sie sich befinden. Es geht uns darum, unlimitiertes Leben zu ermöglichen. Daher der Name: «Be Unlimited». Wer sich näher mit den zahlreichen Aktivitäten von «Be Unlimited» befassen möchte, ist herzlich eingeladen, sich in unseren Internetseiten umzusehen (www.beunlimited.org).

Zu den Aufgaben von «Be Unlimited» gehört es, auch in den lokalen Gemeinden bestehende Barmherzigkeits- und Nachbarschaftsdienste zu stärken und entsprechende Initiativen zu begleiten. Die lokale Gemeinde ist die Hoffnung der Welt. Was dort geschieht, verändert die Welt. Im Kleinen wie im Großen. Dort, wo es nur wenig Barmherzigkeits- und Nachbarschaftsdienste gibt, möchte «Be Unlimited» Menschen helfen, ihre Berufung zu entdecken und diese zu leben.

In der Vergangenheit durften wir bereits in verschiedenen Kirchgemeinden die sogenannten «Be Church»-Workshops durchführen. Deren Ergebnisse und Früchte sind lebensverändernd und ermutigend. Sie haben unsere kühnsten Vorstellungen übertroffen. Unlimitiert eben!

Es geht uns nicht darum, Programme aufzulegen. Gegen Programme bin ich allergisch. Wenn Leute nur mitmachen, weil der Pfarrer etwas sagt, dann ist es in Wirklichkeit nicht ihr ureigenes Anliegen. Deshalb geht es «Be Unlimited» darum, Menschen zu helfen, in ihre persönliche Berufung zu gelangen und den Sinn ihres Lebens zu entdecken. Daraus entwickelt sich eine völlig andere Dynamik, daraus wächst eine ganz andere Form von Engagement als aus Programmen und Pastoralplänen. Und dies erfordert nicht, seinen Beruf oder seine Aufgaben in der Privatwirtschaft zu verlassen. Im Gegenteil.

Neben der Arbeit in und mit den Gemeinden haben wir uns «Corporate Volunteering» zur Aufgabe gemacht. In Amerika ist Corporate Volunteering seit langem gang und gäbe. Auch in der Schweiz und anderen Ländern ist es immer mehr im Kommen. Firmen haben erkannt, dass betriebliche Freiwilligen-Initiativen das Engagement der Mitarbeiter fördern.

Wenn Unternehmen heute darüber sprechen, die «Humanressourcen» («Human Resources») besser nutzen zu wollen, dann finde ich zwar «Humanressourcen» immer noch ein fürchterliches Wort. Menschen sind Menschen und keine Ressourcen. Aber der Gedanke dahinter ist absolut richtig. Mitarbeiter für gemeinnützige Zwecke freizustellen, die über das eigentliche Kerngeschäft eines Unternehmens hinausgehen, bedeutet einen Gewinn für alle Beteiligten. Mit Gewinn meine ich jetzt nicht allein bessere Umsatzzahlen. Mit «Be Unlimited» haben wir inzwischen einige Firmen dabei begleitet, ihr eigenes Corporate Volunteering auf die Beine zu stellen. Die Erfahrungen sind großartig.

Man kann sicher sein, wenn eine Bank wie «Credit Swiss» Mitarbeitern Sabbaticals ermöglicht, ist es inzwischen auch in der Beletage der Hochfinanz und des Unternehmertums angekommen, dass Firmen immer dann besonders gut laufen, wenn ihre Mitarbeiter zufrieden und mit Engagement bei der Sache sind. Wenn sie nicht nur rennen wie Hamster im Rad, sondern einen Sinn sehen in dem, was sie tun. Sei es unmittelbar im Unternehmen oder durch Einsätze bei Projekten, die ihnen ihr Unternehmen ermöglicht. Das erweitert den Horizont, macht das Leben spannender und im Endeffekt glücklicher. Ganz egal, ob man nun gläubig ist oder auch nicht.

Ein zufriedener Kollege arbeitet anders als jemand, der sich jeden Morgen ins Büro quält, weil er es dort kaum noch aushält. Ein erfolgreicher Athlet erhöht seine Leistungsfähigkeit, wenn er nicht nur sportlich optimal trainiert ist, sondern ganzheitlich auch seine inneren Ressourcen bestmöglich nutzt.

«Be Unlimited» bietet Firmen, Sportlern und Privatpersonen Unterstützung an, um dies zu ermöglichen. Hierbei kommen unsere «Corporate Care Teams» zum Einsatz. Diese Teams bestehen aus sozialkompetenten Experten mit Erfahrung und Weiterbildung im Bereich der Begleitung von Menschen, die täglich Höchstleistungen abrufen und liefern müssen. Wir begleiten sie nicht nur auf dem Weg zu Siegen und Erfolgen, sondern auch in schwierigen Lebenssituationen oder nach traumatischen Ereignissen.

Schon kurios: Bei all diesen Einsätzen kommen mir meine Erfahrungen als Unternehmer und Chaplain sowie der langjährige Einsatz bei verschiedensten Hilfsprojekten genauso zugute wie die Erfahrungen des Scheiterns und die Aufarbeitung schwieriger Situationen. In gewisser Weise fügen sich so die Scherben meines Lebens zu einem Mosaik zusammen. Manchmal stehe ich vor diesem Mosaik und staune, wie Gott Dinge ineinanderfügen kann, die wir selbst für einen Scherbenhaufen halten.

Eine Nummer bei Kummer

Neben der Sonnenstube war ich bei dem «Sozialwerk Pfarrer Sieber» auch für das «NEMO» zuständig. NEMO steht für: Not Einrichtung Minderjähriger Obdachloser. Zu Beginn meiner Tätigkeit wollte ich mich bei den Chefs der Polizei vorstellen. In den USA war ich Polizei-Seelsorger gewesen. Von daher hielt ich es für völlig normal, mich in Zürich vorzustellen. Als ich um einen Termin bat, merkte ich schnell, dass es in der Schweiz keineswegs üblich war, dass ein Mitarbeiter eines Sozialwerks zur Polizei marschiert, um das Gespräch zu suchen.

Zunächst wollte man mir keinen Termin geben. Aber mir lag an dieser Verbindung. Daher ließ ich nicht locker.

Schließlich bekam ich einen Termin. Wir unterhielten uns gut, sprachen über meine Erfahrungen in den USA und die Situation in Zürich. «Wir haben die gleichen Kunden, aber einen anderen Auftrag. Doch wenn wir schon die gleichen Kunden haben, dann sollten wir auch gut zusammenarbeiten», schlug ich vor.

Über die Jahre entwickelte sich eine sehr gute Beziehung zur Polizei, die für unsere Arbeit ausgesprochen hilfreich war und auch heute noch ist.

Der Kinderschutzdienst der Stadt- und Kantonspolizei Zürich, der hervorragende Arbeit leistet, war auf meine Arbeit mit Therapiehunden aufmerksam geworden. Sie unterstützten mich bei meiner Arbeit, und mit Ziba und Micah unterstützte ich ihre Arbeit. Die Zusammenarbeit vertiefte sich, Freundschaften entstanden, Netzwerke wuchsen. Mit den Hunden wurde ich Teil verschiedener Care-Teams, die sich um Menschen in besonderen Notlagen kümmerten.

Bei der Arbeit mit den Care-Teams, im Austausch mit der Polizei und bei den Therapiehund-Einsätzen für Kinder wurde ich immer wieder auf ein Defizit aufmerksam gemacht. Es gab keine Stelle, an die sich Kinder wenden konnten, die sexuellen Missbrauch erlebten.

«Das kann nicht sein. Das ist doch nicht möglich», war meine Reaktion. Es gab doch Telefonnummern, die man anrufen konnte. Schließlich wollte ich es genau wissen. Ich nahm drei Tage frei. Um die Sache selbst zu überprüfen, rief ich bei verschiedenen Notnummern an und schilderte mein Anliegen.

Um es nicht bei einem unverbindlichen Gespräch zu belassen, konfrontierte ich die Mitarbeiterin am anderen Ende der Leitung mit einem fiktiven Fall:

«Stellen Sie sich vor, ich wäre ein 14-jähriges Mädchen. Mein Vater will, dass ich ihn oral befriedige. Ich bin mir aber nicht sicher, ob er das verlangen darf, und ich möchte das auch überhaupt nicht mehr. Was würden Sie sagen, wenn ein Mädchen mit diesem Problem bei Ihnen anruft?»

Schweigen am anderen Ende der Leitung.

Dann erwiderte die Mitarbeiterin der Notrufnummer: «Ich würde sagen, dass sie eine andere Nummer wählen müsse, weil wir nicht für Kinder zuständig sind, sondern nur für Erwachsene.»

Ich ließ mir die Nummer der angeblich zuständigen Stelle geben und wiederholte den fiktiven Fall von eben.

«Ich würde dem Mädchen sagen: Du musst sofort zur Polizei gehen», sagte die Mitarbeiterin diesmal.

Wer jemals mit von Missbrauch betroffenen Kindern und Jugendlichen gearbeitet hat, sollte wissen, dass das ganz sicher nicht die erste Antwort auf so eine Frage sein kann. So zu reagieren kann sehr kontraproduktiv sein. Die meisten Missbrauchsfälle ereignen sich in der Familie oder im erweiterten familiären Umfeld. Wenn dann der erste Rat lautet: «Geh sofort zur Polizei», zeigt das dem betroffenen Kind vor allem, dass man das ganze Ausmaß seiner Notlage überhaupt nicht verstanden hat.

Ich recherchierte weiter und kam am Ende zu dem Ergebnis, dass es tatsächlich keine Stelle gab, die darauf spezialisiert war, Kindern und Jugendlichen in Missbrauchs-Situationen mit Rat und Tat zur Seite zu stehen. Und zwar nicht nur am Telefon, sondern auch mit der Bereitschaft, die Kinder vor Ort mit einem ausgebildeten Zweier-Team zu treffen.

Diese Lücke musste so schnell wie möglich geschlossen werden. Das war der Auslöser, die «Kummer Nummer» zu gründen. Es brauchte eine Telefonnummer, die 24 Stunden besetzt und kostenlos erreichbar war und die in besonderer Weise auf Anrufe von Kindern und Jugendlichen spezialisiert war, welche von sexuellem Missbrauch oder Gewalt betroffen waren.

Mit der «Kummer Nummer» 0800 66 99 11 haben wir diese Nummer im Jahr 2012 ins Leben gerufen und nehmen seitdem an sieben Tagen pro Woche 24 Stunden lang rund um die Uhr alle eingehenden Anrufe an.

23. Über Wasser gehen

«Be Unlimited» und die «Kummer Nummer» waren Projekte, die ich gemeinsam mit einigen Freunden und Weggefährten in meiner Freizeit anstieß. Das lief alles ehrenamtlich. Vor allem die «Kummer Nummer» erforderte immer mehr Aufmerksamkeit und Zeit. Eine 24-Stunden-Rufbereitschaft und eine fachkundige Betreuung der zahlreicher werdenden Anrufer war nebenbei nicht mehr zu schaffen.

Die Arbeit beim «Sozialwerk Pfarrer Sieber» war mir wichtig, aber ich spürte, dass meine Berufung und meine Begabungen mich noch stärker in eine andere Richtung zogen. Ich wollte mehr noch als bisher hinter die Fassaden blicken und nach den Ursachen fragen, die hinter der Not und dem Elend lagen, die mir in meiner täglichen Arbeit begegneten.

Es ist ungemein wichtig, dass Menschen in außergewöhnlichen Notlagen nach Kräften geholfen wird. Sie brauchen jede nur denkbare Unterstützung. Das empfand ich als erfüllende Aufgabe. Aber ich erkannte für mich immer mehr, dass mein Talent und meine Berufung darin bestanden, tiefer zu blicken und nach den Ursachen für die bestehende Situation zu fragen.

Drogen, Prostitution, Obdachlosigkeit, Kriminalität: Solche Dinge sind nahezu ausnahmslos die Folge von irgendetwas. Das sind Symptome, aber nicht die Ursache der «Krankheit» beziehungsweise der Krise, in der ein Mensch steckt. Mein Anliegen war es, gewissermaßen an die Wurzel der Probleme zu gehen und in der Tiefe nach dem wunden Punkt zu fragen, der einen Menschen aus der Bahn geworfen oder in die Sucht getrieben hatte. Diesen Punkt wahrzunehmen und anzuschauen, ist die Voraussetzung dafür, dass Heilung möglich werden kann.

Die Medien interessierten sich für die «Kummer Nummer». Interview-Anfragen häuften sich. Zeitungen, Radio- und Fernsehsender fragten an. Beim «Forum christlicher Führungskräfte», einem großen Kongress, an dem viele wichtige Multiplikatoren teilnahmen, durfte ich über «Be Unlimited» und unsere verschiedenen Engagements und unseren Einsatz für missbrauchte Kinder berichten. Der Fokus meiner Aufmerksamkeit und entsprechende Medien-Anfragen verschoben sich immer mehr in Richtung «Be Unlimited» und «Kummer Nummer». Ich spürte eine innere Spannung zwischen meiner beruflichen Arbeit für das Sozialwerk und meinem ehrenamtlichen Engagement.

Beim «Sozialwerk Pfarrer Sieber» in Lohn und Brot zu stehen, aber in der öffentlichen Wahrnehmung vor allem mit der «Kummer Nummer» und «Be Unlimited» in Verbindung gebracht zu werden, hielt ich nicht für fair. Sicher, es hätte auch zig Argumente gegeben, warum beides hervorragend zusammenpasst. Aber für mich war das eine Frage innerer Redlichkeit und der klaren Linie.

Eine Entscheidung musste her. So oder so.

Von meiner Arbeit beim «Sozialwerk Pfarrer Sieber» konnte ich gut leben. Im Dezember 2010 hatte ich dort angefangen. Sollte ich schon nach etwas mehr als drei Jahren wieder aufhören? Das war verrückt. Außerdem lagen mir die Menschen am Herzen, mit denen ich in meiner täglichen Arbeit zu tun hatte. Sei es in der Geschäftsleitung des Sozialwerks von Pfarrer Sieber, in der Sonnenstube, bei der Gassenarbeit oder bei den obdachlosen Jugendlichen.

Wovon sollte ich zukünftig leben? Sollte ich meine ganze Absicherung aufgeben? Nur von Spenden abhängig sein? Das war doch Wahnsinn! Oder etwa nicht? Sollte ich das alles über Bord werfen und ins eiskalte Wasser einer ungewissen Zukunft springen? Würde ich da nicht zwangsläufig untergehen? Okay, ich war ein guter Schwimmer, aber das hier war eine ganz andere Herausforderung. Da ging es nicht mehr ums Schwimmen, sondern darum, über Wasser zu gehen.

Ich kannte die Szene aus der Bibel in- und auswendig: Jesus hatte Petrus aufgefordert, sein Boot zu verlassen, und ihn aufgefordert, ihm über das Wasser entgegenzugehen. Als die Wellen hochschlugen, bekam Petrus Angst und drohte zu ertrinken. Jesus streckte sofort die Hand nach ihm aus und sagte: Du hast zu wenig Vertrauen! Warum hast du gezweifelt? (Matthäus 14,25–33)

Einen Text gut zu kennen, heißt noch lange nicht, die ganze existenzielle Tiefe dieser Bibelstelle wirklich zu verstehen. Würde mein Gottvertrauen reichen, um das Boot meiner finanziellen Sicherheit zu verlassen und ins Ungewisse zu gehen? – Ein Gedanke dieser Bibelstelle ließ mich nicht mehr los. Solange sich Petrus auf Jesus fokussierte, war es ihm möglich, auf dem Wasser zu gehen. Sobald er sich auf seine Umstände konzentrierte, begann er unterzugehen. Ich reflektierte meine Vergangenheit und realisierte: Immer wenn ich ein Wunder erleben durfte, war ich bereit gewesen, etwas völlig Verrücktes mit Gott zu unternehmen und mich ganz auf ihn zu verlassen – und nicht auf meine Umstände. Jedes dieser Erlebnisse hatte mich unwahrscheinlich frei und glücklich gemacht.

So nahm ich jetzt all meinen Mut zusammen und wagte den Schritt.

Ich kündigte beim Sozialwerk, um mich ganz der Arbeit für «Be Unlimited» widmen zu können.

Ende Mai 2014 beendete ich meine Tätigkeit für das «Sozialwerk Pfarrer Sieber».

Mit Ziba während des Sommerlagers, in dem wir Faith kennen lernen durften.

Nachtpatrouille in Zürich zusammen mit meinen lizenzierten Therapiehunden Ziba (rechts) und Micah.

Auf den Schultern meines Opas war es mir sichtlich wohl. Leider ist er viel zu früh gestorben. Ich war erst fünf …

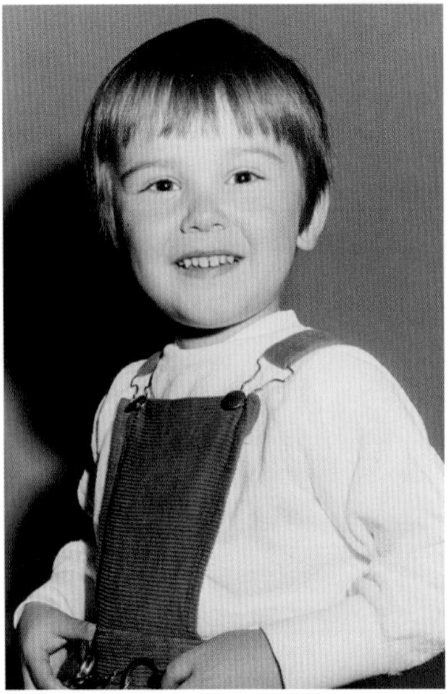

Positiv und optimistisch: Das Leben kann kommen!

Mit meiner Mutter.

Mit meinem Mami und meiner Schwester.

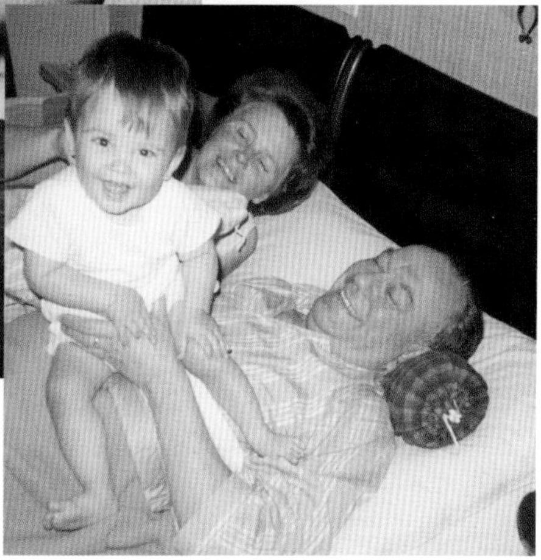

Einer von vielen glücklichen Momenten mit meiner Oma und meinem Opa.

Im Büro meines Opas, wo es am Freitag Fleischkäse, frisches Brot und Bier für alle Mitarbeiter gab. Ich durfte immer dabei sein. Links mein eigener Stuhl mit der hohen Lehne, auf dem ich sitzen durfte, während Opa wichtige Gespräche führte.

Die Hochzeit meiner Mutter und meines leiblichen Vaters.

27. August 1971: Ich stehe neben meiner Mum. Es ist ihre zweite Hochzeit – diesmal mit Hanspeter.

Am Tag meiner Konfirmation zusammen mit meinem Stiefvater.

Ein Schulfoto aus der 6. Klasse.

Auf dem extra für mich angefertigten Stuhl bei meinem Opa im Büro. Da bin ich 4 Jahre alt.

Bei einem Fest mit meiner Oma.

Ein Schnappschuss aus den Ferien, bevor ich in die USA flog.

Als Fotograf während eines Fußball-Länderspiels der Schweiz gegen Italien.

1994 auf dem Kran während einer Messe in Deutschland, als mir ein Job als National Sales Manager in den USA angeboten wurde.

Mit meiner Schwester Christina und meiner Mum.

Einer meiner Vorträge während einer Wiederverkäufer-Schulung in Bangkok, Thailand, im Mai 1993.

Ich wünschte, ich hätte die Beziehung zu Heather damals nicht abgebrochen, sondern mehr in unsere Beziehung investiert.

Auf meiner Yacht «Grüezi».

An solchen Tagen war ich ganz im Element: Eine von mehreren Auszeichnungen zum erfolgreichsten Verkäufer während meiner Zeit bei Harris-3M und Lanier.

Mit meiner damaligen Verlobten Jenny.

Meine Yacht, auf welcher ich sieben Jahre lang wohnte.

Mit Tom Bakman (rechts), einem meiner besten Freunde – bis heute.

Ein glücklicher Moment mit meiner Schwester. Von diesen Momenten wird es in der Zukunft bestimmt noch einige geben!

Mit Jenny, meiner damaligen Verlobten.

Bei der Renovation der «Sunestube», dem Gassencafé von Pfarrer Sieber.

Eine Essensausgabe für Obdachlose mit dem von mir gegründeten «Chili Mobile» in Santa Ana, Kalifornien.

Essens- und Getränkeausgabe in Pfarrer Siebers «Sunestube».

Mein Therapiehund Micah bei der Arbeit, Teil 1: Zu Besuch bei einem von sexuellem Missbrauch betroffenen Kind in einer Klinik.

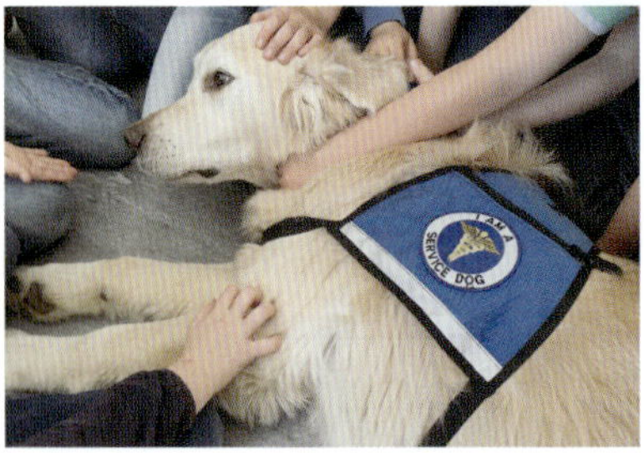

Micah bei der Arbeit, Teil 2: In einer Schule während der Gesundheitsprävention «Läb unlimitiert».

Micah (links) und Benaiah auf dem Weg zum nächsten Einsatz.

Und gleich nochmals die beiden – während eines Einsatzes in einem Kinderlager.

Ziba (hinten) und Micah an seinem ersten Tag bei mir zu Hause in Kalifornien, nach einer Abkühlung bei mir im Pool. Für Micah war es das erste Mal.

Ziba in meinem Büro in Huntington Beach, Kalifornien. Es war ihr erster Tag bei mir.

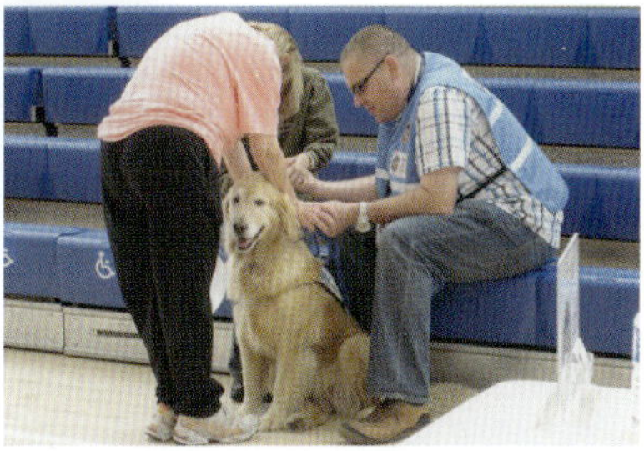

Einer der vielen Katastropheneinsätze. Hier bei Waldbränden im Süden von Kalifornien.

Oft waren die Therapiehunde und ich unterwegs in Krankenhäusern. Hier besuche ich mit Micah und Ziba (in der Mitte) eine Intensivstation und treffe Reggie, die leider viel zu früh gestorben ist.

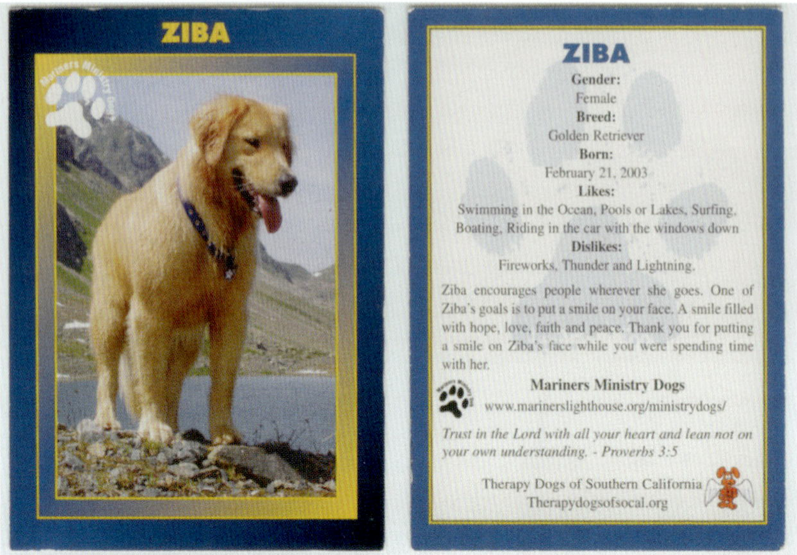

Die Vorder- und Rückseite von Zibas «Business Card». Das Foto wurde auf dem Flüelapass während Ferien in der Schweiz aufgenommen.

Weitsicht aus meiner Stube in Mettmenstetten – zusammen mit Benaiah.

Während einer von vielen Präventions- und Info-Veranstaltungen zum Thema «Sexueller Missbrauch an Kindern». In meiner rechten Hand die rote Original-Feder, die ich von Faith erhalten hatte.

Dezember 2010: Ich verlasse die USA und erlebe ein schönes Abschiedsfest. Freunde beten für mich und meinen weiteren Weg, der mich zurück in die Schweiz führt. Links mein guter Freund Tom Bakman.

Beim Abschiedsfest in Kalifornien. Links Erinn Kanney, welche bei der Gründung des «Chili Mobile» dabei war. Rechts Jessie Mendoza, die fast täglich ins Büro kam und bei den Essensausgaben des «Chili Mobile» ehrenamtlich dabei war.

Im Gespräch mit einer von sexuellem Missbrauch betroffenen Frau bei mir im Büro, zusammen mit meiner Mitarbeiterin Evelyne Arn und meinen beiden lizenzierten Therapiehunden Benaiah und Micah.

In der Küche von «Be Unlimited», zusammen mit zwei Mitarbeiterinnen: links Evelyne Arn, in der Mitte Bettina Bosshart.

Roger Tirabassi (links) und seine Frau Becky. Roger war und ist immer noch mein größter Mentor, mein Coach und vieles mehr. Er und seine Familie wurden zu meiner Familie – und sind es heute noch.

Während einer Abdankung in meiner Gemeinde «Mariners Church» in Irvine, Orange County, Kalifornien.

Die Original-Feder, die ich von Faith erhalten habe und die ich fast immer bei mir trage.

Im November 2018 mit meinen beiden lizenzierten Therapiehunden Benaiah (links), 4 Jahre alt, und Micah, 11-jährig.

Über Bekannte hatte ich Evelyne Arn kennengelernt. «Ruf mal Roy an, der hat ähnliche Interessen wie du», hatte man ihr gesagt. Evelyne ist Sozialpädagogin. Sie ist verheiratet, hatte in den USA Weiterbildungen in Coaching und Seelsorge absolviert. In Afrika und Amerika hatte sie Erfahrung bei Einsätzen in der freiwilligen Arbeit gesammelt. Jetzt lebte sie mit ihrer Familie in der Schweiz. Wir trafen uns und verstanden uns sofort. Sie wurde eine Mitarbeiterin der ersten Stunde und ist heute Mitglied der Geschäftsleitung von «Be Unlimited».

Über CEVI Schweiz, den christlichen Jugendverband, bekamen wir mitten in Zürich ein kleines Büro zur Verfügung gestellt. Ein kleines Sofa und zwei Stühle, darin bestand unsere Einrichtung. Aber das reichte zunächst völlig aus. Wir hatten einen Raum, um Gespräche anzubieten. Darauf kam es an.

Sämtliche Gespräche führten wir zu zweit. An dieser bewährten Praxis aus Amerika haben wir nie gerüttelt. Bis heute nicht. Sie gehört zu den unumstößlichen Prinzipien unserer Arbeit. Dass mit Evelyne und mir eine Frau und ein Mann als Gesprächspartner zur Verfügung standen, war ausgesprochen wichtig. Natürlich waren auch meine Hunde bei jedem Gespräch dabei.

Als wir unser kleines Büro eröffneten, hatten wir mit vielem gerechnet. Nur nicht damit, dass wir so viele Anfragen erhielten. In kürzester Zeit kamen so viele Frauen, Männer und Jugendliche zu uns, die sexuellen Missbrauch erlebt hatten, dass wir die Nachfrage nur mit Mühe bewältigen konnten.

Der Bedarf war also da, aber es fehlte an Geld. Unsere Spendeneinnahmen reichten gerade so aus, um unsere anfallenden Rechnungen zu begleichen. Ein Gehalt konnte ich Evelyne die ersten zwölf Monate nur unregelmäßig bezahlen.

Die ersten drei Monate ging es, da ich auf meinen Lohn verzichtete, obwohl ein Freund und seine Frau Geld dafür spendeten. Dann hatten wir einen Engpass. Das führte dazu, dass Evelyne über neun Monate kein Lohn ausbezahlt wurde. Während der ersten zwölf Monate hatte auch ich kein festes Gehalt. Auch bei mir privat wurde es sehr eng. Selbst kein Gehalt zu bekommen und den vereinbarten Lohn an Evelyne nicht zahlen zu können, war enorm schwierig für mich.

Schweren Herzens ging ich zu meiner treuen Mitarbeiterin: «Evelyne, es macht mir unheimlich Mühe, dir den abgemachten Lohn nicht zahlen zu können. Tut mir leid, dass ich dir nichts zahlen kann. Das ist schlimm für mich, aber es geht einfach nicht», gestand ich ihr. Ich empfand das als fürchterliche Situation. Der Arbeiter ist seines Lohnes wert: Diese Lektion hatte ich schon von meinem Opa gelernt. Nun hatte ich eine Kollegin an der Seite, auf die ich dringend angewiesen war und die hervorragende Arbeit leistete, aber ich konnte sie nicht bezahlen. Das konnte nicht lange gut gehen.

Viele Anruferinnen nahmen über die «Kummer Nummer» zunächst anonym Kontakt mit uns auf und nutzen die Möglichkeit zu einem ersten vertraulichen Gespräch. Häufig entwickelten sich daraus der Wunsch und die Bitte nach einer persönlichen Begegnung und weiterer Beratung.

Ohne Evelyne wäre das alles nicht zu machen gewesen. Und ich konnte sie nicht bezahlen. So sah es also aus, wenn man versuchte, über Wasser zu gehen. Das Wasser stand uns bereits bis zum Hals.

«Roy, ich kenne die finanzielle Situation von ‹Be Unlimited›. Mach dir keine Sorgen. Mein Mann arbeitet auch, und wir können unsere Rechnungen bezahlen. Es wird Lösungen geben, da bin ich mir sicher!»

Evelynes Einstellung beeindruckte und beruhigte mich ein bisschen. Das war ein starkes Zeichen. Aber Geld musste her, da führte kein Weg daran vorbei. Die Löcher in unseren Kassen waren größer als bei jedem Schweizer Käse.

Just in dieser Lage sollte sich mein Interview vor dem «Forum Christlicher Führungskräfte» als hilfreich erweisen. Ich hatte dort über unser Engagement für «Be Unlimited» und für von sexuellem Missbrauch Betroffene berichtet und aus meinem Leben erzählt. Das hatte offenbar die Herzen vieler Zuhörer erreicht. Auch die größten Spender, die «Be Unlimited» bis heute hat, saßen damals im Auditorium. In relativ kurzer Zeit konnten wir nicht nur unsere Rechnungen begleichen, sondern auch Löhne zahlen.

Als unschätzbare Hilfe erwies sich auch ein Treuhandbüro, das in Zug ansässig ist. Der Besitzer des Treuhandbüros ist ein alter Freund aus der Zeit, bevor ich nach Amerika ausgewandert bin. Wir sind beide in Horgen aufgewachsen. Seit Beginn der Arbeit von «Be Unlimited» und der «Kummer Nummer» stellt er eine seiner Mitarbeiterinnen zur Verfügung, die all unsere buchhalterischen Aufgaben übernimmt. Sie hat Zugang zu unseren Bankkonten und überweist alle Rechnungen, Löhne, Versicherungen etc. Unter strenger Aufsicht des Treuhänders erstellt sie in enger Zusammenarbeit mit uns alle Jahresabschlüsse und Budgets.

Für uns ist das ein Geschenk, eine Spende von unsagbarem Wert. Speziell auch deshalb, weil ich mich damit zu hundert Prozent auf die Richtigkeit der Buchhaltung und sämtlicher Buchungen verlassen kann. Auch ich selbst unterstelle mich dieser Aufsicht. Ich habe weder Zugang zu Konten, noch verfüge ich über eine «Be Unlimited»-Kreditkarte. Auch ich rechne alles so ab wie alle anderen Mitarbeiterinnen und Mitarbeiter auch.

Die Spenden, die uns nun erreichten, veränderten die Situation. Mit einem Mal stand uns das Wasser nicht mehr bis zum Hals. Es funktionierte also tatsächlich. Ich war aus dem Boot gestiegen und ins Ungewisse getreten, aber nicht untergegangen. Gott enttäuscht das in ihn gesetzte Vertrauen nicht.

Diese Erfahrung habe ich nicht nur einmal gemacht, sondern mache sie nahezu täglich neu. «Be Unlimited» und die «Kummer Nummer» waren wie Schritte hinaus aufs Wasser. Ich würde nicht behaupten, dass wir uns nicht immer wieder auch ziemlich nasse Füße holen. Aber untergegangen sind wir nie. Gottvertrauen und die Unterstützung großer und kleiner Spender tragen uns. Bisweilen sogar durch sehr stürmische See.

Die Erfahrung, aus dem Boot ausgestiegen und von Gott getragen zu sein, hat mich viel gelehrt. Solange ich mich im Boot an die Reling klammere, werde ich nie erleben, dass das Gottvertrauen trägt. Nur wer aus dem Boot aussteigt und wirklich loslässt, erlebt wahre Wunder.

Warum dürfen Schildkröten 120 Jahre alt werden?

Im Sommer 2013 hatten meine Hunde und ich den «Urlaub» in der Ukraine verbracht. Der Einsatz in einem Kinderheim, in dem uns viele Opfer sexuellen Missbrauchs begegneten, hinterließ bleibende Spuren. Das Schicksal dieser Kinder, denen es am Nötigsten fehlte, erschütterte mich zutiefst.

Die Bilder aus Odessa werde ich nie vergessen. Zur materiellen Not kam die seelische Zerstörung. Ziba und Micah waren permanent gefordert. Doch die Ukraine sollte unser letzter gemeinsamer Auslandseinsatz sein. Noch in der Ukraine stellte ich fest, das Ziba Blut im Urin hatte. Zurück in der Schweiz diagnostizierte der Tierarzt einen seltenen Nebennierenkrebs. Der Krebs war nicht behandelbar.

Ziba musste sterben.

Ich habe lange darüber nachgedacht, wie ausführlich ich

über die Wochen des Abschieds von Ziba schreiben soll. Wer einen Hund hat, der braucht nicht viele Worte, um zu wissen, was es bedeutet, wenn dieser stirbt. Wer keinen hat, wird es vielleicht auch dann nicht verstehen können, wenn man es ausführlich zu erklären versucht.

Ziba war ein außergewöhnlicher Hund. Das hatte mir der Therapiehunde-Trainer sofort gesagt, nachdem er sie kurz getestet hatte. Damals bei jener Freizeit für sexuell missbrauchte Kinder, zu der mich die Dame mit den Helium-Flaschen mitgenommen hatte. Ziba war der beste Therapiehund, den man sich vorstellen kann. Sie hatte nicht nur ein unglaubliches Gespür, in den schwierigsten Situationen genau richtig zu reagieren. Sie hatte eine unfassbare Geduld und eine Ausdauer, die ihresgleichen suchte.

Wir verstanden uns blind. Das ist keine Floskel, das war tatsächlich so. Zu Katastropheneinsätzen war ich mit ihr um die halbe Welt gereist. Sie lag im Helikopter neben mir, als wir in Waldbrand- oder Erdbebengebiete flogen. Sie begleitete mich zu Gefängnisbesuchen und Ferienlagern. Sie tröstete unzählige Kinder in Krankenhäusern und Heimen. Wir haben jeden Tag gemeinsam verbracht und zusammengearbeitet.

Ziba war Teil meines Lebens. Sie war die Einzige, die immer an meiner Seite war. Sie war dabei, als ich glücklich verliebt war und als meine Verlobung zerbrach. Faith hatte ihre rote Feder in Zibas Halsband gesteckt. Durch Ziba hatte ich in meine Berufung gefunden. Jetzt musste ich sie gehen lassen.

Es gibt kein Wort, mit dem ich beschreiben könnte, was das für mich bedeutete. Der 17. Dezember 2013 war einer der traurigsten Tage meines Lebens.

Als ich die Tierarztpraxis ohne Ziba verließ und mich weinend ins Auto setzte, begriff Micah sofort, was geschehen war. Von einem Moment auf den anderen war er nicht mehr der gleiche Hund. Nach einer Phase der Trauer, in der er sehr abwesend war, wurde er noch anhänglicher als früher. Micah übernahm Zibas Rolle. Ziba war immer die Leithündin gewesen. Jetzt rückte Micah von sich aus an ihre Stelle.

Ziba konnte man nicht ersetzen. Aber die Arbeitsbelastung erforderte einen zweiten Hund. Heute gehört Benaiah zu unserem Team. Benaiah wurde 2014 geboren. Wie sein «großer Bruder» Micah ist auch er ein lizenzierter Therapiehund. Gemeinsam hatten wir Einsätze in Deutschland, Spanien, Italien und Frankreich, aber natürlich arbeiten wir vor allem in der Schweiz. Wir drei sind ein prima Team, aber Ziba werde ich immer vermissen. Wenn ich einmal in den Himmel komme, worauf ich hoffe, dann werde ich dem lieben Gott auf jeden Fall auch diese Frage stellen: «Warum dürfen Schildkröten eigentlich 120 Jahre alt werden, gewisse Hunde aber nicht einmal 12?»

24. Warum wir eine neue Kummer-Kultur brauchen

Die Nachfrage zeigte uns, wie wichtig die Einrichtung der «Kummer Nummer» gewesen war. Es bestätigte sich genau das, was die Zusammenarbeit mit der Polizei und verschiedenen Opferstellen und auch meine Recherchen ergeben hatten: Es fehlte eine solche Telefonnummer, die in besonderer Weise auf die Anrufe von Kindern und Jugendlichen spezialisiert ist. Nun gab es diese Nummer. 24 Stunden am Tag, sieben Tage die Woche. Aber es zeigte sich auch: Die «Kummer Nummer» allein genügte nicht. Es brauchte dringend Präventionsarbeit.

Weil sexueller Missbrauch ein Tabu-Thema ist, ist Sensibilisierung und Prävention umso wichtiger. «Be Unlimited» leistet Sensibilisierungs- und Präventionsarbeit und bietet Info-Veranstaltungen und Hilfestellung an. Und zwar überall dort, wo Kinder betreut werden: an Schulen, in Kirchen, Jugendorganisationen und Sportvereinen.

Bei unseren Beratungsgesprächen unter dem Leitwort «Läb Unlimitiert» («Lebe unlimitiert») geht es vor allem um Kummer-Verarbeitung und Ermutigungs-Strategien. Je nach Alter werden verschiedene Fragetechniken und jahrelange Erfahrungswerte einbezogen.

Anfangs waren Evelyne und ich unterwegs. Heute finden diese Beratungsgespräche schweizweit in verschiedenen Ortschaften und immer mit einem ausgebildeten und erfahrenen Zweier-Team statt.

Egal, ob wir in einer Schulklasse, einer Kita oder bei einer Ferienfreizeit sind, bei «Läb Unlimitiert» geht es immer um eine doppelte Perspektive: Wie lerne ich, über meinen Kummer zu sprechen, und wie sieht Ermutigung für mich aus? Natürlich hängt die konkrete Gestaltung immer vom Alter der Kinder beziehungsweise der Jugendlichen ab, mit denen wir arbeiten. Aber der Ablauf unseres Gesprächs ist im Wesentlichen immer gleich.

Wir erklären den Kindern zunächst, warum wir hier sind: «Wir sind da, um über Kummer zu sprechen. Was ist Kummer? Wohin gehst du mit deinem Kummer? Mit wem sprichst du über deinen Kummer? Worin besteht der Kummer deiner Mutter, deines Vaters, deines Bruders, deiner Schwester? Sprichst du überhaupt über Kummer?»

Wie gesagt, je nachdem, wie alt die Kinder sind, ändert sich die Wortwahl. Auch den zweiten Grund für unser Gespräch erklären wir den Kindern: «Wir möchten mit euch über Ermutigung sprechen. Was ist Ermutigung? Wer ermutigt dich? Wen ermutigst du? Welche Gefühle löst Ermutigung in dir aus?»

Im Grunde sind das Themen und Gespräche, die in jeder Familie stattfinden sollten. Solche Gespräche gehören an jeden Abendbrottisch. Leider gibt es heute oft keine gemeinsame Esskultur mehr. Von einer Kultur, sich gemeinsam über das auszutauschen, was einen bedrückt, brauchen wir gar nicht erst zu reden. Aber genau an dieser Kultur eines guten Umgangs mit Kummer müssen wir arbeiten. Wir tun das mit «Läb Unlimitiert», weil wir davon überzeugt sind, dass das die beste Präventionsmaßnahme ist.

Nur dort, wo eine Möglichkeit besteht, offen über das zu sprechen, was einen bedrückt und belastet, können Probleme gesehen, wahrgenommen und angegangen werden. Nur wo die Erfahrung vermittelt wird, dass jede Art von Kummer ihren Platz hat und geäußert werden darf, wo nichts peinlich oder unwichtig ist, da öffnen sich Räume des Vertrauens. Auf der Basis dieses Vertrauens reden Kinder dann auch über jenen Kummer, den sie sonst totschweigen, weil er nicht auszuhalten ist.

Wir sprechen von uns aus eigentlich nie über sexuellen Missbrauch, sondern über Kummer und Ermutigung. Am Ende unseres Gesprächs steht dann immer das Angebot, die Hunde, die wir dabeihaben, in einem separaten Raum zu streicheln. Wer möchte, ist herzlich dazu eingeladen. Und wer mag, darf dabei gerne auch mit uns sprechen. Dann kommen die Kinder und fallen den Hunden förmlich um den Hals.

Ich finde es jedes Mal wieder erstaunlich, was in diesen Situationen aufgedeckt wird.

«Hast du Kummer?», fragte ich einen 10-jährigen Jungen bei einer Schulveranstaltung, während er Micah hinter den Ohren kraulte.

«Nein, eigentlich nicht», antwortete er.

«Tatsächlich nicht?», fragte ich zurück. «Ich schon», gab ich ihm zu verstehen.

Er schaute mich überrascht an.

Benaiah machte es sich vor ihm bequem und ließ sich den Rücken streicheln.

«Was hast du denn für Kummer?», wollte er wissen.

Ich erzählte ihm von meinen Kümmernissen.

«Na ja, eigentlich habe ich auch Kummer», meinte er dann.

«Weshalb denn?», fragte ich vorsichtig nach.

Seine Mutter habe sich das Leben genommen. Er habe sie gefunden. Da sei sie aber schon tot gewesen. Na ja, noch schlimmer sei es für seine älteren Geschwister, für Papa und Oma. «Die haben Mama ja viel länger gekannt als ich», meinte er. Daheim rede niemand über Mamas Tod. «Dafür ist keine Zeit», sagte er und drückte Benaiahs flauschigen Kopf an sich.

Evelyne und mir standen die Tränen in den Augen. Die Minimalisierung schlimmer Ereignisse, wie wir sie hier erlebt hatten, kann gravierende Auswirkungen auf das Leben dieses kleinen Jungen haben. Angefangen von Depressionen bis hin zu anderen schweren psychischen Erkrankungen.

Ein anderes Beispiel: Bei einem Sommerlager sprachen wir ebenfalls über Kummer und Ermutigung. Danach kamen die Hunde ins Spiel. Wer wollte, konnte kommen, um Micah und Benaiah zu streicheln. Ob sie Kummer habe, fragte ich ein kleines Mädchen.

«Nein, hab ich nicht», sagte sie rasch.

«Ich schon», entgegnete ich.

«Welchen denn?», fragte sie nach.

«Ich habe Kummer, weil ich zu dick bin», antwortete ich. Außerdem erzählte ich ihr noch ein paar andere Dinge, die mich traurig machten.

Da begann sie zu weinen.

«Doch Kummer?», fragte ich leise.

«Meine Eltern lassen sich scheiden. Und ich muss mich bis zum Ende des Lagers entscheiden, ob ich mit Mama oder Papa zusammenleben will.»

Fünf Minuten vorher hatte sie noch gesagt, sie habe keinen Kummer. In Wirklichkeit hatte sie Kummer. Fürchterlichen Kummer sogar. Aber sie hat nicht darüber gesprochen, weil es bis heute nicht zu unserer Kultur gehört, über das zu reden, was uns bedrückt.

Auch der Junge, der seine Mutter nach deren Suizid gefunden hatte, sagte zunächst, er habe keinen Kummer. Fünf Minuten später sah die Welt anders aus.

Ganz ähnlich verhält es sich bei Mädchen und Jungen, die sexuell missbraucht wurden. Sie trauen sich nicht, über ihren Kummer zu sprechen, weil sie ihn verdrängen, ihn minimalisieren – oder weil es ihnen peinlich ist, über das zu sprechen, was ihnen widerfährt. Und sehr oft sprechen sie nicht darüber, weil Drohungen über ihnen ausgesprochen wurden.

In unserer Gesellschaft hat Kummer keinen Platz. Kummer darf man vielleicht noch im stillen Kämmerlein haben. Dann ist aber auch schon Schluss. Was uns im Innern bedrückt, was uns auf der Seele liegt, was uns traurig macht, lähmt und krank macht, darüber sprechen wir nicht. Höchstens beim Psychotherapeuten. Kein Wunder, dass da die Wartelisten derart lang sind.

Wir leben im Zeitalter der Massenkommunikation, aber in Wirklichkeit sind wir eine verschwiegene Gesellschaft. Nie wurde so viel und so schnell kommuniziert wie heute. Wir chatten, simsen, whatsappen, skypen, facebooken, twittern ohne Unterlass, aber legen wir dabei unser Schweigen ab? Hat unser Kummer Platz in den Millionen und Abermillionen Textzeichen, die wir täglich um den Globus jagen?

Wir müssen mit der Unkultur des Schweigens brechen. Gemeinsam müssen wir alles dafür tun, unsere Kultur zu verändern. Es ist so wichtig, über Kummer zu sprechen. Gefühle müssen ans Licht kommen dürfen, damit sie benannt und verarbeitet werden können. Wir brauchen eine Kultur des Kummers, eine Kultur, in der man sich seiner Gefühle nicht zu schämen braucht.

Wie sollen unsere Kinder lernen, über das zu sprechen, was sie bedrückt? Wenn sie es nicht bei uns erleben, wo dann? Wir müssen die Unkultur des Schweigens beenden. Auch weil sie der beste Schutz für Missbrauchstäter ist.

Gelingt es uns nicht, eine Kultur zu etablieren, die dem Kummer Raum gibt, reden wir sehr bald nicht mehr über viele bedauernswerte Einzelschicksale, sondern über ein gesamtgesellschaftliches Problem. Kein Gesundheitssystem der Welt kann auffangen, was durch verdrängten und verschwiegenen Kummer an Krankheiten und Leiden entsteht.

Am Anfang steht das Minimalisieren von schlimmen Erfahrungen. Das ist eine Art Überlebensstrategie, wenn Gefühle keinen Platz haben. Aber das bringt keine Lösung. Irgendwann wird der Schmerz dann mit Schmerzmitteln betäubt. Die Auswahl ist gigantisch. Von Anorexie über Pornografiesucht bis zu den harten Drogen ist nahezu alles denkbar. Hauptsache, es tut für einen Moment weniger weh. Eine Lösung ist auch das nicht, aber oft der Einstieg in einen Teufelskreis, dem man nur schwer entrinnen kann.

Deshalb müssen wir uns gemeinsam um den Kummer unserer Kinder kümmern. Um den kleinen Kummer wie um den großen. Sexuellen Missbrauch zu bekämpfen ist nicht nur eine Aufgabe der Polizei, der Staatsanwaltschaft oder von Care-Teams wie uns. Es geht alle an. Das beginnt damit, dass wir alle Kummer-Kümmerer werden. In unseren Familien, in unserem Umfeld, wo auch immer. Nur so funktioniert Veränderung.

Und diese Veränderung ist notwendig. Das gilt für den Einzelnen wie für die gesamte Gesellschaft. Wir brauchen einen kulturellen Klimawandel. Schweigen erhöht den Schadstoffausstoß und belastet die Atmosphäre. Kummer zulassen zu dürfen und Gefühlen Raum zu geben, bedeutet befreiende Frischluftzufuhr für eine Gesellschaft, die am Schweigen zu ersticken droht.

Scheinhören oder zuhören?

Voraussetzung für eine neue Kultur des Kummers ist die Fähigkeit, zuzuhören. Schwer zu sagen, was uns zuerst abhandengekommen ist: die Fähigkeit, wirklich zuzuhören, oder die Bereitschaft, über unsere Sorgen und Nöte zu sprechen. Wahrscheinlich bedingt das eine das andere.

Mit Zuhören meine ich nicht die bloße Anwesenheit bei einem Gespräch. Physische Präsenz ist zu wenig. Die Aufmerksamkeit kann währenddessen ganz woanders sein. Unsere Gedanken können um die halbe Welt kreisen oder um das nächste Meeting, während wir scheinbar unserer Frau oder unseren Kindern zuhören. Das ist dann kein Zuhören. Das ist Scheinhören. Man erweckt den Anschein, als höre man zu. In Wirklichkeit ist man mit anderen Dingen beschäftigt.

Leider gibt es viel mehr Scheinhörer als Zuhörer.

Scheinbar zuzuhören, belastet nicht nur viele Paare, sondern auch Eltern-Kind-Beziehungen. Ein einfacher Test, bevorzugt an alle Männer: Wie heißen die drei besten Freundinnen Ihrer Tochter? Wer für die Antwort länger als fünf Sekunden braucht, hat seiner Tochter wahrscheinlich schon länger nicht mehr richtig zugehört.

Gedankliche Abwesenheit bei physischer Anwesenheit ist kein spezifisches Männerphänomen, aber kommt unter Männern noch etwas häufiger vor als bei Frauen. Ich weiß, wovon ich schreibe. Ich habe damit die Beziehung zu meiner Verlobten ruiniert.

Nur wer aufmerksam zuhört, schafft den inneren Raum für Verstehen und Verständigung. Das Gute ist: Zuhören kann man lernen. Für mich war es ein langer und schwieriger Lernprozess. Heute weiß ich, Zuhören braucht Zeit und hohe Konzentration. Ablenkung ist Gift.

Der Gesprächspartner muss absolute Priorität haben. Das bedeutet: Nicht über Lösungsvorschläge nachdenken oder sie bereits gedanklich formulieren. Es geht ausschließlich darum, mit Empathie zuzuhören, die Gefühle des Gegenübers wahrzunehmen und sie dann auch so stehen zu lassen – ohne sie zu analysieren, zu bewerten oder einzuordnen. Gelingt das, entsteht eine Atmosphäre und eine Dynamik, die offen ist für Prozesse der Veränderung.

Wenn ich mir als Pfarrer an dieser Stelle eine kurze Nebenbemerkung erlauben darf: Es scheint mir eines der großen Probleme der Kirchen zu sein, dass sie verlernt haben, aktiv zuzuhören, und stattdessen immer schon eine Antwort parat haben. Da darf man sich nicht wundern, wenn mit der Zeit der Gesprächsfaden mit den Gläubigen reißt.

Warum sollte ich mir von jemandem etwas sagen lassen, von dem ich nicht den Eindruck habe, dass er mich verstanden hat, weil er mir gar nicht richtig zugehört hat?

Es geht mir nicht darum, mit dem Finger auf die Kirchenleitungen zu zeigen. Wir alle sind Kirche. Insofern müssen wir uns den Schuh auch alle selbst anziehen. Es gibt wohl nur wenige Menschen, die noch nie von Jesus gehört haben. Aber es gibt viele, die ihm noch nie begegnet sind. Das mag auch daran liegen, dass in den Kirchen zwar viel gepredigt und diskutiert wird, es in den Gemeinden aber noch Nachholbedarf gibt, wenn es gilt, Hände und Füße Jesu zu sein.

Der liebe Gott hat uns zwei Ohren, zwei Augen, zwei Hände und zwei Füße gegeben. Wäre das Sprechen wichtiger als das Zuhören und Hinsehen, und wäre es wichtiger, als einander zu tragen und miteinander zu gehen – dann hätten wir ein Auge, ein Ohr, einen Arm, ein Bein und mehrere Münder.

Kostenlos und anonym

Je genauer man zuhört, desto sensibler wird man für die Gefühle des Gegenübers. So auch bei uns: Je genauer wir hinsahen, desto deutlicher wurde das Ausmaß der Missbrauchs-Thematik in der Schweiz. Bei einem Thema wie diesem reicht es freilich nicht aus, sich auf persönliche Erfahrungen in der Arbeit mit Betroffenen zu beschränken.

Durch unsere Arbeit war sexueller Missbrauch für uns zu einem Thema geworden, bei dem es sich keineswegs um schlimme Einzelfälle unter besonderen Umständen handelte. Sexuellen Missbrauch gab es quer durch alle gesellschaftlichen Schichten und in allen sozialen Milieus. Die Zahlen waren und sind erschütternd. Die «UBS Optimus Foundation» hat eine ausführliche Studie zum sexuellen Missbrauch in der Schweiz erstellt. Nicht alles, was rund um das Thema publiziert wird, ist als wissenschaftlich seriös einzuschätzen. Diese wissenschaftliche Erhebung *ist* seriös. Auf unseren Webseiten (www.beunlimited.org) kann man sie einsehen und nachlesen.

Diese Studie zeigt detailliert Hintergründe und Fakten zu sexuellen Übergriffen an Jugendlichen und Kindern in der Schweiz auf. Laut Optimus-Studie erlebt jedes vierte Mädchen und jeder siebte Junge in der Schweiz mindestens ein Mal in seinem Leben sexuellen Missbrauch. Das sind dramatisch hohe Zahlen, die man kaum glauben mag. Leider decken sie sich mit unseren Erfahrungen.

Seit 2012 gibt es die «Kummer Nummer». Seitdem ist sie sieben Tage die Woche rund um die Uhr besetzt. Alle Anrufe sind anonym und kostenlos. Aber unser Einsatz endet nicht mit dem Telefongespräch. Wenn das Kind oder die Jugendlichen, die uns anrufen, das wünschen, treffen wir uns schweizweit mit den Betroffenen. Allein der Anrufer entscheidet, ob er ein Treffen möchte und wo dieses stattfinden soll.

Höchste Priorität haben die Fälle, in denen ein Kind oder ein Jugendlicher noch einer aktuellen Missbrauchs-Situation ausgesetzt ist. Diskretion und Anonymität sind für uns oberstes Gebot. Darauf kann sich jeder hundertprozentig verlassen, der sich an uns wendet. Wir sehen keine Telefonnummern auf den Displays unserer Telefone. Es wird nichts aufgezeichnet und nichts mitgeschnitten. Es läuft alles vollkommen anonym.

Dieser geschützte Rahmen ist die Voraussetzung dafür, dass sich Betroffene, die sich an uns wenden, sicher fühlen können.

Ein Team von speziell geschulten Mitarbeiterinnen und Mitarbeitern nimmt die Anrufe entgegen. Unsere Mitarbeiter machen sich während des Gesprächs Notizen. Das dient uns vor allem dazu, dass wir unsere Gesprächsführung stetig weiter verbessern. Aus diesem Grund tauschen sich die Mitarbeiter, die Telefonate geführt haben, mit der Teamleitung der «Kummer Nummer» aus und reflektieren gemeinsam den Gesprächsverlauf und ihre Gesprächsführung.

Entscheidend ist, das Vertrauen der Anrufer niemals zu missbrauchen. Gemachte Aussagen, Fragen oder Schilderungen werden an niemanden weitergegeben, sondern streng vertraulich behandelt. Damit ist ausgeschlossen, dass einfach so die Polizei eingeschaltet wird. In vielen Fällen brächte man damit vor allem die Opfer in Gefahr und würde unter Umständen sogar dem Täter helfen.

Es braucht also viel Fingerspitzengefühl, eine qualifizierte Schulung und ausreichend Erfahrung, um sensibel und verantwortungsvoll mit den eingehenden Anrufen umzugehen. Darauf legen wir größten Wert.

Jede Radio-Sendung, zu der ich eingeladen werde, um über unsere Arbeit zu berichten, sorgt für steigende Anrufer-Zahlen. Im Jahr 2017 erreichten die «Kummer Nummer» 763 Anrufe. Das entspricht einer Zunahme von 443 Prozent gegenüber 2015. Nicht jeder Anrufer ist selbst von sexuellem Missbrauch betroffen. Manchmal geht es darum, mit einem Anruf einer Freundin oder einem Freund beizustehen oder sich durch Fragen Klarheit über eine Situation zu verschaffen.

Aber es gibt auch viele Fälle, bei denen es einem entsetzlich übel wird angesichts dessen, was die Kinder erleiden müssen, die am anderen Ende der Leitung sitzen und in größter Not nach Hilfe und einem Ausweg suchen. Die Perversionen unter Pädophilen kennen keine Grenzen. Abartigkeiten und Grausamkeiten sprengen die schlimmsten Vorstellungen, zu denen menschliche Fantasie in der Lage ist.

Die Telefonate sind für die Anrufer kostenfrei. Die organisatorischen Kosten der «Kummer Nummer» belaufen sich auf 1 Franken pro Minute. Das sind 60 Franken in der Stunde, 1440 Franken pro Tag. Das macht im Jahr mehr als eine halbe Million Franken. Nicht in dieser Kalkulation eingerechnet sind die Treffen, zu denen wir fahren, wenn sich Betroffene das wünschen. 1722 solcher Treffen hatten wir 2017, dazu 408 Beratungsgespräche. Allein 44.962 freiwillige Stunden wurden im Bereich der «Kummer Nummer» geleistet.

Ganz egal, wo in der Schweiz, wir kommen hin. Und zwar dahin, wo das Mädchen oder der Junge sich das wünscht. Wir kommen immer mit zwei Personen, und meine beiden Therapiehunde sind auch mit dabei. Micah und Benaiah sind es dann, die die ersten «Brücken» bauen, Beziehung herstellen und so dazu beitragen, Vertrauen zu schaffen. Im Moment sind wir daran, weitere Therapiehunde-Teams auszubilden. Ich freue mich bereits, deren Lizenzierung zu feiern.

Als wir mit der «Kummer Nummer» begannen, haben viele Leute gesagt: «Roy, das kannst du finanziell überhaupt nicht schaffen.»

«Stimmt», habe ich dann stets geantwortet, «finanziell kann ich das ganz sicher nicht stemmen. Aber wenn Gott etwas bestellt, dann bezahlt er auch.»

Die «Kummer Nummer» funktioniert über Spenden. Wir sind auf Spenden angewiesen, und wir sind all unseren Spendern, den Großspendern wie jedem anderen, sehr, sehr dankbar. Ohne sie würden wir diesen Dienst nicht leisten können.

Bisher hat uns der liebe Gott nie im Stich gelassen. Er hat Herzen und Türen geöffnet, damit die «Kummer Nummer» bestehen konnte und immer bekannter werden durfte. Das Wasser trägt tatsächlich. Gelegentliche nasse Füße lassen sich nicht vermeiden, wenn man bei rauer See unterwegs ist. Sollten vor unserem Büro in Mettmenstetten nasse Schuhe vor der Tür stehen, wissen Sie, was los ist.

Mehr als das Stadion in Basel fassen kann

Vor einiger Zeit durfte ich bei einem Vortrag in Basel über unsere Arbeit berichten. Der Ort der Veranstaltung war genial. Ich sollte in einem VIP-Raum im Stadion des FC Basel sprechen. Da ich etwas zu früh dran war, nutzte ich die Gelegenheit und sah mich im leeren Stadion um.

Was für eine beeindruckende Kulisse. Runter zum «heiligen Rasen» durfte ich nur in Begleitung. Wenn man von unten nach oben blickte, wirkten die leeren Sitzreihen noch imposanter.

«Wie viele Leute passen hier rein?», fragte ich meinen Begleiter.

«Mit rund 38.500 Plätzen ist der St.-Jakob-Park das größte Fußballstadion der Schweiz», erklärte er mir.

Mein Blick schweifte über die leeren Sitzreihen. Plötzlich erschrak ich. Offenbar stand mir mein Entsetzen ins Gesicht geschrieben.

«Alles in Ordnung mit Ihnen?», fragte der Mann, der mit mir runter zum Rasen gegangen war.

«Es ist nicht alles in Ordnung, aber es geht schon», antwortete ich.

Im Moment meines Erschreckens hatte ich realisiert, dass in der Schweiz mehr Kinder sexuell missbraucht werden als Zuschauer in dieses riesenhafte Stadion passen. Laut «Medicus Mundi»-Studie wurden in der Schweiz 1999 mehr als 45.000 Kinder sexuell missbraucht. Heute sind es weit über 50.000 Fälle. Die Dunkelziffer von Kindern und Jugendlichen, die zu Hause sexueller, physischer oder psychischer Gewalt ausgesetzt sind, ist noch wesentlich höher.

Die Dimensionen dieses Stadions haben mir erneut ins Bewusstsein gerufen: Unser Land, unsere Gesellschaft darf diese Kinder nicht im Stich lassen. Wir müssen gemeinsam für sie kämpfen und für sie einstehen. Jeder von uns kann einen Beitrag leisten, die Welt ein wenig besser zu machen.

Unsere Welt ist in vielem fantastisch und wunderschön, aber wir dürfen nicht über die Abgründe hinwegsehen, die sich mitten unter uns auftun. Wir dürfen das Leid so vieler Kinder nicht ignorieren. Der Blick in das weite leere Stadionrund und die Vorstellung, wie viele missbrauchte Kinder hier sitzen würden, darf uns niemals ruhen lassen.

Hoffnungsträger werden

Um die «Kummer Nummer» 24 Stunden besetzt halten zu können, brauchen wir Mitarbeiterinnen und Mitarbeiter, die am Telefon Höchstleistung bezüglich aktivem Zuhören und Empathie erbringen. Das ist nicht nur eine Frage der inneren Bereitschaft oder eines besonderen Talents. Das kann man lernen.

Jeder kann da, wo er ist, seinen Beitrag leisten. Man braucht nicht gleich für die «Kummer Nummer» tätig zu sein. Jeder kennt Situationen, in denen es nötig ist, besonders einfühlsam mit seinem Gegenüber zu kommunizieren.

Menschen in herausfordernden Lebenssituationen begegnen uns nahezu täglich. Menschen, die schlechte Neuigkeiten erhalten haben, eine schwierige Operation vor sich haben, einen unerwarteten Todesfall verkraften müssen, an Existenznot leiden oder Opfer von Gewalt geworden sind, hat jeder in seinem näheren oder weiteren Umfeld. Um Menschen in solchen Situationen mit Hoffnung, Empathie und Ermutigung begegnen können, bietet «Be Unlimited» Weiterbildungen und spezifische Seminare an. Sei es für politische Gemeinden im Bereich Flüchtlingsbegleitung oder für andere Hilfswerke sowie für Kirchen, die sich stark machen für Menschen in Not.

In unseren Kursen vermitteln wir nicht nur das nötige Wissen und die kommunikativen Techniken für Ehrenamtliche, die sich bei der «Kummer Nummer» engagieren und mitarbeiten möchten. Wir schulen auch intensiv im Bereich Psychotraumatologie.

Damit kein Missverständnis entsteht: Wir sind keine Therapeuten! Wir verstehen uns als Wegbereiter und Wegbegleiter, als Anlaufstelle für von sexuellem Missbrauch Betroffene. Für die therapeutische Arbeit braucht es dann aber geeignetes Fachpersonal.

Es gibt zwar viele gute Psychotherapeutinnen und Psychotherapeuten. Bei den Psychiatern ist das nicht anders. Es gibt aber leider viel zu wenige Therapeuten, die auf Traumatherapie spezialisiert sind. Und die wenigen, die es gibt, haben zum Teil Wartezeiten von mehreren Jahren. Meist nehmen sie auf absehbare Zeit überhaupt keine neuen Patienten mehr auf. Zudem betreuen sie meist keine Kinder. Zum einen sind sie mit schweren Fällen erwachsener Patienten und den damit verbundenen komplexen und langwierigen Therapieprozessen bereits überlastet. Zum anderen erfordert Traumatherapie mit Kindern wieder spezielle Qualifikationen.

Im Bereich der Traumatherapie für Kinder und Jugendliche gibt es also eine erhebliche Unterversorgung. Wir können und wollen professionelle therapeutische Betreuung nicht ersetzen. Aber wir bieten in Zusammenarbeit mit exzellenten Ärzten und Fachexperten Weiterbildungen in Traumapsychologie an.

Leider ist das Aufdecken von schwerem emotionalem, körperlichem und sexuellem Missbrauch in den meisten Fällen sehr schwierig. Betroffene wissen oft nicht, an wen sie sich in ihrer Not wenden können. Angst vor Repression durch Täter sowie Misstrauen, Nicht-Glauben und Zurückweisung durch das Umfeld treiben viele Opfer in jahrelanges Schweigen und tiefe Isolation.

Dabei wäre es für sie besonders wichtig, auf Menschen zu treffen, die ihnen nicht nur zuhören und Glauben schenken, sondern sich auch mit der posttraumatischen Symptomatik auskennen und Betroffene auf dem langen Weg der Heilung begleiten und beraten können.

Deshalb ist es «Be Unlimited» ein besonderes Anliegen, Menschen nicht nur kommunikativ zu schulen, sondern auch dahingehend weiterzubilden, dass sie psychische Traumatisierungen verstehen und erkennen können.

Um Hoffnungsträger für traumatisierte Menschen zu sein, reicht guter Wille alleine nicht aus. Das setzt das nötige Fachwissen voraus.

25. Täter und Opfer, Hilfe und Rat

Mit unseren Care-Teams sind wir in der ganzen deutschsprachigen Schweiz unterwegs. Wo wir uns treffen, bestimmt allein die Person, die mit uns in Kontakt treten möchte. Auch bei diesen Begegnungen sind Diskretion und absolute Vertraulichkeit oberstes Gebot.

Befindet sich ein Kind oder ein Jugendlicher in einer akuten Missbrauchs-Situation, muss sichergestellt sein, dass er oder sie sich durch die Kontaktaufnahme mit uns nicht in Gefahr begibt. Wenn es nötig ist, parken wir unser Auto weit weg vom vereinbarten Treffpunkt. Auch ein Spaziergang an einem Seeufer oder eine Begegnung in geschützten Räumen, die uns von den Kirchengemeinden zur Verfügung gestellt werden, mit denen wir zusammenarbeiten, kann ein guter Rahmen für ein ungestörtes erstes Treffen sein. Über den Ort entscheidet ausschließlich der Anrufer.

Stehen Kinder oder Jugendliche noch in direktem Kontakt mit dem Täter, etwa wenn dieser aus der Familie oder dem familiären Umfeld stammt, muss man besonders umsichtig agieren. Die Sicherheit des Kindes hat absoluten Vorrang vor allem anderen.

Das gilt auch, wenn es um die Frage geht, ob und wann die Polizei eingeschaltet wird. Grundsätzlich ist die Vernetzung mit Polizei und Staatsanwaltschaft sowie anderen offiziellen Stellen für uns von hoher Bedeutung. Gerade weil die Gesamtlage meist komplex ist und die juristische Überführung eines Täters ausgesprochen mühsam ist.

«Be Unlimited» kooperiert intensiv mit der Polizei in der

Schweiz und mit verschiedenen anderen offiziellen Stellen. Wir haben, als es diese Stelle noch gab, auch mit der nationalen Koordinationsstelle zur Bekämpfung der Internetkriminalität (KOBIK) zusammengearbeitet. Es ist für mich sehr traurig und immer noch unvorstellbar, dass es in der Schweiz eine derart wichtige Stelle nicht mehr gibt. Ich zähle und vertraue fest darauf, dass in der Schweiz bald wieder eine ähnliche Stelle geschaffen wird.

Wir arbeiten auch mit verschiedenen Stellen in Amerika wie der «Association for the Recovery of Children» und mit dem «International Center for Missing & Exploited Children» zusammen. Darüber hinaus hat sich mit den Jahren ein in der Öffentlichkeit unsichtbares Netzwerk persönlicher Kontakte entwickelt, das zur Verbrechensbekämpfung im Bereich sexueller Missbrauch und Kinderpornografie beiträgt.

Die Zusammenarbeit mit Ermittlungsbehörden und Staatsanwaltschaften hat für uns hohe Priorität, aber sie darf nie das Wohl eines betroffenen Kindes oder eines Jugendlichen gefährden.

Vor besonderen Herausforderungen stehen Ermittler im Bereich der Kinder- und Jugendpornografie. Dabei handelt es sich weltweit um ein gigantisches Geschäft. Im Internet beziehungsweise Darknet gibt es etwa 100.000 Seiten mit Kinderpornografie. Der Umsatz liegt bei geschätzten CHF 3.000.000.000. Laut «Dunkelziffer e. V.» kostet ein Säuglings-Porno im Darknet derzeit rund EUR 5000. Ermittlungen gegen Baby-Porno-Ringe im Internet stellen die Polizei vor große Schwierigkeiten. Die Täter gehen mit äußerster Abgebrühtheit und Gerissenheit vor. International gibt es hoch spezialisierte Cyber-Ermittler, die mit ihrer Arbeit schon viel aufgedeckt haben.

Das Bundesamt für Polizei (Fedpol) in der Schweiz erhielt 2017 aus den USA rund 3000 Meldungen über Täter und Täterinnen sowie Konsumenten von Kinderpornografie in der Schweiz. Meines Erachtens ist es ein Armutszeugnis für die Schweiz, dass wir in diesem Bereich derart auf die Hilfe aus den USA angewiesen sind.

«Safe Families» für Betroffene in akuten Notlagen

Kinder und Jugendliche, die dem Täterzugriff ausgesetzt sind und bei uns Hilfe suchen, können wir in Notsituationen bei sogenannten «Safe Families» unterbringen. «Safe Families» sind Ehepaare, die von uns fast bis aufs Blut überprüft und für diese Aufgabe speziell geschult wurden. Damit sichergestellt ist, dass die Kinder bei uns wirklich «safe» sind, müssen alle Mitarbeiter, die in diesem Bereich tätig sind, DNA-Proben und Fingerabdrücke abgeben und den doppelten Strafregisterauszug vorlegen sowie immer in Zweier-Teams und nie alleine tätig sein.

Außer den «Safe Families» stehen uns an verschiedenen Orten Räumlichkeiten zur Verfügung, in denen wir Kinder – bei Bedarf auch mit ihren Müttern – unterbringen können. Bei all diesen Maßnahmen steht das Wohl der Betroffenen und ihre Sicherheit an erster Stelle. Je besser und vertrauensvoller die Kooperation mit Polizei und Staatsanwaltschaft sowie verschiedenen Opferhilfestellen, desto besser für die betroffenen Kinder – und desto größer ist die Wahrscheinlichkeit, Täter zu fassen.

Eines sollte einem immer bewusst sein: Die Fälle, die in den Medien hohe Wellen schlagen, sind nur die Spitze eines gigantischen Eisbergs.

Wenn es gelingt, brutale Kinderschänder zu verurteilen oder einen Pädophilen-Ring auszuheben – häufig geschieht das durch Kooperation mit Ermittlungsbehörden in den USA und in Kanada –, ist das ein Erfolg für Polizei und Justiz. Aber es handelt sich dabei eben leider nur um die Spitze des Eisbergs.

Das stille Leid unzähliger Kinder und Jugendlicher in der Schweiz und überall auf der Welt geht weiter. Weltweit reden wir über viele Millionen Kinder. Dieses tägliche Leid macht keine Schlagzeilen. Sexueller Missbrauch ist nach wie vor ein Tabu.

Das Schweigen macht Betroffene ein zweites Mal zu Opfern. Sie sind Opfer der Täter und Opfer einer Gesellschaft, die ihnen keine Stimme gibt. Die wegsieht und leugnet, die verdrängt und schweigt. Darum braucht es noch viel mehr Menschen, die mithelfen, ein Thema, das kein Thema ist, zum Thema zu machen.

Um dafür ein Bewusstsein zu schaffen, veranstaltet «Be Unlimited» Informationsabende und verschiedene Workshops. Diese sind ein wichtiger Bestandteil unserer Arbeit. Wir kommen mit einem Team, das aus mehreren fachlich gut ausgebildeten Mitarbeitern besteht, um bei Bedarf unmittelbar Gesprächsmöglichkeiten, Rat und Hilfen anbieten zu können. Solche Infoabende können in Kirchengemeinden, Vereinen oder Gemeindehäusern stattfinden. Wir kommen dahin, wo wir eingeladen werden oder wo bereits eine Zusammenarbeit besteht.

Bei diesen Vortragsveranstaltungen geht es nicht nur darum, die Öffentlichkeit stärker für die Thematik «Sexueller Missbrauch» zu sensibilisieren und unsere Arbeit vorzustellen, sondern – genauso wichtig – auch um Prävention und Hilfsangebote für Betroffene. Es gibt keine Veranstaltung, in der nicht auch Betroffene sitzen. Und man muss davon ausgehen, dass bei diesen Infoabenden immer auch Täter im Publikum sitzen.

Studien legen nahe, dass sich – statistisch gesehen – unter hundert Menschen drei Pädophile befinden und sieben Personen, die damit kämpfen. Vertiefende Informationen dazu finden sich im *Handbuch sexualisierte Gewalt* (siehe Anhang) von Dr. med. Jan Gysi und Dr. iur. Peter Rüegger. Wenn ich also vor 300 Zuhörern spreche, kann man statistisch von neun Pädophilen im Auditorium ausgehen.

Wann immer ich bei Vorträgen diese Zahlen nenne, geht ein Raunen durchs Publikum. Sicher, das sind statistische Werte. Gar keine Frage. Aber sie geben Auskunft darüber, welche Dimensionen das Thema sexueller Missbrauch einnimmt.

Immer wieder kommt es nach unseren Vortragsabenden zu Selbstanzeigen bei der Polizei. Täter, die in der Veranstaltung waren, stellen sich. Erst unlängst zeigte sich ein Vater von vier Kindern selbst an. Er hatte eine unserer Veranstaltungen besucht.

In einem anderen Fall wollte die Polizei wissen, was den Täter denn jetzt bewogen habe, sich zu stellen. Dieser fühlte sich offenbar überführt. Er sagte den Beamten: Roy Gerber habe am Tag zuvor bei einem Informationsabend darüber gesprochen, dass auch Täter im Raum seien. «Dabei hat er *mich* angesehen. Der weiß was. Bevor mich ein anderer anzeigt, komme ich lieber selbst.»

Unabhängig davon, ob ich tatsächlich etwas weiß oder ob es eher ein zufälliger Blickkontakt ist, der jemanden erschüttert; ganz gleich, ob einem Täter sein Gewissen keine Ruhe mehr lässt oder er sich aus anderen Erwägungen heraus selbst anzeigt: Jeder Missbrauchstäter weniger, der einem Kind schaden kann, ist eine gute Nachricht!

Übrigens sind es nicht nur Männer, welche sexuellen Missbrauch begehen. Gerade bei Kindern sind es auch immer wieder Frauen, die sexuell missbrauchen.

Das wirksamste Mittel gegen sexuellen Missbrauch sind erstens Aufklärung und zweitens genaues Hinsehen. Aufklärung bedeutet – ich kann es nur wieder und wieder betonen –, der

Wirklichkeit ins Auge sehen, miteinander in aller Offenheit darüber sprechen und einander gut zuhören. Auf diese Weise wird sexueller Missbrauch ein Thema in unserer Gesellschaft.

Erst wenn das Thema, das kein Thema ist, zum Thema wird, verlieren Täter ihren besten Schutz. Ihr bester Schutz ist ein meterhohes Dickicht aus Schweigen, Scham, Schuldzuweisung, Ignoranz, Unwissenheit, mangelnder Sensibilität, Relativierung und all den Mythen, die sich um das Thema Missbrauch ranken.

Missbrauch hat viele Facetten

Jede Missbrauchs-Situation ist anders. So wie man Leid nicht gegen Leid aufrechnen kann, lassen sich auch intimste Verletzungen an Leib und Seele nicht miteinander vergleichen. Sexueller Missbrauch hat viele Gesichter. All diese Gesichter sind widerlich, brutal und menschenverachtend.

Gleichwohl ist es wichtig, präzise zu benennen, worum es im Einzelfall geht. Das Thema, das kein Thema ist, zum Thema zu machen, bedeutet auch, sprachfähig zu werden. Worüber reden wir genau? Geht es um sexuelle Grenzverletzungen, um Vergewaltigungen, um gezieltes Abhängig-Machen zum Zwecke sexueller Ausbeutung? Oder um etwas anderes?

Missbrauch hat viele Facetten und erfordert eine exakte Sprache. (Siehe hierzu das Glossar im Anhang dieses Buches.) Ereignisse präzise zu benennen, bedeutet keinesfalls, sie zu gewichten oder zu vergleichen. Bei sexuellem Missbrauch gibt es kein «nur», im Sinne von «nicht so schlimm» oder «weniger schlimm». Es trifft leider zu, dass Perversionen und Bestialitäten in diesem Bereich grenzenlos sind. Daraus zu schlussfolgern, es gäbe Missbrauch, der nicht so dramatisch und deshalb weniger schlimm und vielleicht auch nicht ganz so verwerflich wäre, hieße, den Tätern in die Hände zu spielen.

«Ein bisschen Missbrauch» gibt es genauso wenig wie «ein bisschen Mord». Bei Mord bleibt ein Toter zurück, bei Missbrauch sehr oft ein Mensch, der durch das Geschehene ein Leben lang gezeichnet ist. Ob und wie er das im Laufe seines Lebens verarbeiten kann, hängt von vielen Faktoren ab. Aber der Missbrauch und dessen Konsequenzen liegen wie ein Schatten auf seiner Seele.

Niemand freut sich über Relativierungs-Tendenzen beim Thema Missbrauch mehr als die Täter. In einer sexualisierten Gesellschaft gilt in Sachen Sex so ziemlich alles als «normal». Wenn es auch nicht jedermanns Sache ist, so ist es doch irgendwie zu tolerieren. Der zunehmende Pornokonsum, auch unter Frauen und Jugendlichen, verschiebt die diesbezüglichen Grenzen immer weiter. Natürliches Empfinden stirbt in einem toxischen Mix aus Sex und Gewalt.

Viele Kinder und Jugendliche wissen heute nicht mehr, wo die Grenzen verlaufen. Sie haben kein Gespür mehr dafür, was nicht mehr «normal» oder akzeptabel ist, wo Missbrauch beginnt. Sexuelle Gewalt scheint normal.

Dieser Eindruck ist gewollt und wird gezielt vermittelt. Hardcore-Pornos liegen im Trend. Natürliche Schamgrenzen so früh wie möglich zu brechen, ist eines der Ziele der international florierenden Porno-Industrie. Damit generiert man neue Kunden, vergrößert das Geschäftsfeld, erhöht seinen Einfluss und steigert seine Machtposition. Wer (Markt-)Macht hat, der entscheidet. Auch darüber, was als akzeptabel gilt und womit Geschäfte gemacht werden.

Von dieser Situation profitieren in besonderer Weise Missbrauchstäter. Nirgends kann man besser untertauchen als in einer Gesellschaft, die sexuelle Freiheit mit völliger Schrankenlosigkeit verwechselt und ihren Kindern das natürliche Scham-Empfinden raubt.

Täter tarnen sich geschickt. Sie verstecken sich in den Grauzonen der öffentlichen Meinung. Sie verschwinden hinter der Ahnungslosigkeit ihres Umfelds, und sie bespielen die Bühne des öffentlichen Lebens bisweilen mit einer derartigen Perfektion, dass man ihre dunkle Seite für nicht vorstellbar hält.

Täter können derart charmant auftreten, dass kein Mensch glauben würde, dass sich so jemand an Kindern vergeht. Sie sind clevere Schauspieler, Meister des äußeren Scheins. Sie geben sich als galante Liebhaber, freundliche Ärzte, zuvorkommende Nachbarn, nette Familienväter, hilfsbereite Kollegen, eloquente Politiker oder redegewandte Pfarrer. Manche verfügen über glänzende Manieren und können andere spielend für sich einnehmen. Niemand ahnt ihre abgründige, nachtschwarze, gefährliche Seite.

Auch deshalb wird vielen Kindern oft nicht oder nicht genügend geglaubt. «Der Herr Dr. Namenlos? Aber das ist doch völlig unmöglich, das ist doch so ein feiner Herr. Immer höflich und galant. Der hat noch Stil. Schlimm, was sich manche Kinder ausdenken! Welch üble Nachrede! Da fehlt es einfach an Erziehung. Da sieht man es mal wieder.»

«Was, der Hans? So ein Blödsinn! Der trainiert bei uns seit 17 Jahren die Jugendmannschaft. Der ist ein echter Kumpel, ehrenamtlich super engagiert, immer hilfsbereit. Hör mal auf damit, hier mit Dreck zu schmeißen und mir meine Leute schlechtzumachen. Welcher Depp hat denn so was behauptet?»

«Um Himmels willen, Musiklehrer Mustermann ist ein hochgeschätzter Kollege, ein sensibler Künstler und begabter Pädagoge. Seine Schulkonzerte finden überregionale Anerkennung. Auch im Erziehungsdepartement schätzt man seinen fachlichen Rat. Das ist völlig unmöglich. Da wird sich jemand rächen wollen. Wer hat das denn behauptet?»

Drei fiktive Reaktionen aus dem Umfeld eines Beschuldigten. Realistisch sind alle drei. Diese Beispiele zeigen: Täter gehen mit äußerster Raffinesse vor. Sie wissen Beziehungen und Abhängigkeiten geschickt für sich zu nutzen. Meist handelt es sich um hochmanipulative Charaktere, die ein derart feines Lügen-Netz um sich herum gesponnen haben, dass man ihnen sexuellen Missbrauch von Kindern und Jugendlichen gar nicht zutraut.

Täter und Täterinnen kommen aus allen sozialen Schichten und gesellschaftlichen Milieus. Missbrauch existiert in der sogenannten feinen Gesellschaft genauso wie hinter gutbürgerlichen Fassaden oder in einem sozial verwahrlosten Umfeld. Sexueller Missbrauch ist keine Frage von Bildungsniveau oder soziokulturellem Hintergrund. Missbrauch ereignet sich vor allem in längeren Beziehungen zwischen Tätern und Opfern. Bekanntheit und Vertrautheit geben Tätern die Möglichkeit, Wünsche und Ängste ihrer Opfer gezielt auszunutzen.

All das entspricht nicht nur unseren Erfahrungen, es handelt sich auch um belegbare Tatsachen.

Nicht immer sind es Kinder oder Jugendliche, die sich bei uns melden. Vor einiger Zeit trat eine über 90-jährige Frau mit uns in Kontakt. Wir vereinbarten ein Treffen. Schon bei der Begrüßung sagte sie uns, wie sehr sie sich auf unser Gespräch gefreut habe.

Als Kind war sie von zwei Männern missbraucht worden. Ihr Leben lang hatte sie nie darüber gesprochen. Nicht mit ihrem Mann, nicht mit ihren Kindern, mit niemandem. Sie hatte es keinem gesagt, weil sie sich so fürchterlich schämte. Während sie uns das alles erzählte, liefen ihr Tränen über die Wangen.

Als wir uns später verabschiedeten, sagte sie, sie habe sich noch nie so befreit und wohl gefühlt. Das sei heute einer der schönsten Tage in ihrem Leben.

Häufig geht es bei unseren Treffen mit Anrufern nicht darum, über Details des Missbrauchs zu sprechen. Oft steht die Frage im Vordergrund, welche Konsequenzen und Überlebens-Strategien der Missbrauch für das Leben der Betroffenen hat. Kein Missbrauch bleibt ohne Folgen für das weitere Leben der Opfer. Die Folgen sind so unterschiedlich wie die Menschen, denen der Missbrauch widerfahren ist. Schwere Traumata, psychische und körperliche Krankheiten, massive Beeinträchtigungen der Beziehungsfähigkeit und des eigenen Sexuallebens: Jeder Missbrauch hinterlässt tiefe Spuren. Seelisch und körperlich.

Laut verschiedenen Studien haben 55 Prozent der bipolaren Störungen sexuellen Missbrauch als Hintergrund. Mehr als achtzig Prozent von Borderline-Persönlichkeitsstörungen basieren auf traumatischen sexuellen Erlebnissen. Schizophrenie beruht in der überwiegenden Anzahl der Erkrankungen auf Missbrauchs-Erfahrungen. Das sind nur wenige Beispiele.

Hinter vielen Symptomen kann sich eine Missbrauchs-Situation verbergen. Wird diese nicht als eigentliche Ursache erkannt und benannt, dreht sich die medizinische Behandlung meist im Kreis.

Hinter Ess-Störungen verbergen sich sehr häufig Missbrauchs-Erlebnisse. Auch Magersucht geht oft auf Missbrauchs-Erlebnisse zurück. Auch hinter dissoziativen Störungen, posttraumatischem Stress, gravierenden Lern- und Konzentrations-Schwächen stehen oftmals Missbrauchs-Erfahrungen.

Unter den Opfern von sexuellem Missbrauch kommen deutlich mehr Selbstverletzungen vor. Die Gefahr, drogensüchtig zu werden, ist erheblich größer. Die Bereitschaft zu häuslicher Gewalt wie zu gewalttätiger Kriminalität ist unter Missbrauchsopfern deutlich erhöht. Missbrauchs-Erfahrungen führen zu massiven Selbstwertproblemen und Depressionen. Damit geht eine erhöhte Suizidgefahr einher.

Das sind nur wenige Beispiele. Allesamt zeigen sie die schwerwiegenden Auswirkungen für betroffene Personen. Die gesellschaftlichen Konsequenzen liegen damit ebenfalls auf der Hand. Das geht vom Gesundheits- über das Bildungssystem bis hin zu Polizei und Justiz.

Daher ist es wichtig, den Dingen auf den Grund zu gehen. Es geht nicht darum, hinter jedem gesundheitlichen oder psychischen Problem gleich eine Missbrauchs-Situation zu wittern. Eine Kultur des permanenten Verdachts hilft nicht weiter. Sehr wohl aber kommt es darauf an, sensibel für bestimmte Zusammenhänge zu sein, hellhörig auf entsprechende Signale zu reagieren und angemessen damit umzugehen.

Wenn uns Schulen, Sportklubs, Jugend- und Freizeitvereine oder Kirchengemeinden zu Sommerlagern oder Ferienfreizeiten einladen, geht es nicht nur um die Arbeit mit den Kindern. Genauso wichtig ist es, die Gruppenleiter zu ermutigen und eine Kultur des Hinsehens und Zuhörens zu etablieren. Das ist die Voraussetzung dafür, Anzeichen von Missbrauch wahrzunehmen und richtig damit umzugehen, aber auch, um eine pädophil veranlagte Person in den eigenen Reihen zu erkennen oder auszuschließen.

Hier helfen unsere Weiterbildungen und auch Workshops mit Lagerleitern, Sportvereinen und Schulen.

Leider zeigt sich hier ein großer Schwachpunkt der Seelsorge. Den meisten Seelsorgerinnen und Seelsorgern fehlt das nötige psychologische Wissen, um im Umgang mit traumatisierten Menschen zumindest schlimme Fehler zu vermeiden. Die Psychotraumatologie kommt in ihrer Ausbildung einfach zu wenig vor. Die Symptome und die Unterschiede zwischen einer angst-, wut- oder schambasierten posttraumatischen Störung, um nur eines von vielen Beispielen zu nennen, kennen die wenigsten.

Auch wird Seelsorgern sehr selten vermittelt, welche Interventionen bei Betroffenen eher noch mehr Stress auslösen und deshalb kontraproduktiv sein können.

Selbst gut gemeinte Sätze wie «Gott liebt dich, so wie du bist» oder «Lass uns für deine Heilung beten», können bei Menschen mit posttraumatischen Belastungsstörungen unter bestimmten Umständen gravierende Folgen haben.

Mehr als einmal habe ich erleben müssen, dass langjährige Therapieprozesse schwere Rückschläge erlitten haben, weil Seelsorger wohlmeinend, aber ohne die nötige Kompetenz und das notwendige Fingerspitzengefühl agiert haben. Gut gemeint ist dann das exakte Gegenteil von gut gemacht. Aus diesen und anderen Gründen bieten wir bei «Be Unlimited» verschiedene Weiterbildungen an, welche diese Missstände beseitigen sollen.

Im Gespräch mit von sexuellem Missbrauch Betroffenen den Schmerz und die Ohnmacht auszuhalten und mit Empathie zuzuhören, ohne zu meinen, man müsse schnell irgendwelche tröstenden Worte finden, ist schwierig. Aber es ist die Voraussetzung dafür, dass wir Fälle aufdecken und Wege der Heilung eröffnen können.

26. Missbrauchs-Mythen und Täter-Strategien

Wenn hier von Mythen die Rede ist, dann sind damit all jene Märchen, Gerüchte und irrigen Annahmen rund um das Thema sexueller Missbrauch gemeint. Es sind derart viele falsche Vorstellungen und krude Ansichten verbreitet, dass man sich nur wundern kann.

Das Problem dabei: Dieser Meinungswirrwarr wabert durch die Gesellschaft und vernebelt die Fakten. Werden Tatsachen nicht mehr scharf erkannt und als solche benannt, ist der Manipulation Tür und Tor geöffnet. Die Konsequenzen sind fatal. Am Ende profitieren die Täter.

Problem Nummer zwei – und das macht die Sache noch schwieriger: Die ganzen Mythen vernebeln nicht nur das gesellschaftliche Bewusstsein, sie trüben auch die Sicht sogenannter Fachkräfte. Das heißt: Irrige Annahmen und falsche Vorstellungen sind nicht nur in der Bevölkerung verbreitet. Sie halten sich auch unter Polizisten, Juristen, Psychiatern, Psychotherapeuten, Seelsorgern und sonstigen Beratern.

Die Schwierigkeit dabei: Die persönliche Voreinstellung gegenüber einem Opfer beziehungsweise gegenüber seiner Aussage entscheidet maßgeblich darüber, wie wir Informationen verarbeiten, welche Informationen wir beachten und an welche Informationen wir uns später noch erinnern. Ob wir Schilderungen einer Person für glaubwürdig und plausibel halten, hängt also auch von unseren Voreinstellungen zum Thema ab.

Ist jemand der Ansicht, das Thema Missbrauch werde maßlos übertrieben, viele Frauen wollten sich in Wirklichkeit nur an ihren Männern rächen, wird man eher nicht damit rechnen können, dass er den Aussagen eines Opfers besondere Aufmerksamkeit widmet. Wer meint, «bei dem kurzen Rock» dürfe sich eine Jugendliche ja nicht wundern, wenn jemand über sie herfalle, wird der Aussage des Opfers sicher nicht den Stellenwert einräumen, der ihr gebührt. Er geht ja bereits von einer gewissen «Mitschuld» aus.

Egal, wie kurz ein Rock war, egal, wie viele Gin Tonic im Spiel waren, eine Vergewaltigung bleibt eine Vergewaltigung. Missbrauch bleibt Missbrauch. Leider wird das auch unter Fachleuten nicht überall mit gleicher Konsequenz so beurteilt. Manche finden es nicht verständlich, warum ein Opfer sich nicht heftiger gewehrt, nicht lauter geschrien oder nicht eher um Hilfe gerufen hat.

Solche Annahmen sagen nicht das Geringste über ein Opfer und den Wahrheitsgehalt seiner Aussagen aus. Dafür verraten sie viel über die Ahnungslosigkeit derer, die so denken.

Das Problem an Mythen ist ihre Haltbarkeit. Hat sich ein Mythos etabliert, ist es schwer, ihm beizukommen. Das liegt daran, dass Mythen gerne besonders eingängig und naheliegend klingen.

Der griechische Götterhimmel mit Zeus an der Spitze und all den anthropomorphen Göttinnen und Göttern war dem antiken Menschen derart vertraut und eingängig, dass es die kritische Vernunft lange schwer hatte gegen diese altgedienten Vorstellungen. Es dauerte Jahrhunderte, bis die Götter vom Olymp gestürzt, der Mythos besiegt und die Vernunft ins Recht gesetzt war. Was nur beweist, welche enorme Haltbarkeit Mythen entwickeln können – auch wenn sie im offenen Widerspruch zur Vernunft und zu belegbaren Tatsachen stehen.

Zu den haltbaren Mythen beim Thema Missbrauch gehört die Annahme, sexueller Missbrauch in der Schweiz sei ein Ausnahmegeschehen und als solches ziemlich selten. So denken viele. Aber nur weil das viele so sehen, wird eine falsche Annahme noch lange nicht richtig. Tatsache ist (ich weiß, ich wiederhole mich): Jedes vierte Mädchen und jeder siebte Junge in der Schweiz wird während seiner Jugend mindestens einmal sexuell missbraucht.

Zu den sich im Umlauf befindlichen Mythen gehören auch Versatzstücke aus der 68er-Bewegung. Im Zuge der sexuellen Revolution hielten etliche der sexuellen Revolutionäre Sex mit Kindern geradezu für eine aufklärerische Errungenschaft, an der Erwachsene wie Kinder ihre besondere Freude haben sollten. Eine Variante dieses ideologiegesteuerten Mythos lautet noch immer: Kinder und Jugendliche wollen sexuelle Kontakte mit Erwachsenen und verhalten sich verführerisch oder zumindest leichtsinnig. Lolita lässt grüßen. Selber schuld.

Ein anderer Mythos: Täter und Opfer kennen sich nicht. Völlig falsch. Drei von vier Opfern nennen ihre Schänder Opa, Papi, Cousin, Onkel oder Bruder. Opfer und Täter kennen sich in den meisten Fällen sehr gut. Bei der ganz überwiegenden Zahl der Fälle besteht ein enges Beziehungsverhältnis zwischen Opfer und Täter. Meist stammen die Täter aus der Familie oder dem erweiterten familiären Umfeld.

Nächster Mythos: Von sexuellem Missbrauch oder einer Vergewaltigung kann man erst dann sprechen, wenn eindeutige Spuren von Gewalt erkennbar sind. Falsch! Fakt ist: In vielen Missbrauchsfällen braucht es keine Anwendung von körperlicher Gewalt. Die psychische Gewalt, mit der Täter ihre Opfer demütigen, gefügig machen, manipulieren, in Abhängigkeit halten und bedrohen, bedarf keiner Waffen. Angst kann bedrohlicher sein als jedes Messer. Tatsache ist, dass elf Prozent der Missbrauchsopfer noch im Kindergartenalter sind.

Ein anderer hartnäckiger Mythos bezieht sich auf die Anzeigen bei sexuellem Missbrauch. Die meisten diesbezüglichen

Anzeigen seien falsch, unbegründet oder erfunden, hört man immer wieder. Ein Mythos, der im Zuge der «Me too»-Debatte wieder neue Nahrung bekommen hat.

Doch auch diese Behauptung ist nachweislich falsch. Laut Studie liegt die Zahl der Falschanzeigen bei höchstens zwei Prozent (siehe Anhang). Dass es bei Sexualdelikten an Kindern und Jugendlichen immer wieder auch zu Situationen kommen kann, in denen Anzeigen wieder zurückgezogen werden, hat verschiedenen Gründe. Oft erklärt sich das damit, dass die Täter aus dem familiären Umfeld stammen. Andere scheuen die schmerzhaften Konsequenzen, die eine gerichtliche Auseinandersetzung für sie als Opfer hätte. Sie ziehen ihre Anzeige zurück, um sich die seelischen Strapazen polizeilicher und juristischer Befragungen zu ersparen.

Gerade bei sexuellem Missbrauch ist die Rücknahme einer Anzeige keinerlei Indiz dafür, dass kein Verbrechen stattgefunden hat.

Die Mythen, die sich um das Thema sexueller Missbrauch ranken, sind zahlreich. Jeder dieser Mythen verschleiert die Realität, aber diese Mythen lassen sich widerlegen.

Unter den zahlreichen sich im Umlauf befindenden Mythen verdient einer besondere Beachtung. Vielleicht handelt es sich dabei sogar um den am weitesten verbreiteten Mythos. Er lautet: In meiner Familie, in meinem Verein, in meiner Kirche geschieht so etwas nicht.

Man kann nicht *mehr* daneben liegen als mit dieser Annahme. Ich möchte ausdrücklich betonen, es geht mir nicht um Panikmache. Nichts liegt mir ferner, als ein Klima des generellen Verdachts zu schüren. Aber: Der größte Fehler, den man beim Thema sexueller Missbrauch machen kann, ist, zu glauben, dass er im eigenen Umfeld nicht vorkommt.

Es gibt sicher keine Schule in der Schweiz, in die nicht auch

Kinder gehen, die die Erfahrung von sexuellem Missbrauch machen. Es gibt kein Schweizer Großunternehmen, in dem nicht auch Kollegen arbeiten, die die Erfahrung sexuellen Missbrauchs als schwere innere Hypothek durchs Leben tragen.

Je mehr wir uns einreden: «Bei uns doch nicht!», je lauter es heißt: «Hier doch nicht!», desto genauer sollten wir hinsehen. Viele Beispiele belegen das.

Das schillerndste Beispiel in den vergangenen Jahren ist die katholische Kirche. Wie eine Bombe hat der Missbrauchs-Skandal das Vertrauen in die Institution und ihre Vertreter zerstört. Ausgerechnet dort, wo Moral derart hochgehalten wird und man Kinder sicher und behütet wähnte, forderte die Geißel des sexuellen Missbrauchs über Jahrzehnte Tausende von Opfern.

Mit der Aufdeckung des Skandals hat in den Reihen der katholischen Kirche ein Bewusstseinswandel eingesetzt. Eine Null-Toleranz-Politik beginnt sich langsam durchzusetzen. Das ist gut so und die einzig richtige Konsequenz. Es wird noch dauern, bis diese Linie überall in der katholischen Kirche endgültig etabliert ist.

Leider habe ich selbst die Erfahrung gemacht, dass auch in der katholischen Kirche noch an vielen Stellen mehr Schein als Sein herrscht. Aber die Bereitschaft zur Veränderung ist erkennbar. Nicht viele Sportvereine, Schulen oder auch andere Kirchen sind im selben Maße darangegangen, das Thema Missbrauch in ihren Reihen vergleichbar entschieden anzugehen und aufzuarbeiten.

Vor allem die Politik lässt die notwendigen Konsequenzen im Umgang mit dem Thema sexueller Missbrauch vermissen. Dies zeigt eindrucksvoll die ausgezeichnete Dokumentation «Sexobjekt Kind» des NDR (Erstausstrahlung im deutschen Fernsehen am 12. Januar 2010). Das Versagen der Politik kennzeichnet auch die Situation in der Schweiz.

Ein Strafrecht, das unsere Kinder nicht genügend schützt, macht es Polizei und Justiz schwer, Täter lange hinter Schloss und Riegel zu bringen, und behindert oder verunmöglicht die zielgerichtete Arbeit von Hilfsorganisationen wie der unseren, die «an der Front» arbeiten. Auch hier kann jeder etwas unternehmen und Politiker mit Initiativen herausfordern, Lösungen zu finden und durchzusetzen. Das ist dringend notwendig.

Denn: Was zeigt der Missbrauchs- und Vertuschungs-Skandal der katholischen Kirche? Da, wo man es am wenigsten erwartet, tun sich Abgründe auf. Schon deshalb wären wir alle gut beraten, nicht nur auf Rom und die Skandale der katholischen Kirche zu schauen, als gäbe es nur dort ein Missbrauchsproblem. Das kann Tätern nur recht sein, die unter uns weiter ungestört ihr Unwesen treiben. Wenn alle auf einen deuten und schreien: «Haltet den Dieb!», lässt sich anderswo weiter wunderbar ungestört einbrechen.

Nichts liegt mir ferner, als den Skandal in der katholischen Kirche relativieren zu wollen. Der Dreck muss raus, Verbrechen müssen ans Licht, die Täter bestraft und die Vertuschung rigoros beendet werden. Aber alle wären gut beraten, nicht nur über den Skandal der anderen zu schimpfen, sondern auch vor der eigenen Türe zu kehren. Missbrauch macht nicht vor Konfessionsgrenzen halt. Missbrauch existiert auch in der evangelischen Kirche, bei Protestanten, bei Freikirchen und anderen Bewegungen.

Um die Erfahrung zu machen, dass der Schutz von Institutionen und prominenten Personen vor Opferschutz geht, muss man nicht auf die katholische Kirche verweisen. Das ist auch anderswo der Fall. Im Zweifel glaubte und glaubt man eher dem Lehrer, dem Arzt, dem Trainer als den Opfern.

Wird ein Fall aufgedeckt, ist jedes Mal das Entsetzen groß:

«Was, der? Das kann doch nicht sein!» Das gilt für spektakuläre Fälle, die weltweit Aufsehen erregen, wie für andere auch.

Als der Teamarzt der US-Turnerinnen nach Jahren aufflog, herrschte international Fassungslosigkeit. Larry Nassar, der frühere Arzt der Olympia-Mannschaft, wurde wegen massenhaftem sexuellem Missbrauch junger Turnerinnen zu 175 Jahren Haft verurteilt. Beim Prozess wurden 156 Mädchen und Frauen angehört, darunter mehrere Olympia-Siegerinnen. Sie schilderten teils unter Tränen die verbrecherischen Machenschaften des Mediziners, der seine Stellung brutal ausgenutzt hatte. Bei der Urteilsverkündung wählte Richterin Rosemary Aquilina deutliche Worte: «Ich würde nicht einmal meine Hunde zu Ihnen schicken», sagte sie an Nassar gewandt: «Sie verdienen es nicht, jemals wieder das Gefängnis zu verlassen.»

Wie kann es sein, dass Nassar über Jahre ungestört sein Unwesen treiben konnte? In diesem wie in anderen Fällen auch heißt es hinterher (!) dann häufig: «Eigentlich unvorstellbar. Andererseits gab es doch immer mal wieder Situationen und Andeutungen, die eigenartig waren. Aber wer hätte denn das schon für möglich gehalten.»

Genau das ist der Punkt. Geht man davon aus, dass sexueller Missbrauch in diesem oder jenem Umfeld gar nicht vorstellbar ist, wird man niemals die nötige Sensibilität entwickeln, um Andeutungen und Merkwürdigkeiten wahrzunehmen und die vorsichtigen Signale von Opfern richtig zu deuten und sie wirklich ernst zu nehmen.

Ich will noch einmal ausdrücklich betonen, es geht mir nicht um ein Klima das Generalverdachts. Ziel muss es sein, eine Atmosphäre des Kümmerns und der Achtsamkeit zu schaffen. Opfer müssen sich darauf verlassen können, dass ihre Stimme gehört wird, auch wenn sie schwach, zart und verletzt ist. Und sie müssen wissen, dass ihnen in dieser Gesellschaft jemand eine Stimme gibt. Dass ihr Schicksal uns nicht egal ist, sondern Unrecht und Verbrechen an wehrlosen Schutzbefohlenen laut und deutlich als solche benannt, aufgedeckt und verurteilt werden.

Immer wieder mache ich auch die Erfahrung, dass Personen, die mit Kindern arbeiten – sei es in Kitas, Kindergärten, Schulen, Vereinen, Kirchen etc. –, klare Anzeichen erkennen oder Aussagen von sexuellem Missbrauch an Kindern vernommen haben, sie jedoch nicht den Mut zu einer Gefahrenmeldung aufbringen. Dabei spielt die Angst vor möglichen Konsequenzen auch in ihrem Leben eine Rolle.

Auf der einen Seite ist dies verständlich. Auf der anderen Seite bin ich deshalb schon häufig traurig und wütend gewesen. Kann es sein, dass manchen Menschen ihre eigene Bequemlichkeit wichtiger ist als die Sicherheit und das Wohlergehen eines ihnen anvertrauten Kindes?

Auch hier gibt es noch sehr viel Nachholbedarf, aber es braucht auch Mut, die richtigen Entscheidungen zu treffen. Um Leute in diesem Bereich zu befähigen, wie das machbar ist und konkret aussieht, organisieren wir regelmäßig Weiterbildungen und Workshops, in denen wir unser Wissen und unsere Erfahrungen weitergeben.

Es gehört ebenfalls zu den verbreiteten Mythen um das Thema Missbrauch, dass Kinder und Jugendliche «schon etwas sagen würden, wenn wirklich etwas geschehen wäre». Das ist ebenso falsch wie die Annahme, dass ein klares «Nein» Missbrauch verhindern würde. Vergewaltigungen finden keineswegs immer an dunklen Orten statt, und Opfer müssen auch nicht am ganzen Körper deutliche Gewaltspuren zeigen. Die Wirklichkeit sieht in sehr vielen Fällen anders aus.

Häufig gibt es nur wenig Beweisspuren. Inwieweit diese juristisch verwertbar sind, ist dann noch eine ganz andere Frage.

Das Scham-Empfinden der Opfer beeinflusst ihre Aussagefähigkeit. Missbrauch macht im Wortsinn sprachlos, es verschlägt einem die Stimme. Die Erfahrung sexuellen Missbrauchs wird verdrängt oder «verschwindet» aus der Erinnerung. Diese Form der Gedächtnisstörung bezeichnet man als Amnesie.

Für eine diesbezügliche Studie wurden 129 Frauen, bei denen in der Kindheit sexueller Missbrauch dokumentiert worden war, befragt. 38 Prozent der Betroffenen erinnerten sich nicht an den Missbrauch. Je früher der Missbrauch geschah und je enger die Beziehung zum Täter war, desto höher war die Wahrscheinlichkeit, dass Amnesie auftrat. 16 Prozent der Befragten, die sich an den Missbrauch erinnerten, gaben an, während einiger Zeit den Missbrauch vergessen zu haben (siehe Anhang).

Amnesie, Verdrängung, Angst, Scham, das Gefühl, dass einem ohnehin nicht geglaubt wird: Es gibt viele ernste Gründe, warum Opfer nicht sprechen, keine Anzeige erstatten oder dies erst mit zum Teil großer zeitlicher Verzögerung tun.

Täter ihrerseits handeln äußerst abgeklärt, hoch manipulativ und berechnend. Sie gehen strategisch vor und verstehen sich darauf, Bedingungen zu schaffen bzw. zu nutzen, die sexuellen Missbrauch ermöglichen. Sie nähern sich unauffällig dem Opfer an und stellen sexualisierten Zugang zum Kind her. Dabei nutzen sie günstige Umstände, Abhängigkeiten und Vertrauensverhältnisse. Sie sichern sich Zugang zum Opfer und sorgen für seine dauerhafte Verfügbarkeit. Möglicher Widerstand wird geschickt ausgeschaltet.

Das Umfeld eines Opfers – Mütter wie enge Bezugspersonen – wird manipuliert, um es in seiner Wahrnehmung zu verwirren und eine «Duldung» der Situation zu erreichen. Um eine Entdeckung des Missbrauchs und die strafrechtliche Verfolgung zu verhindern, wird auch die Hilfe durch andere Personen ausgeschaltet. Die meisten Fälle sexuellen Missbrauchs geschehen, wie bereits gesagt, in einer längeren Beziehung zwischen Täter und Opfer. Das gibt Tätern und Täterinnen die Möglichkeit, Ängste, Abhängigkeiten und Vorstellungen des Opfers gezielt auszunutzen.

Eben war von Täterinnen die Rede. Richtig gelesen. Dass alle Täter Männer seien, auch dies gehört zu den falschen Vorstellungen beim Thema sexueller Missbrauch. Immer wieder und immer mehr hören wir von Täterinnen im Bereich des sexuellen Missbrauchs von Kindern.

All die genannten Mythen, die falschen Vorstellungen und irrigen Annahmen verschleiern die Wirklichkeit. Es ist ein Teil dieser traurigen Wirklichkeit, dass beim Thema sexueller Missbrauch viele die Tatsachen lieber ausblenden, ignorieren oder nicht wahrhaben wollen.

Wer Missbrauch wirksam bekämpfen und den Betroffenen beistehen will, für den führt kein Weg daran vorbei, der Realität ins Auge zu sehen, so schmerzhaft diese auch sein mag. Solange wir an Mythen und falschen Vorstellungen festhalten, verstärken wir das Leid der von Missbrauch Betroffenen.

Veränderung im Sinne von Verbesserung kann es nur geben, wenn wir sehr genau hinsehen. Leider sind all die entsetzlichen Grausamkeiten nachweislich Realität.

27. Der Papi macht so was nicht ...

Es ist mir wichtig, möglichst sachlich über das Verbrechen des sexuellen Missbrauchs zu informieren und zu schreiben. Vielleicht auch deshalb, weil es kaum ein Thema gibt, das so viele Emotionen weckt, wie der Missbrauch von Kindern und Jugendlichen. Das Leid der Opfer, ihr oft über Jahre andauerndes Martyrium, ist kaum in Worte zu fassen.

Betroffene brauchen ein offenes Ohr, Empathie und verlässliche Vertraulichkeit. Sie müssen wissen, dass ihnen geglaubt wird, dass sie verstanden werden und nicht alleine sind. Dafür braucht es Diskretion und nicht die Scheinwerfer der Öffentlichkeit. Unter anderem deshalb bin ich – etwa in Talkshows – äußerst zurückhaltend, wenn es um die Schilderung von Fallbeispielen geht.

Wenn hier nun einzelne Fälle thematisiert werden, die sich tatsächlich zugetragen haben, dann gewiss nicht, um mit dem Horror des Erlebten Aufmerksamkeit zu erzeugen. Es geht um etwas anderes: Das Zeugnis von Betroffenen sagt mit wenigen Worten oft mehr als die ausführlichste Analyse.

Die folgenden Tatsachenberichte zeigen eindringlich, wie wichtig es ist, dass wir ein Thema, das kein Thema ist, zum Thema machen. Sie zeigen, warum wir sprachlosen Kindern und Betroffenen eine Stimme geben müssen. Und sie lassen erkennen, warum gerade dies Betroffenen hilft, von Scham, Vorwürfen und Selbstverletzungen frei zu werden.

Bei allem Schrecken zeigen diese Erfahrungsberichte auch: Es gibt eine Chance zur Veränderung. Voraussetzung dafür ist, dass man Menschen findet, die einem zuhören und Glauben schenken. Dann öffnen sich Räume des Vertrauens, und es finden sich Wege der Hilfe. Diese Perspektive ist letztlich die entscheidende.

Was geschehen ist, kann nicht ungeschehen gemacht werden. Aber es gibt Wege heraus aus dem Schweigen, heraus aus den Vorwürfen und den Lügen, selbst schuld zu sein. Heraus aus den Selbstverletzungen, heraus aus Scham, Resignation, Hoffnungs- und Mutlosigkeit, aus Schmerz und Verzweiflung.

Alles beginnt damit, das Schweigen zu brechen. Durch nichts wird das deutlicher als durch Erfahrungsberichte wie diese.

Eine Warnung sei vorausgeschickt: Die Auseinandersetzung mit Fällen von sexuellem Missbrauch ist herausfordernd und erschütternd. Für Betroffene besteht Triggergefahr! Den hier geschilderten Fällen muss sich niemand aussetzen. Auch ohne Kenntnis dieser Erlebnisberichte sind die darauffolgenden Ausführungen in diesem Buch völlig verständlich und nachvollziehbar.

Bewusst bleiben die Fallbeschreibungen im Sprachstil der betroffenen Personen. Zum Teil sind sie leicht gekürzt. Sämtliche Namen sind geändert. Die Betroffenen haben uns ihr Einverständnis gegeben, dass wir ihre Schilderungen auf unserer «Kummer Nummer»-Website veröffentlichen dürfen.

Die Betroffenen haben über die «Kummer Nummer» Kontakt mit uns aufgenommen. Das war der Beginn eines langen Prozesses, den wir auf unterschiedliche Weise ein Stück weit begleiten durften. Um es noch einmal zu betonen: Wenn jetzt Betroffene zu Wort kommen, dann ausschließlich, um zu dokumentieren, warum wir das Schweigen endlich brechen müssen.

«Die Erinnerungen kamen wieder hoch ...»

Annabelle berichtet:

«Ab 6 Jahren wurde ich sexuell missbraucht. Ich sagte niemandem etwas. Nach ein paar Jahren hörte der Missbrauch auf, und ich schien das Ganze vergessen und verdrängt zu haben.

Später habe ich eine Ausbildung als Krankenschwester angefangen. Nach einem Spätdienst wurde ich im Bahnhof von drei Typen aufgefordert mitzukommen. Die Angst lähmte mich. Ich dissoziierte und ging mit. In einem Wald wurde ich von zweien vergewaltigt, der dritte hielt mir das Messer an den Hals. Auch von diesem Vorfall habe ich niemandem etwas erzählt, weil ich mich schämte, dass ich ‹vergessen› habe, mich zu wehren. Zu diesem Zeitpunkt war ich 18 Jahre alt.

Die Erinnerungen an den Missbrauch als Kind kamen wieder hoch. Der erste Suizidversuch folgte, und ich landete in der Psychiatrie auf der geschlossenen Abteilung. Ich bekam verschiedene Diagnosen, unter anderem ‹Borderline-Persönlichkeitsstörung›. Zum Schutz vor mir selbst wurde ich oft an der Matratze angegurtet. Es gab noch mehr Übergriffe, noch mehr Suizidversuche.

Mit 18 habe ich zum ersten Mal über den Missbrauch als Kind gesprochen. Ich bin überzeugt: Wenn ich das schon früher getan hätte, wäre mein Lebensweg ein anderer gewesen.

Ich lernte nicht, mich zu wehren. Ich wurde schwanger, heiratete, und es ging mir besch...

Heute geht es mir gut. Ich bin über dreißig, geschieden, alleinerziehend und gehe in größeren Abständen noch in die psychiatrische Behandlung.

«Nein, der macht das nicht! Das würde man ihm ansehen»

Eliane berichtet:

«Den Verdacht hatte ich schon länger. Bevor meine Tochter alles erzählt hat. Aber wenn ich ihn beobachtete, dachte ich immer: *Nein, der macht das nicht! Das würde man ihm ansehen.* Ich begann an mir zu zweifeln. Dass ich überhaupt so etwas denken konnte von ihm. Er war ihr Patenonkel, darum habe ich vieles zugelassen. Kinder hängen doch an ihren Paten. Als Mutter will man diese Beziehung fördern. Darum hatte ich nicht Nein gesagt, als er mir anbot, dass sie mal bei ihm und seiner Familie übernachten könne.

Sie hat dann irgendwann begonnen, sich in die Hose zu machen, hat sich versteckt, ist in einer Ecke gesessen und hat geweint. Aber nie wollte sie sagen, warum. In der Schule gingen ihre Leistungen zurück. Manchmal wusste sie einfach nicht mehr, wie man rechnet. Die Lehrerin sagte, sie erscheine zeitweise wie abwesend.

Gewisse Verhaltensweisen verstehe ich jetzt erst im Nachhinein. Damals fand ich es sehr schwierig. Ich versuchte, sie altersentsprechend aufzuklären, indem ich ihr ab und zu gesagt habe: ‹Das ist dein Körper. Dich darf man nicht anfassen. Und wenn jemand dir sagt, du dürfest nichts davon erzählen, dann ist es besonders wichtig, dass du mir das erzählst. Egal, wer es ist.› Und ich habe extra nahestehende Personen wie Onkel und Opa erwähnt. Einmal fragte sie nach: ‹Auch der Götti nicht?› [«Götti» ist der Schweizer Ausdruck für Patenonkel.] Ich fragte zurück, ob ihr Götti sie denn berühre? Daraufhin antwortete sie: ‹Nein, er kitzelt mich nur. Am Bauch.›

Sie hätte es ja erzählen wollen. Aber dann fielen ihr seine Drohungen wieder ein. Er würde den Hund töten, beispielsweise. Also sagte sie nichts mehr. Später, nachdem sie endlich alles erzählt hatte, fragte sie mehrere Wochen immer wieder: ‹Müsst ihr, Mama und Papa, jetzt sterben?›

Als sie noch kleiner war, hat sie bei jedem Menschen und bei jedem Tier einen Pimmel hingezeichnet. Oder gebastelt. Es war immer Thema. Ich war ja nicht prüde, aber ich fand das immer etwas übertrieben – wollte meinen Kindern eigentlich einen normalen, gesunden Umgang mit Sexualität ermöglichen.

Als sie mir schließlich zum ersten Mal davon erzählte, hätte ich gleich zum Arzt gehen und einen Abstrich machen lassen sollen. Das war mein größter Fehler. Ich habe ihr trotz meinen Gefühlen nicht ganz geglaubt. Ich wollte es nicht wahrhaben. Vielleicht eine Art Schutzmechanismus. So musste ich mich nicht damit auseinandersetzen.

Denn der Schmerz, den man empfindet, wenn ein Kind einem von Missbrauch erzählt, der ist unglaublich. Als sie begonnen hat, darüber zu sprechen, als sie täglich von neuen Übergriffen erzählt hat. Ehrlich, ich dachte nur: Nein, bitte erzähl mir nichts. Bitte nicht schon wieder. Es ist so extrem. Die Emotionen. Und wie sie weinen. Es hat ihr beim Erzählen komplett die Luft abgeschnürt. Sie konnte kaum mehr atmen. Für einen selbst ist es, wie wenn man zuschauen würde, wie er es gemacht hat. Es ist so brutal zu sehen, wie sehr das Kind dem Täter ausgeliefert war. Und dann tut es zu Hause so, wie wenn nichts gewesen wäre. Immer, wenn sie mir wieder etwas davon erzählt hat, war ich danach eine Woche wie begraben.

Ich will Gerechtigkeit. Dass er geradestehen muss für das, was er gemacht hat. Dass er ein paar Jahre ins Gefängnis muss und gezwungen wird, über seine Taten nachzudenken. Auch zum Schutz für alle missbrauchten Kinder. Meines ist jetzt nicht mehr sein Opfer, aber es könnte noch viele andere geben.

Wir haben ihn angeklagt. Doch es scheint aktuell so, als würde das Verfahren mangels Beweisen eingestellt. Daran darf ich nicht denken. Ich kämpfe dafür, dass wir eine Chance haben vor Gericht. Das kostet mich enorm viel Energie.

Mein positives Denken hilft mir immer wieder. Wenn ich sehe, wie meine Tochter wieder zu lachen beginnt. Vorher habe ich meine Kinder schon wahrgenommen. Aber jetzt nehme ich mir viel mehr Zeit, ihnen einfach zuzusehen. Und ich bin viel dankbarer. Es hilft mir auch enorm, dass ich jetzt verstehe, warum sie manchmal nicht schlafen kann oder traurig ist.

Manchmal fragte meine Tochter mich: ‹Bin ich schuld, dass der Götti das mit mir gemacht hat?› Als Kind trägt man die ganze Schuld immer mit. Ich will nicht darüber nachdenken, wie sie sich in einigen Jahren entwickelt hätte, wenn das nicht herausgekommen wäre. Ich denke, sie wäre womöglich im Leben gescheitert, obwohl wir ihr als Eltern alles gegeben haben. Wahrscheinlich kann dies alles nur heilen, indem wir ihr einfach glauben, ihr zuhören, für sie da sind und versuchen, sie zu verstehen. Sie lieben.

Wenn Kinder merken, dass sie in Sicherheit sind, können sie sich öffnen. Da hilft es schon so viel, wenn man als Eltern hinschaut, diesen anstrengenden Weg gemeinsam mit den Kindern geht. Mit ihr da durchgeht, so hart es ist. Das Schlimmste für ein Kind, das missbraucht wurde, ist, wenn die Eltern wegschauen und sagen, das stimme alles nicht.»

«Ich dachte immer, ich sei selber schuld»

Jessica schildert ihre Erlebnisse:

«Ich sehe mich, wie ich als kleines Mädchen die Treppen hochrenne und mich im Zimmer unter der Decke verkrieche. Ich weine – eben ist es wieder passiert.

Heute bin ich erwachsen, der Schmerz ist weg, die Bilder in meinem Kopf bleiben. Ich bin Jessica. Als Kind wurde ich sexuell missbraucht.

Warum hat nie jemand mit mir darüber gesprochen? Warum hat es keiner gewusst? Oder haben sie es gewusst und einfach nichts gesagt? Ich kann mich nicht an alles erinnern. Einige Bilder sehe ich verschwommen – andere hingegen ganz klar.

Es waren zwei ältere Jungs aus der Nachbarschaft. Zu Beginn fand ich sie richtig nett. Sie haben mich mehrmals besucht. Meine Mutter war berufstätig und hat mich oft alleine gelassen. Einmal kamen sie abends, ich lag schon im Bett. Als sie wieder weg waren, wusste ich nicht recht, ob ich alles nur geträumt hatte. Ich hatte Schmerzen im Unterleib und diese Bilder im Kopf. Aber ich konnte nicht beurteilen, was eben passiert war. Ich war noch zu klein, hatte keinen Namen dafür.

Heute weiß ich, dass es sexueller Missbrauch war.

Als Kind dachte ich immer, es liege an mir. Ich sei einfach krank, komisch, anders. Ich war ein stilles Kind, habe mich immer mehr zurückgezogen. In der Schule fing ich an zu lispeln und ich litt ständig an Blasenentzündungen. Ich blieb viel zu Hause, las einen Krimi nach dem andern. Das hat mich interessiert.

Später in der Mittelstufe wurde ich erneut Opfer von einem sexuellen Übergriff. Warum hat es immer mich getroffen? Habe ich das ausgestrahlt? War ich selber schuld? Diesmal war es ein älterer Mann mit grau meliertem Haar. Er lauerte mir auf dem Schulweg auf. Ich musste mich neben ihn auf eine Holzbank setzen. Dann fing er an, die Innenseite meiner Oberschenkel zu streicheln. Ich war wie versteinert und konnte einfach nicht reagieren. So schnell mich meine Beine tragen konnten, lief ich danach weg. Ich ging zu meiner Mutter, und wir haben es der Lehrerin erzählt.

Ob sie mir geglaubt haben? Ich bin mir nicht sicher. Aber in den kommenden Wochen holte mich meine Großmutter von der Schule ab. Somit war das Thema für die Erwachsenen erledigt. Für mich aber nicht.

Das Schlimmste waren nicht die Berührungen, sondern dass ich diesen Typ danach immer wieder im Quartier sah. Er lebte mit einer jüngeren Frau zusammen. Mit kleinen Kindern, von denen er nicht der Vater war. Ich dachte immer: Was, wenn diese Kinder etwas älter sind? Bei diesem Gedanken schaudert es mich noch heute.

Seither sind viele Jahre vergangen. Ich habe mich in meinem Leben oft wertlos gefühlt und viele falsche Entscheidungen getroffen. Es gab Jahre, da spürte ich mich überhaupt nicht. Heute bin ich auf dem Weg zurück in ein normales Leben. Vielleicht wäre alles anders gekommen, wenn ich früher darüber hätte sprechen können. Wenn mich früher jemand ernst genommen hätte.

Rückblickend weiß ich, wie wichtig es ist, dass man einen Missbrauch verarbeiten kann – anstatt still zu leiden und frustriert zu sein.

Wenn du etwas Ähnliches erlebt hast, bitte sprich darüber! Auch wenn es unangenehm ist und schmerzt.»

«Meine Familie sagte: Papi würde so was nie machen»

Sonja schildert:

«Als ich erzählte, dass mein Vater mich sexuell missbraucht hat, sagten die Leute: ‹Du bist ein Kind, du hast doch keine Ahnung von Sex.› Aber ich wusste ganz genau, was Sex ist, denn ich hatte es ja gehabt. Als elfjähriges Kind spürt man, dass etwas nicht stimmt. Meine Eltern waren geschieden. Jedes zweite Wochenende verbrachte ich bei meinem Vater, der mich jedoch bis dahin nie groß beachtet hatte. Als ich elf Jahre alt wurde, hat sich das geändert. Erst hat er sich an den Besuchs-Wochenenden auf mich draufgesetzt und an mir gerieben. Ich wusste nicht, was ich davon halten sollte. Als meine Mutter ihn darauf ansprach, erklärte er, wir hätten nur gerangelt.

So ging es weiter. Irgendwann hat er seinen Penis ausgepackt und mir in den Mund gesteckt. Noch immer dachte ich, das sei vielleicht normal. Papis machen das halt. Er gab mir Geschenke. Ich fühlte mich wertgeschätzt und hatte das Gefühl, jetzt liebe er mich endlich.

Dann kam das Wochenende, an dem er bei uns zu Hause übernachtete. Weil meine Mutter das Bett nicht mit ihm teilen wollte, schlief er bei mir. Ich freute mich, mit meinem Papi im selben Bett zu übernachten. Doch in dieser Nacht hat er mit mir geschlafen. Für mich brach die Welt zusammen.

Ich begann zu zeichnen. An den Füßen aufgehängte Menschen mit aufgeschlitzten Bäuchen, aus denen Eingeweide hingen. Die Lehrer fanden es völlig gestört, mit elf Jahren so etwas zu malen. Nach dem Grund fragte keiner. Ich begann zu rauchen und zu kiffen. Das half mir, etwas abzuschalten. Bekifft schien alles etwas weniger schlimm zu sein.

Meine Familie sagte: ‹Papi würde so was nie machen.› Als ich mich meiner besten Schulfreundin anvertraute, verboten ihr die Eltern, mit mir Kontakt zu haben. Ich sei ein Psycho. Traf ich sie im Dorf, wechselten sie die Straßenseite. Ich fühlte mich als Böse und suchte die Schuld bei mir. Ich dachte, dass ich es nicht besser verdient hätte.

Nach wie vor musste ich alle zwei Wochen zu meinem Vater. Es begann ein Katz- und Maus-Spiel. Ich wich ihm aus, so gut ich konnte. Manchmal erwischte er mich wieder, und ich musste ihm einen blasen oder er spritzte auf mir ab. Ich schlief nur noch in XL-Kleidern, damit er es möglichst schwierig hätte, mich auszuziehen. Das ging noch ein Jahr so. Dann kam ich in ein Heim.

Ich vertraute mich dem Team an. Sie sagten mir, sie hätten gerade eine Bewohnerin gehabt, die einen Missbrauch simuliert habe. Sie müssten erst abklären, ob ich wirklich missbraucht worden sei. Für mich hieß das: Niemand wird mir je glauben. Ich hörte auf, davon zu erzählen.

Ich sagte mir, dass es nun eh nicht mehr darauf ankommt, wie ich mit meinem Körper umgehe. Mit dreizehn, als meine Schulfreundinnen noch mit Puppen spielten, habe ich Drogen konsumiert und angeschafft.

Liebe, so dachte ich, sei Sex. Wenn ich hinhalte, dann liebt mich der andere. Also startete ich jede Beziehung mit Sex. Hoffte, dass es irgendwann mal anders wäre, dass mal jemand nicht einfach über mich hinweg geht – obwohl ich es ja immer angeboten habe. Doch in der Drogenszene, wo ich anschaffte, trifft man nur unanständige Männer. Solche, die einen wieder missbrauchen.

Angezeigt habe ich nie jemanden. Zu groß war meine Angst davor, was passiert, wenn die nach drei Jahren wieder aus dem Gefängnis kommen würden.

Lange wollte ich auch meinen Vater schützen und verzichtete darauf, ihn anzuzeigen. Man wünscht sich ja doch irgendwie, dass er einen gern hat. Das macht es nicht einfacher. Als ich vor ein paar Jahren allen Mut zusammengenommen und Anzeige gegen ihn erstattet habe, hieß es, die Geschichte sei verjährt. Ich konnte es nicht glauben. Für mich ist nichts verjährt. Ich leide noch immer unter den Folgen.

Wenn ich heute in den Spiegel schaue, sehe ich den Hick auf meiner Nase. Er erinnert mich dran, dass ich nicht Nein sagen darf. Den Hick habe ich von meinem Vater. Als ich mich geweigert hatte, ihm einen zu blasen, und ihn stattdessen biss, packte er meinen Kopf und stieß ihn gegen die Wand. Danach wagte ich nicht mehr, Nein zu sagen.

Auch heute kann ich schlecht Nein sagen, mich schlecht abgrenzen. Speziell bei Menschen, die mir nahestehen. Ich merke immer zu spät, wenn ich etwas gar nicht gewollt und trotzdem zugestimmt habe. Dann bin ich frustriert. Es ist krass, dass ich immer noch damit zu kämpfen habe. Der Missbrauch ist jetzt fast zwanzig Jahre her.

Es kommt mir so vor, wie wenn ich täglich einen riesigen Spagat mache. Zwischen dem, was war, und dem, was ich jetzt bin. Heute bin ich Hausfrau und Mutter. Ich lebe das, was ich mir immer gewünscht habe. Von dem ich glaubte, mir stehe das nicht zu.

Die Albträume haben erst vor kurzem nachgelassen. Unzählige Therapiestunden habe ich hinter mir. Inzwischen habe ich gelernt, dass ich wertvoll und gut bin. Und jetzt behandle ich mich auch so – selbst wenn ich mich nicht immer danach fühle.

Ich habe den Menschen vergeben. Mit meiner Mutter habe ich mich ausgesprochen, und es hat ihr unendlich leidgetan. Ich habe gelernt, nicht andere dafür verantwortlich zu machen, wie sie mit meinen Gefühlen umgehen. Sondern dass ich selbst Sorge tragen muss.

Damals hätte ich mir gewünscht, andere würden zu mir Sorge tragen. Jemand würde mir glauben, mich ernst nehmen, für mich einstehen. Ich war ein Kind, ich hätte Erwachsene gebraucht, die für mich einstehen. Die mir gesagt hätten, was ich tun soll. Oder die meine Familie begleitet hätten. Ich glaube, dadurch wäre einiges anders gekommen.»

Das waren vier Fälle von unzähligen.

Ich möchte nicht näher darauf eingehen.

Sie sprechen für sich.

Jede Situation ist anders, und doch wiederholt sich vieles: die Angst, die Scham, das Schweigen, die Selbstvorwürfe, um nur einige Beispiele zu nennen. Bei diesen realen Fallbeispielen sind die Betroffenen allesamt weiblich. Dass Jungen genauso Opfer von Missbrauch werden, habe ich bereits ausdrücklich betont. Auch dass die Täter keineswegs immer Männer sind, wurde gesagt. Immer wieder hören wir auch von Betroffenen, die von Frauen missbraucht wurden.

Mit der «Kummer Nummer» und unseren Care-Teams bieten wir Betroffenen anonym, diskret und gratis Rat und Hilfe an (Telefon: 0800 66 99 11). Für Menschen aus deren Umfeld – wie Familie, Lehrer, Sozialarbeiter, Pflegeberufe, Ärzte, Nachbarn und andere – haben wir eine kostenpflichtige «Kummer Nummer» eingerichtet. (Telefon: 0900 66 99 11. Diese Nummer kostet die anrufende Person CHF 1.50 pro Minute.)

Aus unseren Hilfsangeboten haben sich mit den Jahren zahllose Gespräche und Begegnungen entwickelt. All diesen Menschen wäre ich ohne die kleine Faith nie begegnet. Vielleicht wäre Faith heute froh, wenn sie wüsste, was ihre rote Feder alles ausgelöst und bewirkt hat – Tausende von Kilometern von Kalifornien entfernt, hier in der Schweiz.

Sexueller Missbrauch von Kindern und Jugendlichen ist ein globales Problem. Deshalb kommt es nicht darauf an, wo wir aufstehen, um dagegen zu kämpfen. Entscheidend ist einzig und allein, dass dies mit noch wesentlich größerer Entschlossenheit geschieht. Ganz egal, wo das dann der Fall ist.

28. Das Schweigen brechen

Dass unsere Arbeit nicht nur Zustimmung findet, liegt auf der Hand. Da gibt es diejenigen, die behaupten, ich würde übertreiben. Das lässt sich widerlegen. Durch die Erfahrung unserer täglichen Arbeit und durch Studien, die die Faktenlage aufzeigen.

Andere meinen, bestimmte Dinge, von denen ich spreche, gäbe es in Wirklichkeit nicht. Ich kann verstehen, dass Säuglingspornografie oder sexueller Missbrauch von Kindern für viele Menschen entsetzliche Vorstellungen sind, mit denen man sich am liebsten keine Sekunde befassen möchte. Ich kann nachvollziehen, dass man von derart perversen Abscheulichkeiten lieber nichts wissen möchte. Leider ändert sich die Wirklichkeit aber nicht, wenn wir wegsehen.

Die Augen vor grausamen Realitäten zu verschließen oder bestimmte Tatsachen einfach nicht zur Kenntnis nehmen zu wollen, ändert nichts an der Realität. Den Kopf in den Sand zu stecken wie der Vogel Strauß, macht die Gefahr um einen herum nicht kleiner. Etwas nicht sehen zu wollen, heißt noch lange nicht, dass es das nicht gibt. Insofern müssen wir uns schnell den Sand aus den Augen reiben und sehr genau hinsehen.

Die schärfste Kritik an unserer Arbeit kommt natürlich von Seiten der Täter und Täterinnen. Beschimpfungen, Bedrohungen bis hin zu Morddrohungen: Da wird nichts ausgelassen, um Druck zu machen und einzuschüchtern.

Die erste Morddrohung hat mich noch sprachlos gemacht. Heute sehe ich das völlig anders und ausgesprochen gelassen.

Inzwischen habe ich realisiert, dass es kaum ein größeres Kompliment für meine Arbeit gibt als Drohungen. Denn das zeigt, dass wir genau auf dem richtigen Weg sind. Die Täter und Täterinnen hören uns, sie sehen und sie spüren uns, sie sind verunsichert, und sie haben Angst aufzufliegen.

Genau das ist wichtig. Wer verunsichert ist, macht Fehler, der verliert die Kontrolle. Jede Drohung in unsere Richtung zeigt nur, wie groß die Verunsicherung ist.

Dass wir am Ende siegen werden, davon bin ich als Christ zutiefst überzeugt. Die Dunkelheit wird nicht über das Licht siegen. Das Böse wird nicht triumphieren. Am Ende wird das Gute den Sieg davontragen. Diese Verheißung ist uns gegeben.

Aber es ist unsere Aufgabe, dafür zu arbeiten und heute schon in der Dunkelheit dieser Welt Lichter der Hoffnung und der Ermutigung anzuzünden. An gewissen Orten reicht es nicht aus, Lichter anzuzünden. Da muss man selbst Licht sein, um sozusagen ein Stück Himmel auf die Erde zu bringen. Vor allem dort, wo es besonders finster ist.

Jede Situation ist anders

Jede Missbrauchs-Situation ist anders. Jeder Betroffene erlebt und erleidet das, was ihm zugestoßen ist, anders. Dementsprechend verlaufen auch Prozesse der Aufarbeitung völlig unterschiedlich.

Was fast alle Betroffenen gemeinsam haben, sind die Angst und die Scham, darüber zu sprechen. Viele mussten die bittere Erfahrung machen, dass sie mit vorsichtigen Versuchen, das Unsägliche in Worte zu fassen oder wenigstens anzudeuten, kein Gehör gefunden haben.

Nicht gehört, nicht gesehen, nicht wahrgenommen zu werden, macht Betroffene ein zweites Mal zu Opfern. Einmal sind sie die Opfer der Täter. Das andere Mal Opfer eines Umfelds, einer Gesellschaft, die ihnen kein Gehör schenkt. Auf diese Weise verdoppelt sich das Leid, verhärtet sich das Schweigen und verstärkt sich der Schmerz.

Missbrauchstäter fügen ihren Opfern nicht nur unermesslichen Schaden an Seele und Leib zu. Sie rauben ihnen ihre wahre Identität. Viele Betroffene glauben den gezielten Lügen und Manipulationen ihrer Peiniger mehr als ihrer eigenen Wahrnehmung. In ihnen entwickelt sich ein heilloses Durcheinander, das es ihnen nur noch schwer möglich macht, Lüge und Wahrheit auseinanderzuhalten.

Wer aber Lügen mehr glaubt als der Wahrheit, wer Manipulationen für die Wirklichkeit hält, hat es schwer, in die Wahrheit seines eigenen Lebens zu finden und seine wahre Identität zu entfalten.

Jeder kann mithelfen, den vielen wort- und stimmlosen Opfern eine Stimme zu geben. Seine Stimme. Das Schweigen zu brechen, ist ein erster, entscheidender Schritt zur Bekämpfung sexuellen Missbrauchs. Das beginnt im eigenen familiären Umfeld. Beim Frühstück, beim Abendessen, wenn alle beisammen sind, sich gegenseitig danach zu fragen, was einem gerade Kummer macht und auf dem Herzen liegt: Damit fängt alles an.

«Was macht dir heute Kummer? Was bedrückt dich? Wovor hast du Angst?» Diese Fragen gehören meiner Meinung nach ins tägliche Gespräch zwischen Eltern und Kindern.

Väter und Mütter sollten nicht nur nach den Kümmernissen ihrer Kinder fragen. Sie sollten meines Erachtens selbst vorleben, wie man mit eigenem Kummer umgeht und wie man darüber spricht. Am besten und leichtesten lernt man am guten Beispiel.

Zum guten Beispiel gehört es, Kummer auch wirklich zuzulassen. Gesagtes nicht zu minimalisieren oder mit schnellen Ratschlägen darüberzubügeln. Ganz egal, ob es um eine Klassenarbeit, einen Konflikt mit Freunden oder gravierendere Angelegenheiten geht. Kummer ist Kummer. Und Kummer bearbeitet man nicht dadurch, dass man denjenigen, der ihn äußert, mit raschen Lösungsvorschlägen zutextet.

In Wirklichkeit steht hinter lösungsorientierten Schnellschüssen von Erwachsenen oft die fehlende Bereitschaft, sich wirklich die Zeit zu nehmen, sich in ihr Gegenüber einzufühlen und mitzufühlen. Das ist nämlich viel zeitintensiver und erfordert wesentlich mehr innere Aufmerksamkeit und wache Anteilnahme als ein schnelles «Ist doch nicht so schlimm» oder «Mach es doch einfach so».

Sprachlosigkeit zuzulassen und auszuhalten ist schwerer, aber auch wirkungsvoller, als immer schon zu wissen, wie man ein Problem managt. Ich bin überzeugt: Das gilt nicht nur zwischen Eltern und Kindern, sondern trifft auf jede zwischenmenschliche Beziehung zu. Sei es zwischen Kindern und Erwachsenen oder zwischen zwei Erwachsenen.

Offen miteinander zu reden und mit Empathie zuzuhören, sind wichtige Schritte. Sie bedürfen noch einer Ergänzung: der Ermutigung! Um mutig und selbstbewusst ihren Weg gehen zu können, brauchen Kinder die Ermutigung durch ihre Eltern.

Nicht nur die Kinder, auch wir Erwachsenen brauchen regelmäßig Ermutigung. Davon bin ich überzeugt. Nicht einmal, sondern immer wieder. Ein Ermutiger zu sein – das gehört zu den wichtigsten Aufgaben von Müttern und Vätern, ja aller Erzieher und von jedem von uns.

Ermutigung heißt aber nicht: «Mach dir keine Sorgen», «Wird schon nicht so schlimm gewesen sein», «Ein Indianer kennt keinen Schmerz» oder «Das wird schon wieder». Das ist meines Erachtens keine Ermutigung. Das ist Vertröstung. Noch dazu billige Vertröstung. Vertröstung bewirkt nur, dass der andere seinen Kummer lieber runterschluckt, weil er sich nicht verstanden fühlt.

Ein Kind zu ermutigen, klingt anders: «Es ist ein Geschenk für mich, dein Vater/deine Mutter zu sein, du bringst mich mit deinem lustigen Humor immer wieder zum Lachen», «Ich bin so stolz auf dich, wie du voller Respekt deinem Gegenüber gratuliert hast, obwohl du soeben das Spiel verloren hast», «Ich habe solche Freude an dir, weil du ohne meine Hilfe dein Zimmer aufgeräumt hast». Das ist ein völlig anderer Sound.

Auch unter uns Erwachsenen löst Ermutigung viel Positives aus. «Schatz, es hat mich so glücklich gemacht, und ich fühle mich so wertgeschätzt, dass du so fein für mich gekocht hast. Herzlichen Dank!»: Das ist nur eines von vielen möglichen Beispielen.

Wenn ich Mitmenschen von Herzen ermutige, erlebe ich häufig, wie ungewohnt das für viele ist. Sie wissen fast nicht, damit umzugehen, oder können es gar nicht glauben. Manche haben sogar das Gefühl, sie seien mir etwas schuldig, weil ich sie wertgeschätzt und ermutigt habe. Eigentlich schade. Trotzdem ermutige ich weiter. Ehrlich und von Herzen!

Ermutigung bedeutet nicht in erster Linie, besondere Leistungen zu goutieren, sondern den andern um seiner selbst willen zu lieben und dies wertschätzend zum Ausdruck zu bringen.

Oft hören wir in unserer täglichen Arbeit von Kindern, die sexuell missbraucht wurden, sie hätten versucht, sich gegenüber einer Vertrauensperson bemerkbar zu machen. Sie seien aber nicht verstanden worden. Man habe ihnen nicht richtig zugehört.

Wir können die Bestie des sexuellen Missbrauchs nicht von heute auf morgen stoppen. Wir können aber sofort damit beginnen, genau hinzusehen und zuzuhören, wenn Kinder sich uns gegenüber auf ihre Weise bemerkbar machen. Und wir sollten anfangen, offensiv nachzufragen und aktiv zuzuhören.

Das gilt auch für Fragen an unser Umfeld: Was unternimmt meine Kirche, mein Sportverein, die Schule meiner Kinder gegen sexuellen Missbrauch? Sobald darüber gesprochen wird, sobald das Thema, das kein Thema ist, zum Thema wird, verlieren die Täter die Kontrolle. Täter unternehmen alles, damit nicht über sexuellen Missbrauch gesprochen wird.

Wer schweigt und wegsieht, stellt sich auf die Seite der Täter. Wenn wir als Gesellschaft offen über sexuellen Missbrauch sprechen, geben wir Betroffenen den Mut und die Kraft, selbst darüber zu sprechen.

«Wenn das Opfer zu reden beginnt, verliert der Täter die Macht über das Opfer», sagt Markus Zangger, selbst Opfer jahrelangen sexuellen Missbrauchs. Schweigen schützt die Täter, Sprechen stärkt die Opfer und sensibilisiert die Gesellschaft. «Wer zuschaut und schweigt, wird zum Mittäter», hat es Arthur Rutishauser, Chefredaktor des «Tages-Anzeigers» und der «SonntagsZeitung», in einem Beitrag (2017) auf den Punkt gebracht.

Wir haben es in der Hand, unseren Kindern eine bessere Zukunft zu ermöglichen und es Tätern so schwer wie möglich zu machen. Wir sollten heute noch damit beginnen. Ich denke, eine Gesellschaft sollte sich daran orientieren und messen, wie sie sich für die Schwächsten und Hilflosesten einsetzt und sie schützt. Der erste Schritt könnte meiner Meinung nach die Bereitschaft sein, hinzusehen, zuzuhören und ein bisschen Mut aufzubringen, offen über das Thema zu sprechen, sich zu vernetzen und Initiative zu ergreifen.

Hören wir auf, ein Thema zu ignorieren, das uns alle angeht. Ignoranz kann tödlich enden. Setzen wir dem eine Kultur der «Ermutigung zum Leben» gegenüber.

Ob es uns gelingt, ein Klima der Offenheit, der Transparenz

und der gegenseitigen Ermutigung zu schaffen, entscheidet nicht nur über die Frage des sexuellen Missbrauchs. Es ist eine Zukunftsfrage der Gesellschaft schlechthin. Vielleicht sogar die entscheidende Überlebensfrage.

29. Wo das wahre Glück zu finden ist

Jetzt sind wir einen langen Weg gemeinsam gegangen, Sie und ich. Vom Aufbruch aus Horgen zu der Begegnung mit der kleinen Faith über meine Zeit in Amerika und wieder zurück in die Schweiz. Schöne und schmerzhafte Momente durfte ich mit Ihnen teilen. Dadurch fühle ich mich beschenkt. Von Irrwegen, Umwegen und Abgründen war die Rede und von der schwierigen Suche nach der eigenen Identität. Ich habe über Verletzungen und Schmerzmittel geschrieben, die einen betäuben, einem aber niemals helfen, zu seiner wahren Identität zu finden.

Erfolg, Geld, Sex, Alkohol waren Schmerzmittel in meinem Leben. Es gibt noch so viele andere. Selbst Religion kann zum Schmerzmittel werden. Kalte Doktrin und erstarrte Formen können einen zum religiösen Routinier machen, der gefühlstaub ist für eine lebendige Gottesbeziehung. Es gibt Pathologien der Religion, die einen von Gott und von sich selbst entfernen.

Sehe ich mich, wie Gott mich sieht, als sein geliebtes Kind? Oder bin ich ein religiöser Schwarzseher, der nur auf das Negative und Schlechte fixiert ist? Der sich selbst für wertlos und schlecht hält? Das ist nicht der Blick, mit dem Gott auf mich und mein Leben blickt. Gott ist Liebe! Alles, was uns in unserem Leben widerfährt und nichts mit Liebe zu tun hat, ist meiner Meinung nach nicht Gottes Wille. Auf den zahlreichen Irr- und Umwegen meines Lebens habe ich das immer wieder erfahren.

In aller Offenheit habe ich von meinen Fehlern und inneren Abgründen gesprochen. Ich bin nicht stolz darauf. Ich kokettiere nicht mit den Irrungen und Verwirrungen meines Lebens. Die Heldenrolle passt nicht zu mir. Genauso wenig wie der Heiligenschein.

Aber ich durfte erfahren, dass sich andere durch meine Geschichte ermutigt fühlen. Nicht weil sie besonders toll wäre, sondern gerade weil sie voller Brüche, Fehler und Verwundungen ist.

Wenn Gott einen wie mich gebrauchen kann, dann zeigt dies nur, dass er völlig andere Maßstäbe hat. Er kann auf den krummen Zeilen eines Lebens eine gerade Geschichte schreiben. Kein Abgrund ist so tief, dass er für Gottes Barmherzigkeit, für seine heilende Zuwendung nicht erreichbar wäre.

Das habe ich erfahren, und diese Ermutigung möchte ich mit diesem Buch weitergeben. Aber dafür braucht es Menschen, die Gottes Zuwendung und seine Liebe sichtbar und spürbar machen; Menschen, die Hände und Füße Jesu sind.

Worte allein genügen nicht! Geredet wird meines Erachtens mehr als genug in unseren Kirchen und Gemeinden. Damit ist niemandem geholfen, der am Boden liegt. Der vom Leben gezeichnet ist, der getreten, geschlagen oder missbraucht wurde.

Am Maß unserer Zuwendung zu den Schwächsten und Geringsten zeigt sich, wie ernst es uns mit dem Glauben an Gott tatsächlich ist. Welche Zukunft der Glaube in unserer Gesellschaft hat, hängt entscheidend davon ab, was davon sichtbar, spürbar, erfahrbar wird. Und zwar für alle, auch für diejenigen, die nicht zum Gottesdienst gehen, die aber unserer Zuwendung und Hilfe bedürfen, weil sie ganz einfach in Not sind.

Heute weiß ich, dass mich Gott auch geliebt hat, als ich weit weg von mir selbst und von ihm war, als ich in meinen Rollen gelebt habe, als Karriere-Junkie, Selfmademan und Womanizer. Ich bin überzeugt, man kann sich von Gott abwenden. Aber wenn ich auf mein Leben zurückblicke, kann ich sagen: Er hat sich nie von mir abgewendet! Im Gegenteil.

Allerdings weiß ich auch: Wirklich glücklich ist man nur, wenn man ganz man selbst ist, wenn man seine wahre Identität entdeckt, erkennt und findet, sie frei entfalten und in ihr leben kann – unabhängig davon, in welcher Lebenssituation man sich befindet.

Es gibt vieles, was das schwierig macht, ja verhindert. Etwa die «Glaubenssätze» aus unserer Kindheit («Du kannst es nicht»), innere Verwundungen, die Niederlagen und Verwerfungen des Lebens oder selbstgesetzte Ziele und Pläne, die nicht unserem Wesen entsprechen. Wir sind nicht gemacht, um im Hamsterrad durch unser Leben zu rennen, bis wir irgendwann völlig erschöpft und kaputt am Boden liegen.

Ich weiß, wie schwer es ist, bestimmte Fesseln abzustreifen und sich freizukämpfen in ein Leben, das nicht limitiert ist durch Zwänge, Rollen, Verletzungen und falsche Selbstbilder.

Ohne Coaches und Mentoren, gute Freunde und Wegbegleiter hätte ich es niemals geschafft. Darum liegt es mir heute besonders am Herzen, anderen dabei zu helfen, ihre wahre Identität zu erkennen und danach zu leben.

Faith hat mich durch ihre rote Feder auf eine lange Reise zu mir selbst geschickt. Diese Reise war die schwierigste und schönste meines Lebens. Und sie ist nicht zu Ende. Faith hat mir geholfen, meine Berufung zu entdecken: Gottes Liebe, Hoffnung und Ermutigung zu Menschen in schwierigen Lebenssituationen zu bringen. Ihre rote Feder wurde mir zum Symbol. Sie erinnert mich täglich daran, meinem Versprechen Faith gegenüber treu zu sein.

Mit dem Einsatz bei «Be Unlimited» und der «Kummer Nummer» habe ich gemeinsam mit vielen Mitstreitern und Weggefährten versucht, mein Versprechen zu halten.

Faith, ich würde mich so freuen, wenn Du eines Tages sehen würdest, was aus dem Versprechen geworden ist, das Du mir abgenommen hast. Vielleicht erscheint dieses Buch eines Tages auch in den USA. Vielleicht fällt es Dir dann durch irgendeinen glücklichen «Zufall» in die Hände. Viele «Vielleicht», ich weiß. Aber ich weiß auch, dass Gottes Wege so faszinierend anders sind, so viel liebevoller und weitsichtiger, als unsere mickrige Vorstellungskraft sich das ausmalt.

Darum träume ich davon, dass die rote Feder zu einem Symbol wird, das Menschen überall in der Schweiz und in der ganzen Welt daran erinnert: Sexueller Missbrauch geht uns alle an. Wir dürfen zu diesem Verbrechen an unseren Kindern und Jugendlichen nicht schweigen.

«Schweigen im Angesicht des Bösen ist selbst böse. Nicht zu sprechen ist Sprechen. Nicht zu handeln ist Handeln», hat Dietrich Bonhoeffer geschrieben. Das trifft in besonderer Weise auch auf das Thema sexueller Missbrauch zu. Wo darüber gesprochen wird, wird hingeschaut. Wo hingeschaut wird, da bewegt sich etwas. Um diese Bewegung in Gang zu setzen, braucht es viele Menschen, die daran mitarbeiten.

«Für Wunder muss man beten, für Veränderung arbeiten.» Der Satz stammt von Thomas von Aquin. Was Thomas da sagt, gilt meines Erachtens in besonderem Maße auch für den Kampf gegen sexuellen Missbrauch. Er betrifft aber auch unser persönliches Leben, die Suche nach unserer wahren Identität. Faiths Feder ist mir auch diesbezüglich zum Symbol geworden: Entdecke, wer du wirklich bist, und sei dir selbst treu. Finde deine wahre Identität, und lebe sie.

Meine wahre Identität war immer die gleiche. Damals, als ich mit 14 Jahren ein mir wichtiges Squash-Spiel verloren habe, als ich bei «Harris-3M» als Starverkäufer 35.000 Franken im Monat verdient habe, als ich den American Dream gelebt habe, und als ich jetzt als Pfarrer dieses Buch schrieb: Meine Fingerabdrücke und meine wahre Identität haben sich nie verändert! Gott hat mich gestern genauso geliebt wie heute!

Die Frage ist nur, ob ich in meiner wahren Identität gelebt habe oder mir etwas vorgemacht habe. Ob ich mich in Rollen und Aufgaben verloren habe, die vielleicht durchaus etwas mit meinen Talenten und Begabungen zu tun hatten, aber nicht meiner eigentlichen Berufung entsprachen.

Vor dem Hintergrund meiner bewegten Lebensgeschichte kann ich sagen: Je mehr ich in meiner wahren Identität lebe, desto glücklicher bin ich und desto verbundener erlebe ich mich mit Gott.

Um das zu begreifen, entschied ich mich – ähnlich wie Petrus –, immer wieder aus dem Boot auszusteigen und Schritte ins Ungewisse zu wagen. Ich gab Sicherheiten auf, habe Zuständigkeiten zurückgelassen und lieb gewonnene Aufgaben abgegeben.

Ich weiß genau, wie es sich anfühlt, wenn man mit zitternder Hand das Ruder loslässt und finanzielle Absicherungen aufgibt. Ich kenne das Gefühl, wenn man sich an die Reling klammert, weil man vor Angst bebt und einem das eiskalte Wasser bereits ins Gesicht spritzt. Die aufgepeitschte See um einen herum macht Angst, sie lässt einen erschaudern. Da soll man raus? Ins Ungewisse? Wirklich? Ist das nicht völlig verrückt? Den Fuß auf das tosende Wasser zu setzen, in der Hoffnung, dass es trägt – wer kann auf so eine Idee kommen? Gott! Auf so was kann nur Gott kommen.

Gott fordert kein absurdes Risiko. Er möchte, dass wir lernen, ihm voll und ganz zu vertrauen. Gottvertrauen lernt man nur durch Vertrauen und Erfahrung. Gewissheit bekommt nur, wer das Wagnis eingeht, über Wasser zu gehen.

Seine wahre Identität zu entdecken und zu leben, erfordert den Mut, zum Teil falsche und alte Sicherheiten, Denkmuster und Prägungen hinter sich zu lassen. Nichts lohnt sich im Leben mehr, als dieses Wagnis einzugehen. Niemand wird wahrhaftig glücklich, der an seiner eigentlichen Identität vorbeilebt.

Deshalb sehe ich es heute als meine Aufgabe an, Menschen dabei zu begleiten, ihre Identität zu finden, den Sinn ihres Lebens zu entdecken – und sie zu befähigen, ihre Berufung zu leben.

Glaube ist keine Voraussetzung dafür, um sich auf den Weg zu sich selbst zu machen. Deshalb berät und begleitet «Be Unlimited» unabhängig davon, ob jemand gläubig ist oder nicht. Das beginnt damit, Menschen zu begegnen, ohne zu werten – unabhängig davon, wo wir uns begegnen. Unabhängig auch von Herkunft, Status und Religion. Der nächste Schritt ist, Menschen dabei zu begleiten, ihre wahre Identität zu erkennen und zu finden – unabhängig davon, was in der Vergangenheit geschehen ist. Und dann heißt dies, Menschen zu befähigen, in ihrer wahren Identität zu leben – unabhängig davon, in welcher Lebenssituation sie sich gerade befinden.

Wer mehr dazu erfahren möchte, ist herzlich eingeladen, sich auf unserer Internetseite «www.beunlimited.org» zu informieren.

Mit der «Kummer Nummer» helfen wir Menschen, denen durch das Verbrechen des sexuellen Missbrauchs ihre wahre Identität geraubt wurde. Mit «Be Unlimited» wenden wir uns aber genauso auch an Athleten, Firmen, Schulen und Kirchen, um sie dabei zu unterstützen, ihre inneren Ressourcen bestmöglich zu nutzen.

Um draußen erfolgreich zu sein, muss man zuerst innen gewinnen. Je länger wir in falschen Rollen verharren und mit Masken unterwegs sind, umso schwieriger wird es, da herauszukommen. Das habe ich selbst erfahren. Darum ist es mein Wunsch, andere zu ermutigen, selbst aufzubrechen und sich auf den Weg zu sich selbst zu machen.

Auch diesbezüglich ist die rote Feder für mich eine wichtige Ermutigung. Sie ermutigt mich dazu, mich immer wieder von neuem auf das zu konzentrieren, was für mein Leben wirklich wichtig ist. Sie erinnert mich daran, mich immer wieder in die Gegenwart Gottes zu begeben, ihm jeden Tag neu in aller Stille zuzuhören. Sie mahnt mich, mich nicht ablenken zu lassen, und warnt mich vor der Gefahr, ins Hamsterrad zu geraten.

Um das zu vermeiden, hilft es mir, auf Gott zu hören und zu fragen, was heute meine Aufgaben sind. Heute, nicht morgen und nicht übermorgen. Ich kann die Welt nicht retten. Das ist auch nicht meine Aufgabe. Aber ich kann mir täglich aufs Neue meiner wahren Identität bewusst werden und in dieser wahren Identität leben. Das wirkt weltverändernd. Schritt für Schritt.

Wohin der Weg meines Lebens dann führt, das weiß Gott am besten. Darum ist es mir wichtig, mit Gott in konstanter Verbindung zu sein, Hand in Hand mit ihm vorwärtszugehen – unabhängig von meinen jeweiligen Umständen.

Um es mit einem anderen Bild auszudrücken: Damit ein Zug vorwärtskommt, muss er mit der Hochspannungsleitung verbunden sein und mit den Rädern fest auf den Schienen stehen. So möchte ich mit beiden Beinen im Alltag stehen und mit Gott verbunden sein, um dorthin zu kommen, wohin er führen will.

Wichtig dabei: tägliche Ruhe und tägliches Entspannen. Auch das musste ich erst lernen. Heute definiere ich mich nicht mehr darüber, wie viel ich arbeite und was ich erreiche. Ich will das tun, was ich heute als die mir zugedachte Aufgabe wahrnehme. Nicht mehr und nicht weniger.

Wenn mir das gelingt, fühle ich mich – wie Spitzensportler zu sagen pflegen – «on a roll» oder «in the zone». Dann sind

Körper, Seele und Geist im Einklang und damit in enger Verbindung mit Gott.

Man muss nicht an Gott glauben, um sich auf den Weg zu sich selbst zu machen. Vormachen sollte man sich jedoch nichts: Wir alle glauben an irgendetwas. Die Frage ist nur: Woran?

Ich habe jahrelang an mich selbst geglaubt, an meine Erfolge und an meine Karriere. Ich habe geglaubt, dass ich Superman sei – oder zumindest fast. Erst als dieser Glaube zerbrach, lernte ich mich wirklich kennen.

Ich habe viel erreicht in meinem Leben.

Und fast alles verloren …

Mit leeren Händen durfte ich erfahren, was es heißt, zu empfangen.

Wer aufbricht, um seine wahre Identität zu entdecken, sollte nicht überrascht sein, wenn ihm dabei Gott begegnet. Trauen auch Sie ihm zu, dass er Ihr Leben verwandelt. All die Dinge, die uns niederdrücken, die uns von uns selbst entfernen und unfrei machen, sind nicht von Gott. Er hat uns nicht als Sklaven erschaffen, die im Rumpf einer Galeere sitzen und gestresst über die Weltmeere der Wirtschaft und der Arbeit rudern.

Jeden von uns hat er als sein geliebtes Kind nach seinem Ebenbild geschaffen, jeden mit unterschiedlichen Talenten und Begabungen ausgestattet und jedem eine Berufung mit auf den Weg gegeben. Diese Berufung, den ganz eigenen Sinn des Lebens zu entdecken, seine wahre Identität zu leben, bedeutet, die Ketten der Sklaverei zu sprengen, Rollen und Masken abzulegen und frei und unlimitiert leben zu können.

Dazu möchte ich mit diesem Buch von ganzem Herzen Mut machen.

30. Nach-Gedanken: Wer sich einsetzt, setzt sich aus

Während ich diese Zeilen schreibe, lebe ich auf den Tag genau seit acht Jahren wieder in der Schweiz. Ich kam zurück ohne Schulden, ohne viel Geld, mit einem Container mit Möbeln, Kleidung und ein paar anderen Habseligkeiten.

Das Wichtigste waren meine beiden treuen Begleiter: Ziba und Micah. Meine Freunde und meine Kirchengemeinde in den USA zurückzulassen, das hingegen war hart. Es fiel mir schwer, in meiner alten neuen Heimat meine Rolle zu finden. Eigentlich sollte es ja auch gar nicht um eine Rolle gehen. Es ging um meine Identität.

Wer bin ich eigentlich? Wo bin ich zu Hause? Wo und wer sind meine Freunde? Wohin gehe ich, wenn ich traurig bin? Wohin, wenn ich persönliche Fragen habe? In meiner Familie war ich nicht sonderlich willkommen. Bei der Arbeit war ich der Betriebsleiter, schließlich der Gründer von «Be Unlimited» und der «Kummer Nummer». Wenn meine Mitarbeiter nicht mehr weiterwussten, kamen sie zu mir. Das ist ja auch richtig so und ein gutes Zeichen.

Mein Problem war nur: Wohin gehe eigentlich *ich,* wenn ich nicht mehr weiterweiß? Einmal mehr waren mein Glaube und die persönliche Beziehung zu Jesus die Stützen meines Lebens und mein Zufluchtsort.

Aber es gab auch Tage, an denen ich kaum noch beten konnte. Tage, an denen ich voller Trauer und Einsamkeit war. Meist waren das Tage, an denen ich verpasst hatte, gesunde Grenzen zu setzen. Tage, an denen ich mich von meiner Arbeit oder meinen Gedanken überfluten ließ. Tage, an denen ich die vorher beschriebenen «Stalling»-Signale ignorierte und versuchte, meine Umstände mit der Brechstange geradezubiegen.

An solchen Tagen gab es Momente, in denen ich versucht war, meine Traurigkeit und Einsamkeit zu betäuben. Zwar habe ich auf meine früheren Schmerzmittel «Sex, Geld und Karriere» über 14 Jahre verzichtet, und doch habe ich gewisse andere Mittelchen zugelassen: zwischendurch ein feines Essen oder ein schönes Glas Rosé-Wein.

Mein Leben hatte sich komplett verändert, und dennoch war nicht alles anders. Der «tolle Hecht» von früher war jetzt Pfarrer. Aber der Pfarrer war drauf und dran, mit all seinen Aufgaben wieder verschiedene Rollen einzunehmen und sich ins Hamsterrad der Geschäftigkeit zu stürzen – auch, um seine Einsamkeit und Unsicherheit zu überspielen.

Meine Mentoren, meine «Accountability-Partner» und meine Freunde waren Tausende von Kilometern weit weg. In der Schweiz hatte ich niemanden, mit dem ich mich so wie in Amerika hätte austauschen können. Zu mir kamen Menschen, die nach Lösungen für ihre Probleme suchten. Das freute mich! Denn als Pfarrer bin ich gerne für sie da. Nur wusste ich selbst manchmal nicht mehr, wohin ich mit meinen eigenen Sorgen und Schmerzen gehen sollte – außer zum lieben Gott.

Der ist ganz gewiss keine schlechte Adresse dafür, aber es ist auch wichtig, Freunde und Vertrauenspersonen zu haben. Zumal dann, wenn man keine Frau an seiner Seite hat.

Ich hielt weiter Ausschau nach einer Partnerin fürs Leben und durfte wunderbare Frauen kennenlernen. Aber ich habe auch gespürt, sie wollten entweder den Pfarrer oder den «alten» Roy.

Rückblickend habe ich verstanden, dass das auch mit meinen Verhaltensweisen zu tun hatte. Ich habe mich hinter meinen Rollen versteckt. Wie ich darauf gekommen bin? Eine Frau hat mich darauf aufmerksam gemacht. Nennen wir sie Sue.

Als ich Sue kennenlernte, fiel mir auf, dass sie gewisse Rollen «spielte». Auf der einen Seite war sie herzlich und offen, auf der anderen Seite war sie hart und zurückweisend. Das irritierte mich, und ich fragte mich, wer sie wirklich sei.

Mit dieser Frage ging ich ins Gebet.

«Dad, wer ist Sue? Lass sie mich durch deine Augen sehen!», betete ich.

Die Gedanken, die mir dann kamen, lassen sich etwa so zusammenfassen:

«Ich sehe Sue, wie sie ist – mit all ihrer Pracht. Aber ich sehe auch Traurigkeit, Schmerz und Verletzung. Und ein starkes Bedürfnis, Zeit mit mir zu verbringen.»

Mir wurde klar, dass es darauf ankommt, nichts zu erwarten, sondern loszulassen, zu vertrauen und Gott machen zu lassen. Geben, ohne zu erwarten – das ist Liebe.

Einige Zeit nach diesem Gebet habe ich Gott gefragt, wie er *mich* sieht.

«Wie siehst du dich selbst?», stieg daraufhin als Frage in mir auf. Am gleichen Tag sprach mich Sue an. Sie habe das Gefühl, dass ich gewisse Rollen einnähme, sie aber den eigentlichen Roy kennenlernen möchte.

Mir wurde heiß. Genau das hatte ich schon einmal gehört. Vor vielen Jahren von zwei verschiedenen Frauen in Amerika.

Wer bin ich? Der Kämpfer gegen sexuellen Missbrauch? Der «Mister Kummer-Nummer»? Der Engagierte, der sich für Benachteiligte einsetzt? Der Pfarrer, der auf alles eine Antwort hat?

Was ist mit dem Roy, der auch unsicher, traurig und einsam ist? Verschwindet der hinter all seinen Aufgaben wie hinter einer Maske?

Die Arbeit an diesem Buch war für mich ein großer Reflexionsprozess. Im wahrsten Sinne des Wortes habe ich einmal mehr mein Leben durchgearbeitet. Meine Kindheit, die Begegnung mit Faith, meinen American Dream, meine Frauengeschichten, meinen Glaubensweg bis hin zur Rückkehr in die Schweiz und zu meiner jetzigen Tätigkeit. Ich habe über meine Höhen und Tiefen geschrieben, und ich habe nichts beschönigt. Ehrlichkeit ist mir wichtig.

Manchmal schmerzt es, ehrlich zu sich selbst zu sein. Aber ohne Ehrlichkeit sich selbst gegenüber geht es nicht. Egal, was andere dann über einen denken.

Zu dieser Ehrlichkeit gehört es, auch die einsamen und traurigen Momente nicht zu verschweigen. Ja, auch ein Pfarrer hat die. Auch ich habe sie. Seine Berufung gefunden zu haben, bedeutet nicht, dass dann nur noch die Sonne scheint. Das wäre ein arges Missverständnis.

Die Arbeit an diesem Buch hat mir gezeigt, dass ich weiterhin meine «Baustellen» habe. Es gibt empfindliche Stellen und Wunden, die nach wie vor vorhanden sind. Da ist die Angst vor Ablehnung. Die Angst davor, verlassen zu werden. Oder die Angst, nicht zu genügen. Nach außen fällt das nicht auf. Aber deshalb sind diese Ängste trotzdem nicht weg. In den einsamen Momenten drängen sie aus der Tiefe nach oben. Ich arbeite daran, mich darauf einzulassen, sie nicht zu verdrängen oder zu betäuben. Wie sieht es bei Ihnen aus? Was sind *Ihre* verborgenen Ängste und Schmerzen?

Wir haben täglich die Wahl, Licht in unser Dunkel zu bringen oder unsere Schwächen und Verletzungen zu ignorieren. Wir können uns selbst belügen, uns etwas vormachen, uns mit den unterschiedlichsten Schmerzmitteln betäuben. Oder wir geben Gott die Möglichkeit, unsere Finsternis hell zu machen. Wenn wir das zulassen, habe ich meist die Erfahrung gemacht, dass

Gott uns in diesen Situationen Mitmenschen an die Seite stellt, die bereit sind, mit Liebe und Empathie diesen oft schwierigen Prozess mitzugehen.

Einmal mehr habe ich realisiert, wie wichtig Mentoren und Selbstreflexion sind. Wer sind Ihre Mentoren, Ihre Gesprächspartner, die Ihnen mit Empathie zuhören? Die auch mit Ihnen schweigen? Die einfach da sind? Wer sind die Menschen, die mutig, ehrlich und liebevoll in Ihr Leben sprechen, um Ihnen zu helfen, ganz Sie selbst sein zu können?

Wie ich mich sehe und wie Sie sich sehen, bestimmt, wie wir leben und wie wir durch den Tag gehen. Wie wir uns selbst sehen, entscheidet, was wir tun und was wir lassen. Sehen wir uns so, wie wir wirklich sind? Leben wir unsere wahre Identität?

Ist das der Fall, sind wir freier und unabhängiger vom Urteil anderer. Dann lassen wir uns viel weniger schnell ablenken, weniger schnell ärgern und aus der Bahn werfen. Was ist meine wahre Identität? Wer bin ich wirklich? Was denkt Gott über mich? Was denke ich über mich? Die Antwort auf diese Fragen entscheidet darüber, ob wir wirklich leben oder gelebt werden.

Wem glaube ich? Meiner Selbsteinschätzung? Ja, manchmal glaube ich meinen Selbstzweifeln. Dann geht es mir meistens weniger gut. Ich setze eine Maske auf, hinter der ich mich verberge, und stürze mich ins Hamsterrad der Geschäftigkeit. Am Ende des Tages dröhnen dann meine Gedanken.

Gott hat einen anderen Blick auf mich. Er sieht mich anders. Ganz anders! Er hat uns als sein Ebenbild geschaffen. Wir sind seine geliebten Kinder. Für Gott sind wir unendlich wertvoll. Sie sind sein geliebtes Kind! Nichts kann uns trennen von der Liebe Gottes.

Wenn ich mich mit den Augen Gottes sehe, verändert das alles. Wenn ich annehmen und nachvollziehen kann, wie Gott mich sieht, verwandelt sich mein Blick auf mich selbst und auf mein Leben. Dann fühle ich Freiheit und Frieden und kann zu meiner wahren Identität finden.

Um nicht zu vergessen, wie Gott uns sieht, habe ich Lesezeichen anfertigen lassen. «Meine wahre Identität» steht als Überschrift darauf. Darunter finden sich Bibelstellen, die daran erinnern, was Gott über uns denkt, wie er uns sieht – und dass Sie und ich geliebte Kinder Gottes sind. Ich verteile diese Lesezeichen gerne. Bei mir daheim liegen sie in jedem Raum, um mich zu ermutigen, sie jeden Tag von neuem zu lesen. Aber auch, um Besuchern in Erinnerung zu rufen, wer wir in Gottes Augen sind.

Wie geht es weiter mit Sue? Ich weiß es nicht, aber ich bin ihr schon jetzt dankbar für ihre Ehrlichkeit, ihre Offenheit und ihre Liebe. Wir brauchen Gegenüber, die uns helfen, uns selbst immer besser zu verstehen; Gegenüber, die unsere Schwächen, Wunden und Verletzungen mit uns anschauen und ertragen. So kann Heilung möglich werden.

Leben ist Beziehungsarbeit, und das in einem dreifachen Sinn. Daher sollten wir meiner Meinung nach an der Beziehung zu uns selbst arbeiten, an der Beziehung zu unseren Mitmenschen und an der Beziehung zu Gott. Dabei ist es gut, Menschen in der Nähe zu wissen, die einen auf diesem Weg begleiten.

Beziehungsarbeit ist eine dauernde Aufgabe, der wir uns immer wieder stellen sollten. Damit wir aufhören können, unsere Ängste und Selbstzweifel zu maskieren, und stattdessen lebendig, frei und wahrhaftig unsere wahre Identität leben können. Ich kann Ihnen nicht versprechen, dass das federleicht wird. Aber ich bin ganz sicher, dass es sich lohnt!

Seien Sie unlimitiert ermutigt
und gesegnet,

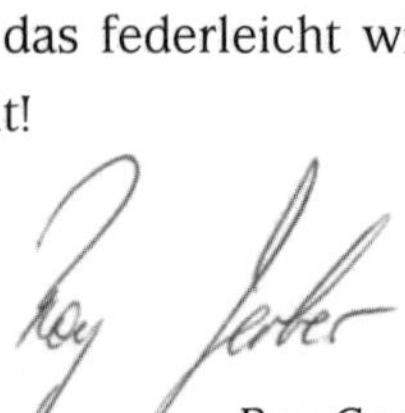

Roy Gerber

Danksagung

Dad, I love you!
The most awesome gift
is to have a personal relationship with you!
Thank you! Thank you! Thank you!

Mein Dank gilt allen,
die die Entstehung dieses Buches
ermöglicht und mich dazu ermutigt haben.
Ohne die Freundschaften und Weggefährten,
welche ich seit meiner Rückkehr in die Schweiz
erleben und erfahren durfte,
wäre ich nicht da, wo ich heute stehe.
Auch «Be Unlimited» und die «Kummer Nummer»
wären ohne all die Begleitung und Unterstützung
so nicht möglich gewesen.
Herzlichen Dank Euch allen!
In besonderer Weise danke ich
Jean-Daniel von Lerber und Aline Baumann,
Vorstandsmitglieder von «Be Unlimited»,
welche nicht vom Gedanken abließen,
dass meine Lebenserfahrungen in Form eines Buches
für viele ermutigend sein können,
sowie Dr. Dominik Klenk und Christian Meyer,
dem Geschäftsführer und dem Lektor des Fontis-Verlages,
die vor mir an dieses Buch geglaubt
und es so möglich gemacht haben.
Last but not least Markus Reder,
welcher mir im Prozess der Realisierung
zum Freund geworden ist
und dank dessen Erfahrungen und Talenten
dieses Buch entstehen durfte.

Anhang

Die «Kummer Nummer» in der Schweiz
Telefon: 0800 66 99 11
Anonym. Diskret. Gratis. Kompetent. Rund um die Uhr.

Hast Du Kummer …

- und bist nicht sicher, wohin damit?
- und schämst Dich, darüber zu sprechen?
- weil Du unsicher bist, ob etwas, das Du erlebt hast, normal ist oder nicht?

Bist Du unsicher …

- ob Du Opfer eines sexuellen Übergriffs oder eines sexuellen Missbrauchs geworden bist?
- oder ob einer Deiner Freunde oder eine Deiner Freundinnen davon betroffen ist?
- ob Dein neuer Freund ein «Loverboy» ist? Oder der Freund einer Kollegin?

Brauchst Du Hilfe …

- weil Du bereits einen sexuellen Übergriff oder Missbrauch erlebt hast?
- oder weil Du anderen Formen von Gewalt ausgesetzt bist?
- weil Bilder von Dir im Internet oder per MMS verbreitet werden (Sexting, Cybermobbing)?
- weil Du regelmäßig Pornos konsumierst?

Wir können Dir weiterhelfen.

BEUNLIMITED
Roy Gerber
Geschäftsleiter
Gründer
Be Unlimited
Wissenbach 12
8932 Mettmenstetten
Phone +41 41 755 00 51
Mobile +41 78 870 07 07
roygerber@beunlimited.org
www.beunlimited.org
www.kummernummer.org

ANONYM. DISKRET. GRATIS.
KUMMER
NUMMER
0800 66 99 11
HAST DU KUMMER ...
••• und bist nicht sicher, wohin damit?
••• und schämst dich, darüber zu sprechen?
••• weil du unsicher bist, ob etwas, das du erlebt hast, normal ist?
BIST DU UNSICHER ...
••• ob du Opfer eines sexuellen Übergriffs oder eines sexuellen Missbrauchs geworden bist?
••• oder ob einer deiner Freunde oder Freundinnen davon betroffen ist?
••• ob dein neuer Freund ein «Loverboy» ist? Oder der Freund einer Kollegin?
BRAUCHST DU HILFE ...
••• weil du bereits einen sexuellen Übergriff oder Missbrauch erlebt hast?
••• weil du anderen Formen von Gewalt ausgesetzt bist?
WIR KÖNNEN DIR WEITERHELFEN.
0800 66 99 11
HELP@KUMMERNUMMER.ORG
WWW.KUMMERNUMMER.ORG

Literatur- und Web-Hinweise

- «2,1 % (Heenan and Murray 2006)», in: David Lisak, Lori Gardinier, Sarah C. Nicksa, Ashley M. Cote: «False Allegations of Sexual Assault», aus: «Violence against Women», in: «Sage Journals», Seite 1330; https://atixa.org/wordpress/wp-content/uploads/2012/01/Lisak-False-Allegations-16-VAW-1318–2010.pdf, Stand: 22.12.2018.
- Die «Optimus Studie» zeigt detailliert Hintergründe und Fakten zu sexuellen Übergriffen an Jugendlichen und Kindern in der Schweiz auf. Die Studie wurde von der «UBS Optimus Foundation» herausgegeben; www.beunlimited.org/zielgruppen/schulen-kindergaerten-kitas/
- *Handbuch sexualisierte Gewalt,* Dr. med. Jan Gysi und Dr. iur. Peter Rüegger (Hrsg.), Hogrefe: Göttingen 2017.
- «Infantile Amnesia», aus: L. M. Williams: «Recall of Childhood Trauma. A Prospective Study of Women's Memories of Child Sexual Abuse», in: «Journal of Consulting and Clinical Psychology» 1994, Vol. 62, No. 6, 1167–1176.
- www.dunkelziffer.de
- www.innocenceindanger.de/harte-fakten/